古典文獻研究輯刊

三六編

潘美月・杜潔祥 主編

第 12 冊

群書校補（三編）
——傳世文獻校補·小學類著作疏證（第十冊）

蕭 旭 著

國家圖書館出版品預行編目資料

群書校補（三編）——傳世文獻校補・小學類著作疏證（第十冊）／蕭旭 著 -- 初版 -- 新北市：花木蘭文化事業有限公司，2023〔民112〕

目 4+190 面；19×26 公分

（古典文獻研究輯刊 三六編；第 12 冊）

ISBN 978-626-344-270-2（精裝）

1.CST：古籍 2.CST：校勘 3.CST：研究考訂

011.08 　　　　　　　　　　　　　　　　111022050

ISBN-978-626-344-270-2

9 786263 442702

古典文獻研究輯刊

三六編　第十二冊　　　　　ISBN：978-626-344-270-2

群書校補（三編）
——傳世文獻校補・小學類著作疏證（第十冊）

作　者　蕭旭
主　編　潘美月、杜潔祥
總 編 輯　杜潔祥
副總編輯　楊嘉樂
編輯主任　許郁翎
編　輯　張雅淋、潘玟靜　美術編輯　陳逸婷
出　版　花木蘭文化事業有限公司
發 行 人　高小娟
聯絡地址　235 新北市中和區中安街七二號十三樓
　　　　　電話：02-2923-1455／傳真：02-2923-1452
網　址　http://www.huamulan.tw 信箱 service@huamulans.com
印　刷　普羅文化出版廣告事業
初　版　2023 年 3 月
定　價　三六編 52 冊（精裝）新台幣 140,000 元

群書校補（三編）
——傳世文獻校補·小學類著作疏證（第十冊）

蕭旭 著

目
次

《啟顏錄》校補

　　《啟顏錄》是一部笑話集，舊題隋・侯白撰，久佚，今人輯本以董志翹《啟顏錄箋注》（中華書局 2014 年版）最為完備，且有詳細注釋，最便利用。如同任何一部學術著作一樣，董書亦不可避免地存在可議可補之處，今以董書作底本，並核查原始出處，作校補焉。

　　（1）越公楊素弄戲侯白云：「山東人多仁義，借一而得兩。」侯白問曰：「公若為得知？」素曰：「有人從其借弓，乃云『揀刀去』，豈非借一而得兩？」白應聲曰：「關中人亦甚聰明，問一而知二。」越公曰：「何以得知？」白曰：『有人問：『比來多雨，渭水漲不？』報曰：『霸漲。』豈非問一而〔知〕二？」

　　董注：《廣記》、《廣滑稽》此條開頭有「素，關中人。白，山東人。素嘗卒難之，欲其無對。而關中下俚人言音，謂『水』為『霸』。山東亦言『擎將去』為『揀（音其朝反）刀去』」一段。揀刀去：挾去。方言中，以脅挾物可稱「揭」（記音字亦作「揀」、「偈」），民國《定海縣誌》：「揭，亦作揀，俗謂以脅挾物。」又今山東方言謂「夾」為「刀」。故「揭刀」為同義連用，即「挾」義。（另外《太平廣記》「揀」下音「其朝反」，亦恐訛誤，當是「其列反」。《集韻》：「揭、揀，擔也。巨列切。」）霸漲：宋代宋敏求《長安志》：「秦人以水驟漲為霸長。」故「霸長」當是「（水）陡長、驟漲」之義。「霸」在此為副詞，乃「陡然」義，從理據言，當是由「霸」的「雄霸」義，引申出「強盛」義，再虛化為「陡、驟」義。（P29～30）

　　按：《陝西通志》卷 100、《西安府志》卷 75 引《啟顏錄》，「揀」字正注

「音其列反」。黃征曰：「『揭』字敦煌本實作『偈』。『偈刀』是山東方俗語詞，『拿』的意思，因其僅是隨音記字，故字亦作『橀刀』……『霸』有『長』義，又有『盛』義，故『霸漲』也有可能同義連文。」〔註1〕敦煌本作「揭」，即「揭」，黃氏實誤〔註2〕。《說郛》卷48引盧言《盧氏雜說》「橀刀霸長」條作「而關中下俚人言音，謂水漲為霸長。山東亦言擎將去為橀刀……答曰『霸長』」。《太平廣記》卷248「謂水為霸」，「水」下脫「漲」字。橀亦作桀，《左傳·成公二年》「桀石以投人」，杜注：「桀，擔也。」音轉亦作揭，俗字或作擖。裴務齊《正字本刊謬補缺切韻》：「擖，擔。」蔣斧印本《唐韻殘卷》：「擖，擔物，又作揭。」《廣韻》：「擖，擔擖物也，本亦作揭。」《集韻》：「擖、揭、橀，簷也，或省，亦從桀。」「刀」訓夾取，疑讀為挑，字亦作掏、挑，言挑取、挑選。《廣韻》：「掏，掏擇。」《集韻》：「掏，擇也。」《玄應音義》卷11引《埤蒼》：「挑，取也。」又卷14：「挑取：《聲類》：『挑，抉也。』謂以手抉取物也。」《慧琳音義》卷75引《考聲》：「掏，深取也。」所引宋敏求《長安志》，未檢得，不知出處。《漢語方言大詞典》引《長安志》：「秦人以水驟長為霸長。」〔註3〕作者或是據此轉引，又誤「長」作「漲」。水漲為霸長（漲），「霸」疑是「暴」字音轉。「霸漲」猶言暴漲。

（2）願阿家宜兒，新婦宜薛（原注：「河東人呼智為薛。」）

董注：「智」即「婿」之別體。（P51）

按：「薛」是「壻」的方言音變。

（3）吃棗來，體裏渴勤勤

董注：來，以後。渴勤勤，很渴的樣子。（P55）

按：勤，讀為爒，字亦作燎。《說文》：「爒，炙也。讀若燎。」《廣雅》：「燎，乾也。」

（4）短尾者則為刁

〔註1〕黃征《輯注本〈啟顏錄〉匡補》，收入《敦煌語文叢說》，新文豐出版公司印行1997年版，第490頁。

〔註2〕郝春文、竇懷永等錄作「揭」不誤。郝春文主編《英藏敦煌社會歷史文獻釋錄（第三卷）》，社會科學文獻出版社2003年版，第264頁。竇懷永、張涌泉《敦煌小說合集》，浙江文藝出版社2010年版，第200頁。

〔註3〕許寶華、宮田一郎《漢語方言大詞典》，中華書局1999年版，第7495頁。

董注：「刁」諧「貂」音。俗語云「貂不足，狗尾續」，既然貂尾不足，用狗尾來接續，那麼「貂」就成了短尾狗。（P107）

按：「刁」是「刀」俗字。《廣雅》：「䶎，短也。」《集韻》：「犭刁，犬之短尾者。」王念孫曰：「《玉篇》：『䶎，犬短尾。』字亦作刀，俗作刁。《晉書·天錫傳》韓博嘲刁彝云『短尾者為刁』是也。《說文》：『褍，短衣也。』《方言》云：『無緣之斗謂之刁斗。』義並與䶎同。」錢大昭曰：「《釋名》：『裯，貂也。貂，短也。』」〔註4〕字亦音轉作「周」、「翢」，指短尾之鳥；又作「裯」，指短衣。小車謂之輖，小船謂之舳、舠、舮、刀，小魚謂之鯛、鮡，小兒留髮謂之髫、髻，亦皆取短義〔註5〕。《左傳·哀公二十六年》：「公孫周。」杜預注：「周，元公孫子高也。」王引之曰：「周讀為輖。輖，低也。《士喪禮記》：『軒輖中。』鄭注曰：『輖，墊也。』（『墊』俗本訛作『摯』，今改正。）《考工記·輈人》：『大車之轅墊。』鄭注曰：『墊，輖也。』（『摯』與『墊』通。）《說文》：『墊，抵也。』抵，古低字。《廣雅》曰：『輖、墊，低也。』輖訓為低，故字子高。」〔註6〕張澍曰：「公孫周字子高。《楚辭》：『水周乎堂下。』周，滿也。滿則高，取義於此。」〔註7〕朱駿聲曰：「名、字疊韻。」〔註8〕周法高從王引之說〔註9〕。王說近是，「周」訓短，其名字取相反為義。「輖」訓低者，亦取短義，短則低也。張澍說明顯迂曲不通，《楚辭》「周」是環繞義，與「高」義無涉。

（5）北齊高祖嘗宴近臣為樂，高祖曰：「我與汝等作謎，可共射之。曰：『卒律葛答。』」諸人皆射不得。或云：「是髐子箭。」高祖曰：「非也。」石動䈁曰：「臣已射得。」高祖曰：「是何物？」動䈁對曰：「是煎餅。」高祖笑曰：「動䈁射著是也。」

〔註4〕王念孫《廣雅疏證》、錢大昭《廣雅疏義》，並收入徐復主編《廣雅詁林》，江蘇古籍出版社1992年版，第178～179頁。《方言》卷13作「無升謂之刁斗」，王氏校改作「無緣」，是也。

〔註5〕參見蕭旭《韓非子校補》，花木蘭文化出版社2015年版，第108～109頁。

〔註6〕王引之《春秋名字解詁》，收入《經義述聞》卷22，江蘇古籍出版社1985年版，第532頁。

〔註7〕張澍《春秋時人名字釋》，收入《養素堂文集》卷32，《續修四庫全書》第1507冊，上海古籍出版社2002年版，第105頁。

〔註8〕朱駿聲《說文通訓定聲》，武漢市古籍書店1983年版，第253頁。

〔註9〕周法高《周秦名字解詁彙釋》，中華叢書編審委員會1958年印行，第31頁。

董注：據云「卒律葛答」是北方少數民族鮮卑語，譯成漢語意為「前火食饼」。（P114）

按：卒律葛答，宋·楊彥齡《楊公筆錄》誤作「卒律葛侖」。宋·曾慥《類說》卷14：「齊高祖作煎餅謎，卒律葛答，反前火食饼字。」此即董說所本，但曾慥未說是鮮卑語。翟灝曰：「卒律葛答，此蓋狀其煎時之聲。」〔註10〕任二北曰：「曾慥云云。按『前火食饼』固是『煎餅』，若『卒律葛答』說則未詳，未知是油爆聲否？」〔註11〕殷孟倫等曰：「『卒律葛答』形容煎餅的聲音。」〔註12〕侯寶林等曰：「『卒律葛答』或是象聲詞，出自鮮卑語。」〔註13〕諸說惟「象聲詞」說得之，但不是外來語。宋·朱翌《猗覺寮晚飯》：「卒律葛答美，鉤輈格磔肥。」自注：「卒律葛答，煎餅。」「鉤輈格磔」、「卒律葛答」皆以形容詞指代食品名。①「卒律」是「崒崔」省文，圓形隆起貌，是同義詞的並列連文。《集韻》：「崔，崒崔，山高皃。」元·馬致遠《青衫淚》第2折：「怎想他短卒律命似顏淵？」「卒律」是圓形隆起貌，故以狀短。也作「崒硉」、「崒（崪）峍」，《六書故》卷5：「硉，崒硉，高而不平也。別作峍。」唐·盧仝《與馬異結交詩》：「唯有一片心脾骨，巉巖崒硉兀郁律。」宋·蔡襄《杭州清暑堂記》：「岩岫崒峍坂乎江漢之上。」宋·程俱《題葉翰林閱駿圖》：「短屏高障久零落，意象崪峍求其儔。」倒言則作「崔崒」、「崒崒」、「律崒（崪）」、「峍崒」，《文選·子虛賦》：「其山則盤紆茀鬱，隆崇崒。」《史記》作「崔崒」，《漢書》作「律崪」。《長短經·察相》：「犀頭律崒，富貴鬱鬱。」宋·袁說友《水竹》：「兩峯低峍崒，一簇小琅玕。」或作「崒律」、「崒嵂」、「遳律」，象聲詞，用以形容猛烈、快速之聲。《廣韻》：「崒，崒律，聲。」《集韻》：「崒，崒嵂，聲也。」《文選·洞簫賦》：「氣旁迕以飛射兮，馳散渙以遳律。」李善注：「遳律，遲貌。」呂向注：「遳律，和貌也。」二氏說皆非。翟灝曰：「遳，知律切。義蓋與『崒嵂』通，而字較古雅。」〔註14〕音轉又作「足律」，敦煌寫卷P.3716V《醜婦賦》：「天生面上沒媚，鼻頭足律。」指鼻頭高聳〔註15〕。「卒律」衍音則曰「卒律律」，也作「倅律律」、「崒律律」、

〔註10〕翟灝《通俗編》卷35，收入《續修四庫全書》第194冊，第628頁。

〔註11〕任二北《優語集》卷1，上海文藝出版社1981年版，第24頁。

〔註12〕殷孟倫等編《古漢語簡論》，山東人民出版社1979年版，第42頁。

〔註13〕侯寶林等著《相聲溯源》（增訂本），中華書局2011年版，第85頁。

〔註14〕翟灝《通俗編》卷35，收入《續修四庫全書》第194冊，第621頁。

〔註15〕參見趙家棟《敦煌俗賦〈醜婦賦〉字詞校讀》，《古籍整理研究學刊》2016年第6期，第28頁。

「崒嵂嵂」，元代戲文《陳巡檢梅嶺失妻》：「猛風卒律律，鼓起雷聲。震動山川，百怪藏形。」〔註16〕《金瓶梅詞話》第 71 回：「非干虎嘯，豈是龍吟，卒律律寒颷（飈）撲面，急颼颼冷風侵人。」〔註17〕元·尚仲賢《柳毅傳書》第 2 折：「水淹水衝，煙罩煙飛，火燒火烘，卒律律電影重，古突突霧氣濃。」《西遊記》第 32 回：「灣環深澗下，只聽得唿喇喇戲水蟒翻身；孤峻陡崖邊，但見那崒嵂嵂出林虎剪尾。」《水滸傳》第 17 回：「崒嵂嵂，忽喇喇，天崩地塌。」《水滸傳》第 41 回：「黑雲匝地，紅焰飛天。㴔律律走萬道金蛇，焰騰騰散千團火塊。」元·武漢臣《散家財天賜老生兒》第 2 折：「遮莫他虎嘯風崒律律的高山直走上三千遍？」音轉又作「促律律」、「足律律」，元·尚仲賢《氣英布》第 4 折：「殺的那楚項羽促律律向北忙逋。」元·張國賓《薛仁貴》第 2 折：「知他是甚風兒足律律吹你可兀的到家來？」音轉又作「足呂呂」，《氣英布》第 4 折：「道足呂呂忽斧迎鎗數翻煙焰舉。」王學奇、王靜竹曰：「足律律，形容疾速的情狀（有的還兼含形容疾速動作的聲響）。又作『足呂呂』、『促律律』、『卒律律』，音近義並同。」〔註18〕複言之則曰「嵂嵂崒崒」，《西遊記》第 29 回：「嵂嵂崒崒的遠山，大開圖畫；潺潺湲湲的流水，碎濺瓊瑤。」②宋·鄭清之《山間錄拙作求教》：「每逢撲凸篇，如對葛答謎。」下句即用《啟顏錄》此典。1925 年《威縣誌》：「釜沸聲曰葛答。」〔註19〕葛之言磕，字亦作礚、硈，本指石相擊聲或落地聲，又泛用為象聲詞。答之言馨、鞈，本指鼓聲，亦泛用為象聲詞，字亦作鞳、闒、閤、嗒、嗒、塔、㖒、剎、榻。合言則曰「葛答」，元曲及明人小說中作「扢搭」、「圪塔」、「趷塔」、「肐膌」、「吃答」、「乞答」，音轉又作「扢扎」、「割扎」、「各扎」〔註20〕。明·佚名《一片情》第 1 回：「正說得高興，只聽得裏邊嗑嗒嗑嗒的嗆出來了。」〔註21〕1936 年《壽光縣誌》：「雞鳴曰噶嗒。」〔註22〕此亦皆擬聲詞。

〔註16〕 錢南揚輯錄《宋元戲文輯佚》，上海古典文學出版社 1956 年版，第 177 頁。
〔註17〕 據大河內家舊藏本《新刻繡像批評金瓶梅》卷 15，第 71 回，第 10 頁。
〔註18〕 王學奇、王靜竹《元曲釋詞（8）》，花木蘭文化出版社 2016 年版，第 1756 頁。
〔註19〕 轉引自許寶華、宮田一郎《漢語方言大詞典》，中華書局 1999 年版，第 5925 頁。
〔註20〕 例子參見王學奇、王靜竹《元曲釋詞（3）》，花木蘭文化出版社 2016 年版，第 466～467 頁。
〔註21〕 佚名《新鐫繡像小說一片情》，清順治好德堂刊本，收入《古本小說集成》第 4 輯第 15 冊，上海古籍出版社 1994 年影印，第 15 頁。
〔註22〕 轉引自許寶華、宮田一郎《漢語方言大詞典》，中華書局 1999 年版，第 7055 頁。

（6）機〔鋒〕辯捷，時莫之比

董注：明本、中華本《廣記》無「鋒」字，《廣滑稽》、《捧腹編》均作「機鋒辯捷」，據補。（P118）

按：四庫本《太平廣記》卷248作「機智辯捷」。

（7）向在省門，會卒無處見稱

董注：向，剛才。適逢倉猝無法看到對方稱呼（的寫法）。（P119）

按：四庫本《太平廣記》卷248「向」作「白」。「會」當是「倉」形譌，不是「適逢」義。「會卒」不辭。「稱」當是稱量義，故下文云「既聞道是出六斤，斟酌只應是六斤半」。

（8）播帶櫚木霸刀子

董注：霸，通「把」，刀把。（P132）

按：《天中記》卷26引「霸」作「欛」。《廣韻》：「欛，刀柄名。」字亦作杷，《集韻》：「杷、欛、耙：枋（柄）也，或從霸，亦作耙，俗從手，非是。」〔註23〕

（9）僧愕然思量，始知玄挺以「木桶」為「幪禿」

董注：這是鄧玄挺用「雙反」來調笑僧人。「木桶」相切音為「幪」，「桶木」相切音為「禿」。幪，覆蓋，這裏指頭頂。「幪禿」乃暗射僧人禿頂之意。（P142）

按：「雙反」說是也。俞正燮稱作「互反」，舉例極多，又舉《啟顏錄》例子有：「天州反偷氈，毛賊反墨槽，曲錄鐵反契縿禿，又木桶反矇（幪）禿，又奔墨反北門，窟後反口缺。」〔註24〕錢鍾書說同〔註25〕。劉盼遂曰：「木桶切音為幪，桶木切音為禿，故『木桶』反語為『幪禿』矣。」〔註26〕今人皆以「幪」為覆蓋，指天靈蓋〔註27〕。余謂「幪禿」是「沐禿」、「乇禿」的

〔註23〕《集韻》據南宋初明州刻本、金州軍刻本、寧波明州述古堂影宋鈔本，別的版本「枋」皆脫誤作「枋」。「枋」同「柄」。

〔註24〕俞正燮《癸巳類稿》卷7《反切證義》（俞氏手訂本），收入《叢書集成續編》第18冊，新文豐出版公司1988年印行，第470頁。俞氏引「幪」誤作「矇」。

〔註25〕錢鍾書《管錐編》，中華書局1986年版，第758頁。錢氏不提俞說，何耶？

〔註26〕劉盼遂《六朝唐代反語考》，《清華學報》第9卷第1期，1934年版，第135頁；又收入《劉盼遂文集》，北京師範大學出版社2002年版，第557頁。

〔註27〕潘樹廣等《中國文學史料學（下）》，黃山書社1992年版，1076頁；又華東師

音轉。《廣韻》沐、鹥並音莫卜切。《韻府群玉》卷 17：「鹥禿，上音木。」《釋名》：「沐禿也，沐者髮下垂，禿者無髮。皆無上貌之稱也。」又「禿，無髮沐禿也。」《北史・楊愔傳》：「童謠曰：『白羊頭鹥禿，羖䍽頭生角。』」〔註 28〕胡文英曰：「案：鹥禿，上音鹿，無毛貌。吳諺謂頭無毛曰『光鹥禿』。」〔註 29〕今吳語尚有「光鹥禿」之語，俗作「光鹿禿」。褚人獲《堅瓠集》乙集卷 4《嘲禿指》：「幼時曾聞俚句云：『十指磊㳠光鹿禿，有時爬背同轂轆。』」自注：「磊㳠，音雷堆。搔背爬名轂轆子。」〔註 30〕褚氏長洲（今蘇州）人，所聞固吳語也〔註 31〕。

（10）渠荷滴歷

董注：滴歷，亦作「滴瀝」，水滴聲，《千字文》作「的歷」。（P152）

按：「滴歷」、「滴瀝」非水滴聲，乃水滴貌，同義連文。《說文》：「瀝，一曰水下滴瀝。」《水經注・淯水》：「穴中多鍾乳，凝膏下垂，望齊冰雪，微津細液，滴瀝不斷。」也作「渧隸」，《廣韻》「渧」、「隸」條並引《埤蒼》：「渧隸，漉也。」倒言則作「隸渧」、「凝渧」，「凝」是「隸」俗字。《玄應音義》卷 2 引《通俗文》：「霝（零）滴謂之隸渧。」〔註 32〕《慧琳音義》卷 50 引《通俗文》：「凝渧亦零滴也。」敦煌寫卷 P.3906《碎金》：「凝渧：音肄（隸）帝。」音轉又作「瀨滯」，《方言》卷 7：「瀧涿謂之霑漬。」郭璞注：「瀧涿，猶瀨滯也，音籠。」段玉裁曰：「『瀨滯』當作『隸渧』。」〔註 33〕今吳語尚謂水下滴為「渧」，「渧」是「滴」音轉。

（11）先喚張破袋、成老鼠、宋郎君、向明府

範大學出版社 2012 年版，第 1268 頁。曹林娣《古籍整理概論》，北京大學出版社 2007 年版，第 205 頁。

〔註 28〕《北齊書》誤作「尾禿」。

〔註 29〕胡文英《吳下方言考》卷 10，收入《續修四庫全書》第 195 冊，上海古籍出版社 2002 年版，第 89 頁。

〔註 30〕褚人獲《堅瓠集》乙集，收入《續修四庫全書》第 1260 冊，上海古籍出版社 2002 年版，第 558 頁。

〔註 31〕參見蕭旭《「果贏」轉語補記》，收入《群書校補（續）》，花木蘭文化出版社 2014 年版，第 2313 頁。

〔註 32〕《玄應音義》卷 6 引《通俗文》「霝」作「零」，「隸」誤作「凝」。《慧琳音義》卷 26 引《通俗文》誤作「霝滴謂之凝渧」，又卷 27 引脫作「靈滴謂之隸」。唐・窺基《妙法蓮華經玄贊》卷 7 引誤作「靈滴謂之凝」。

〔註 33〕段玉裁《說文解字注》，上海古籍出版社 1981 年版，第 558 頁。

按：《類說》卷14引「破」作「布」，「成」作「盛」。

（12）其縣令但點頭而已，意無所問

按：「意」當作「竟」，形之譌也。

（13）晉程季明《嘲熱客》詩曰：「平生三伏時，道路無行車。」

按：道路，《玉燭寶典》卷6、《書鈔》卷155、《御覽》卷31、34、《事類賦注》卷4、《太平廣記》卷253、《韻補》卷4「車」字條等引同，惟《古文苑》卷8、《事文類聚》別集卷27引作「道里」。「道里」即「道路」，古人成語。《穆天子傳》卷3：「白雲在天，山陵自出；道里悠遠，山川間之。」《御覽》卷85引《歸藏》：「龍降於天，而道里脩遠，飛而沖天，蒼蒼其羽。」《漢書・西域傳》：「與漢隔絕，道里又遠，得之不為益，棄之不為損。」

（14）晉程季明《嘲熱客》詩曰：「今代愚癡子，觸熱到人家。」

董注：《全晉詩》作「今世㡋襶子，觸熱到人家」。（P154）

按：《全晉詩》係據類書所引集成，不可據校。今代，《能改齋漫錄》卷5引同，《古文苑》卷8作「只今」，《類聚》卷5、《初學記》卷4、《御覽》卷31、34、《文苑英華》卷157、《合璧事類備要》前集卷16、《緯略》卷6、《事文類聚》前集卷10、《漁隱叢話》後集卷1、《歲時雜詠》卷22、《永樂大典》卷19783引作「今世」。愚癡，《能改齋漫錄》引同，《類聚》引作「悲襶」〔註34〕，《初學記》、《文苑英華》、《古文苑》、《事類備要》、《緯略》、《事文類聚》、《漁隱叢話》引作「㡋襶」（《緯略》引《聲類》：「㡋襶，不曉事之稱也。」《能改齋漫錄》引《釋名》同。《古文苑》宋九卷本作「㡋襶」，宋廿一卷本作「㡋襶」，章樵注：「㡋襶，音耐戴，言不爽豁也。《類說》、《集韻》：『㡋襶，不曉事之名。』」），《御覽》卷31、34引並作「能襶」，（卷34注：「能，音奈。襶，音戴。」），《歲時雜詠》引作「態擻」（注：「按：態字，一本作態，一本作悲，皆所未詳。」），《永樂大典》引作「㡋」。「㡋」是「㡋」形譌，「態」、「能」並音奈，又形誤作「悲」；「擻」是「襶」形譌。《集韻》：「㡋，㡋襶，不曉事。」又「襶，㡋襶，不曉事。」《西溪叢語》卷下引《炙轂子》：「㡋襶，笠子也。」〔註35〕《名義考》卷11：「諸韻書訓㡋襶為不曉事，

〔註34〕《類聚》據宋紹興刻本，四庫本作「㡋襶」，中華書局點校本作「榛襶」。
〔註35〕引者按：《炙轂子》，唐・王叡撰。

二字從衣，何以云不曉事？蓋襬襹，涼笠也，以竹為蒙，以帛若絲繳簷，戴之以遮日，炎暑戴笠，見人必不曉事者也。」虞兆漋曰：「襬襹，衣厚貌。一云不曉事，非。今人見人衣服粗重者曰『衲褺』，即此『襬襹』之偽（譌）耳。」〔註36〕胡文英曰：「襬襹，不解事而笨也，吳諺呼笨人為襬襹。」〔註37〕范寅曰：「襬襹：『耐戴』，越音『拉帶』平聲。譏衣服垢敝，不識時宜。」〔註38〕《光緒嘉定縣志》卷8：「襬襹：襬俗音如賴。言人性乘劣也。」〔註39〕《崇明縣志》卷4：「襬襹：音捸搭。衣服厚重貌，俗謂呆劣之人。」〔註40〕諸說紛紜，欲確定詞義，可以同源詞考定之。《說文》：「皆，埃皆，日無光也。」《繫傳》：「埃皆，猶今人言黳黚，此古語，今所不行也。」蔣斧印本《唐韻殘卷》：「皆，《字統》云：『埃也。』又曰日無光。」亦音轉作「黳黚」、「曖瞹」、「曖曃」、「馣馤」、「腌霭」、「黳磊」〔註41〕。《齊民要術》卷10引晉·曹毗《湘中賦》：「薆蔁陵丘，薆逮重谷。」〔註42〕《廣韻》：「薆，薆蔚，草盛也。」《文選·西京賦》：「嘉卉灌叢，蔚若鄧林；鬱蓊薆蔚，欃爽欀槮。」薛綜注：「皆草木盛貌也。」「薆逮」、「薆蔚」亦同源。敦煌寫卷S.2499《究竟大悲經》卷3：「懹灘碣磨心性王，黳磊唬諫決定吼。」明人《荊釵記》第22齣：「說我親家黳黳瞹瞹，定做奶奶；看我女兒嫋娜娉婷，定做夫人。」「黳瞹」應從逮作「黳瞹」〔註43〕。《玉篇》：「蔢，蔢黸，大黑也。」又「黸，黑也。」敦煌寫卷P.2011王仁昫《刊謬補缺切韻》卷1：「黸，蔢黸，大黑。」《集韻》：「黸，蔢黸，黑貌。」又「蔢，蔢黸，黑色。」諸詞並同源，皆是黑闇不明義，因此引申作不曉事之義。錢大昕曰：「《玉篇》：『蔢黸，大黑也。』今人以為不曉事之稱。」〔註44〕其說是也，「襬襹」即「蔢黸」俗寫字，今

〔註36〕虞兆漋《天香樓偶得》，收入《四庫全書存目叢書·子部》第98冊，齊魯書社1995年版，第290頁。
〔註37〕胡文英《吳下方言考》卷6，收入《續修四庫全書》第195冊，上海古籍出版社2002年版，第54頁。
〔註38〕范寅《越諺》卷中（侯友蘭等點注），人民出版社2006年版，第214頁。范氏以「耐戴」擬其音。
〔註39〕《光緒嘉定縣志》卷8，上海書店1991年影印光緒刻本。
〔註40〕《崇明縣志》卷4，民國十九年刊本。
〔註41〕例證參見蕭旭《〈敦煌佛典語詞和俗字研究〉舉正》，收入《群書校補（續）》，花木蘭文化出版社2014年版，第2622～2623頁。
〔註42〕《初學記》卷28引同，篇名作《湘表賦》。
〔註43〕此趙家棟博士說。
〔註44〕錢大昕《恒言錄》卷2，收入《叢書集成初編》第1219冊，中華書局1985年

吳語「儓儗」音「來戴」平聲。《太平廣記》易作「愚癡」，乃以同義詞改寫，非其舊也。引申之，笨累臃腫亦稱作「儓儗」。王雲路、方一新曰：「『詙詒』、『哀駘』與『儓儗』皆音近，義相關，愚蠢癡呆義與恍惚失魄相近，而醜陋與呆傻亦往往相關。」〔註45〕其說亦是，字亦作「咍臺」、「咍噎」，《世說新語・雅量》：「許上床便咍臺大鼾。」劉盼遂曰：「《莊子・達生篇》：『公反，詙詒為病。』《釋文》：『詙詒，司馬云：「解倦貌。」李頤云：「失魂魄也。」詒音台。』詙、詒同從呂聲，咍臺即詙詒也。之部，疊韻連語。」〔註46〕倒言則作「噎咍」，《玉篇》：「噎，噎咍，言不正。」《炙轂子》謂「儓儗，笠子也」，臆說耳，無有理據，明清人至有承其說用為「夏笠」者，今人猶有信其陋說者〔註47〕，非為典要。「儓儗」音轉亦作「癡呆」。《方言》卷10：「諒，不知也，沅澧之閒凡相問而不知答曰諒。」郭璞注：「諒，音癡眩，江東曰呇，此亦知（痴—癡）聲之轉也。」郭璞指出「諒」、「癡」音轉。盧文弨曰：「《左傳・宣二年》《釋文》云：『來，力知反，又如字，以協上韻。』……正與此音癡同韻。」〔註48〕盧文弨又曰：「案灰咍本與支脂之等韻通（例略）。」〔註49〕《玉篇殘卷》：「𥼶，豬飢、丑利二〔反〕。」敦煌寫卷 P.2011 王仁昫《刊謬補缺切韻》卷1：「諒，丑知反，不知。」

（15）晉程季明《嘲熱客》詩曰：「主人聞客來，噸蹙奈此何？」

董注：《全晉詩》作「主人聞客來，顰蹙奈此何」。（P154）

按：噸蹙，《類聚》卷5、《歲時雜詠》卷22、《永樂大典》卷19783引作「噸噈」〔註50〕，《御覽》卷34引作「頻就」（注：「就，子六切。」）。「噈」讀作「蹴」，同「蹙」。曹植《酒賦》：「或噸噈辭觴，或奮爵橫飛。」《類聚》卷72引作「噸蹴」。「頻就」則是省借字。

影印，第64頁。

〔註45〕 王雲路、方一新《中古漢語語詞例釋》，吉林教育出版社1992年版，第286～287頁。

〔註46〕 劉盼遂《世說新語校箋》，《國學論叢》第1卷第4號，1928年版，第82頁；又收入《劉盼遂文集》，北京師範大學出版社2002年版，第174頁。

〔註47〕 吳吉煌「儓儗」詞義考，《中山大學學報》2015年第1期，第62～69頁。

〔註48〕 盧文弨《重校〈方言〉》，收入《叢書集成初編》第1180冊，中華書局1985年影印，第118～119頁。

〔註49〕 盧文弨《〈方言〉校正補遺》，收入《叢書集成初編》第1180冊，中華書局1985年影印，第10～11頁。

〔註50〕 《類聚》據宋紹興刻本、中華書局點校本，四庫本作「噸蹙」。

（16）晉程季明《嘲熱客》詩曰：「謂當起行去，安坐正咨嗟。」

董注：《全晉詩》作「謂當起行去，安坐正跘跨」。（P154）

按：起行，《御覽》卷 34 引作「行起」。正咨嗟，《古文苑》卷 8 引同，《御覽》卷 34、《緯略》卷 6 引作「止跘跨」，《御覽》注：「跘音盤。跨音誇。」《歲時雜詠》卷 22 引作「正跘跨」，《文苑英華》卷 157 引作「正踞跨」，《永樂大典》卷 19783 引作「正跬跨」。「止」是「正」形譌，「跬」是「跘」形譌。「跘跨」是南方方言。《玄應音義》卷 6 引《俗典》：「江南謂開膝坐為跘跨，山東謂之甲趺。」又卷 25：「山東言甲趺，江南言跘跨。」「跘」是古「盤」字。《賈子・容經》：「跘旋之容。」今吳語尚有「跘跨坐」之語。

（17）晉程季明《嘲熱客》詩曰：「所說無一急，喳喳吟何多。」

董注：《全晉詩》作「所說無一急，喳唅一吟多」〔註51〕。喳喳，亦作「諸諸」，多言貌。何，副詞，多麼，這麼這樣，表示程度之甚。（P154～155）

按：二句《古文苑》卷 8 同（宋九卷本「吟」誤作「呤」）。無一急，《御覽》卷 34、《緯略》卷 6 引作「了無急」。喳喳吟何多，《御覽》卷 34 引作「喳吟一何多」，《緯略》卷 6、《歲時雜詠》卷 22、《永樂大典》卷 19783 引作「喳唅一何多」，《文苑英華》卷 157 作「踏唅一何多」。「喳喳」、「諸諸」並是「沓沓」的分別字，《說文》：「沓，語多沓沓也。」《玉篇殘卷》：「沓，猶重疊也。《說文》：『語交沓沓也。』野王案，亦與『喳』同。」此二句下，《御覽》卷 34 引有「疲倦向之以（久），甫問居（君）極郍」二句，《文苑英華》卷 157、《緯略》卷 6 作「疲倦向之久，笑問君極那」，《歲時雜詠》卷 22 作「疲倦向之久，甫問君極那」，《永樂大典》卷 19783 引作「疲倦向之久，探問君極那」。作「甫」與「久」字對舉，義長。《廣記》引脫一韻，當據補。

（18）晉程季明《嘲熱客》詩曰：「搖扇腕中疼，流汗正滂沱。」

董注：《全晉詩》作「搖扇臂中疼，流汗正滂沱」。滂，明本誤作「澇」，據《全晉詩》、《廣滑稽》、《捧腹編》改。（P154～155）

按：腕，《類聚》卷 5、《能改齋漫錄》卷 5 引作「胛」〔註52〕，《初學記》卷 4、《御覽》卷 31、34、《合璧事類備要》前集卷 16 引作「臂」，《歲時雜詠》卷 22、《永樂大典》卷 19783 引作「髀」。《文苑英華》卷 157、《緯略》卷 6 引

〔註51〕引者按：當作「喳唅一何多」。
〔註52〕《類聚》據宋紹興刻本、中華書局點校本，四庫本引作「膊」。

－1817－

作「臂中痛」，《文苑英華》注：「臂，《類聚》作『脾』。」《古文苑》卷8、《漁隱叢話》後集卷1作「髀中疾」，章樵注：「振揺兩股。」《叢話》注：「疾，一作『痛』。」《海錄碎事》卷9引《古文苑》作「臂中疼」。「脾」當是「胛」形譌，指肩胛，因又誤作「髀」，章樵據誤字作注。滂沱，《類聚》卷5、《御覽》卷31、《古文苑》卷8、《永樂大典》卷19783引作「滂沲」〔註53〕，字同；《御覽》卷34引誤作「滂池」。

（19）晉程季明《嘲熱客》詩曰：「莫謂為小事，亦是人一瑕。」

董注：《全晉詩》作「莫謂此小事，亦是人一瑕」。（P154）

按：《御覽》卷34、《緯略》卷6、《歲時雜詠》卷22、《永樂大典》卷19783引作「莫謂此小事，亦是人一瑕」，《古文苑》卷8作「莫謂為小事，亦是一疵瑕」〔註54〕。

（20）晉程季明《嘲熱客》詩曰：「傳誡諸朋友，熱行宜見呵。」

董注：《全晉詩》作「傳戒諸高朋，熱行宜見訶」。見呵，被呵責，受到斥責。（P154～155）

按：《類聚》卷5引作「傳誡語高明，熱行宜見謌」〔註55〕，《初學記》卷4、《文苑英華》卷157、《合璧事類備要》前集卷16、《漁隱叢話》後集卷1引作「傳戒諸高明，熱行宜見訶」，《御覽》卷31、34、《古文苑》卷8、《緯略》卷6引作「傳戒諸高明，熱行宜見呵」，宋刊《事類賦注》卷4作「傳誡諸高明，熱行宜見訶」（四庫本「誡」作「戒」），《事文類聚》前集卷10引作「傳戒諸高明，熱行宜見歌」，《歲時雜詠》卷22引作「傳誡諸高明，熱行宜見歌」，《永樂大典》卷19783引作「傳誡諸高明，熱行宜見呵」。「訶」誤作「謌」，因又易作「歌」。

（21）（劉道真）嘗與人共飯素盤草舍中

董注：素盤，素食。《語林》中作「索祥」，恐為「素柈」之譌。「柈」是「盤」的異體字。（P159）

按：宋紹興本《類聚》卷25引《語林》作「索祥」，字從示不從衣。《金

〔註53〕《類聚》據宋紹興刻本，中華書局點校本、四庫本引作「滂沲」。
〔註54〕《古文苑》據龍谿精舍叢書本作「一疵瑕」，宋九卷本作「人一瑕」，宋廿一卷本、明成化本、墨海金壺本作「一大瑕」，四庫本作「一瑕疵」。
〔註55〕《類聚》據宋紹興刻本，中華書局點校本、四庫本引「謌」作「訶」。

樓子‧捷對》作「素拌」,「拌」亦「柈」之譌。「素盤」即指不加紋飾的食器〔註56〕。

（22）為你面潑獺,抽卻你兩邊

董注:潑獺,當即「潑賴」,兇惡、兇狠。字亦作「潑剌」、「潑辣」。（P170）

按:潑獺,中華書局點校本《太平廣記》卷255作「撥獺」,《全唐詩》卷871同。「撥獺」即「撥擨」、「撥捼」,《廣韻》:「擨,撥擨,手披。」《集韻》:「擨、捼:撥擨,手披也,或從剌。」敦煌寫卷P.2011王仁昫《刊謬補缺切韻》卷5:「捼,撥捼,手披。」字亦作「撥剌」、「拔剌」,《淮南子‧脩務篇》:「琴或撥剌枉橈,闔解漏越。」高誘注:「撥剌,不正。」《後漢書》張衡《思玄賦》:「彎威弧之撥剌兮,射嶓冢之封狼。」《文選》作「拔剌」。倒言則作「剌𣥵」、「剌犮」、「獵跋」、「剌跋」,《說文》:「𣥵,足剌𣥵也,讀若撥。」〔註57〕《繫傳》:「兩足相背不順,故剌𣥵也。」《說文》:「犮,走犬貌,從犬而丿之,曳其足則剌犮也。」又「跋,步行獵跋也。」段玉裁曰:「剌𣥵疊韻字。」又曰:「剌犮,行皃。剌音辣。犮與𣥵音義同。𣥵下曰:『足剌𣥵也。』」〔註58〕王筠曰:「剌𣥵疊韻,人曰剌𣥵,犬曰剌犮,字異義同。」又曰:「《廣韻》『跋音貝,步行蹱跋。又音旆,賴跋,行不正也。』案獵跋即剌𣥵、剌犮。」〔註59〕章太炎曰:「剌𣥵、剌犮、蹱跋,此三同義。」〔註60〕《淮南子‧說林篇》「以金鈺者跋」,高誘注:「跋者剌跋走。」足之乖張不順為剌𣥵,行走不正為剌犮、獵跋、剌跋,手之披毀物為撥擨,琴之枉曲不正為撥剌,弧聲不正亦為撥剌、拔剌,面色乖戾為撥擨,其義一也。鳥飛聲以及魚尾左右搖擺戲水之聲亦曰「撥剌」、「拔剌」、「潑剌」、「跋剌」、「蹱剌」,其語源亦同,余舊說「剌」是語助詞〔註61〕,非是。翟灝曰:「撥獺,面肥滿貌也。按《廣韻》

〔註56〕參見蕭旭《金樓子校補》,收入《群書校補（續）》,花木蘭文化出版社2014年版,第1296頁。
〔註57〕黃天樹《說文解字通論》誤引作「剌𣥵」,而云「『剌𣥵』是疊韻字」,如何疊韻?北京大學出版社2014年版,第74頁。
〔註58〕段玉裁《說文解字注》,上海古籍出版社1981年版,第68、475頁。
〔註59〕王筠《說文解字句讀》,中華書局1988年版,第56、71頁。
〔註60〕章太炎《文始》卷1,收入《章太炎全集（7）》,上海人民出版社1999年版,第188頁。
〔註61〕蕭旭《「活潑」小考》,收入《群書校補（續）》,花木蘭文化出版社2014年版,第2263頁。

有『侏儒』字，音若觟〇。注云：『肥滿貌。』與『撥獺』宜通。」〔註62〕其說亦非是。道藏本《易林·豫之臨》：「一夫兩心，技刺不深。所為無功，求事不成。」士禮居叢書本、四部叢刊景元寫本作「祓刺」，龍谿精舍叢書本作「㧷刺」，津逮秘書本作「技刺」，百子全書本、四庫本作「拔刺」，學津討原本作「拔刺」；學津本注：「拔，宋校本作『祓』，姜本、毛本作『技』，今从何本。」〔註63〕道藏本《易林·噬嗑之豐》作「岐刺」，士禮居叢書本、龍谿精舍叢書本同，四部叢刊景元寫本作「岐刺」，津逮秘書本作「岐刺」，學津討原本作「拔刺」，百子全書本、四庫本作「拔刺」。當作「拔刺」為是，相背不順義，餘皆形譌。尚秉和校《豫之臨》作「歧刺」，注曰：「歧，宋元本作『祓』，汲古作『技』，皆非。依宋本《噬嗑之豐》校。《隴上記》：『狄梁公墓棘直而不歧。』歧，尖也，故曰『歧刺』。又《後漢·張堪傳》：『麥穗兩歧。』注：『一莖兩穗。』亦一證也。又《易坤靈圖》引亦作『拔刺』。」〔註64〕劉黎明《豫之臨》校作「技刺」〔註65〕，皆非是〔註66〕。

（23）唐京城有僧，性甚機悟，病足。有人於路中見嘲之曰：「法師是『雲中郡』。」僧曰：「與君先不相知，何因辱貧道作『契綟禿』。」其人詐之曰：「『雲中郡』言法師高遠，何為是辱？」僧曰：「雲中郡是天州，翻為偷氊，是毛賊；毛賊翻為墨槽，傍邊有曲錄鐵，翻為契綟禿，何事過相罵邪？」

董注：此處為雙反。「天州」相切音為「偷」，「州天」相切音為「氊」。氊為毛織物，故「偷氊」即為「毛賊」。「毛賊」相切音為「墨」，「賊毛」相切音為「槽」。曲錄，曲折、彎曲。「曲鐵」相切音為「契」，「錄鐵」相切音為「綟」，「鐵錄」相切音為「禿」。又「契綟」急讀音近「癘」，故「契綟禿」即「癘禿」。（P171～172）

按：劉盼遂曰：「『天州』切音為偷，『州天』切音為氊，『毛賊』切音為

〔註62〕翟灝《通俗編》卷34，商務印書館1958年版，第756頁。
〔註63〕叢書集成初編本據學津討原本排印，「祓」誤作「㧷」。
〔註64〕尚秉和《焦氏易林注》，中國大百科全書出版社2005年版，第284頁。
〔註65〕劉黎明《焦氏易林校注》，《噬嗑之豐》作「拔刺」不誤，巴蜀書社2011年版，第314、401頁。
〔註66〕徐傳武、胡真《易林彙校集注》校語粗疏，一仍其誤，無所釐定，上海古籍出版社2012年版，第623頁。

墨，『賊毛』切音為槽，『曲鐵』切音為契，『鐵曲』切音為禿，故『曲錄鐵』得反為『契綟禿』矣。」〔註67〕傅定淼曰：「『錄』（來紐）也必須參與和『鐵』字切音才能得出『綟』音。又，『鐵錄』切音與『鐵曲』相同，『禿』字不必由『鐵錄』切出。」〔註68〕「契綟」是古代俗語詞，不是「癗」的切音。「契綟」倒言則作「戾契」、「列挈」、「奰奱」，《巢氏諸病源候總論》卷34：「螳螂瘻者……初得之時如棗核許戾契，或滿百日，或滿周年，走不定一處。」韓愈《試大理評事王君墓誌銘》：「有名節可以戾契致。」《涑水記聞》卷12：「內臣溫台巡檢張懷信，性苛虐，號張列挈。」敦煌寫卷P.2717《碎金》：「奰奱：音列挈。」《說郛》卷85引釋適之《金壺字考》：「奰奱，音烈挈，胸次不坦夷，舉事務以乖忤人為賢也。」傾側不平正貌〔註69〕，故此文以嘲其病足。

（24）曰：「『書處甚疾』者，是『奔墨』。『奔墨』者翻為『北門』，『北門』是『缺後』，『缺後』者翻為『口穴』，此嘲弄無齒也。」

董注：此亦為雙反。「奔墨」相切音為「北」，「墨奔」相切音為「門」，「缺後」相切音為「口」，「後缺」相切音為「穴」。（P173）

按：劉盼遂曰：「『奔墨』切音為北，『墨奔』切音為門，故『奔墨』反語為『北門』。『缺後』切音為口，『後缺』切音為穴，故『缺後』反語為『口穴』矣。」〔註70〕

（25）高敖曹《雜詩》：「相送重相送，相送至橋頭。培堆兩眼淚，難按滿胸愁。」

董注：培堆，堆積。（P180）

按：《類說》卷55引《大（文）酒清話》引作「相送復相送，相送至橋

〔註67〕劉盼遂《六朝唐代反語考》，《清華學報》第9卷第1期，1934年版，第140頁；又收入《劉盼遂文集》，北京師範大學出版社2002年版，第560頁。

〔註68〕傅定淼《六朝唐代反語考補證》，《黔南民族師範學院學報》2005年第4期，第4頁；又參見傅定淼《諧音析字補議》，《黔南民族師院學報》2003年第4期，第42頁。

〔註69〕參見蕭旭《〈中古漢語詞匯史〉補正》，收入《群書校補（續）》，花木蘭文化出版社2014年版，第2588頁。

〔註70〕劉盼遂《六朝唐代反語考》，《清華學報》第9卷第1期，1934年版，第136頁；又收入《劉盼遂文集》，北京師範大學出版社2002年版，第557～558頁。

頭。培堆兩眼淚，拍塞一懷愁」〔註71〕。拍塞，也作「迫塞」，即「逼塞」音轉，充滿、充斥〔註72〕。「培堆」是「培敦」音轉〔註73〕，猶言增多、加厚，亦指增厚之物。《說文》：「培，培敦，土田山川也。」《類聚》卷 51 晉孫毓《賀封諸侯王表》：「皇太子、皇孫並啟土宇，培敦潼索。」亦作「陪敦」，《左傳·定公四年》：「分之土田陪敦。」杜預注：「陪，增也。敦，厚也。」《釋文》：「陪，本亦作培，同。」黃侃曰：「培敦即保墇、倍敦、堛壔、葆禱，後世所謂坡陀也、盤陀也。」〔註74〕又音轉作「破堆」，《寒山詩》：「徐六語破堆，始知沒道理。」寒山詩指圓形高起的墳墓。此詩的作者「高敖曹」即高昂，《北齊書·高昂傳》：「昂字敖曹。」「敖曹」是俗語詞，高昂義，字亦作「嗷嘈」、「遨曹」、「嶅嶆」，音轉又作「毫曹」、「昂藏」，倒言則作「嶆嶅」、「曹嶅」、「嘈嗷」、「曹熬」等形〔註75〕。其人的名、字正相應。

（26）高敖曹《雜詩》：「牆欹壁亞肚，河凍水生皮。」

董注：壁亞肚，牆壁的肚子凸出來。「亞」字字形即像肚子兩面凸出的樣子。（P180）

按：《類說》卷 14 引作「牆欹壁凹肚，河凍水生肌」。亞，讀為壓，古字作厭。

（27）漢人適吳，吳人設筍，問何物，曰：「竹也。」歸煮其簀，不熟，曰：「吳人轣轆，欺我如此。」

董注：此據《類說》卷 14 引輯錄。實出東漢邯鄲淳《笑林》。《名義考》

〔註71〕「大」是「文」形譌，參見柴劍虹《列寧格勒藏〈文酒清話〉殘本考察》，《北京師範大學學報》1985 年第 4 期，第 80 頁；又收入《西域文史論稿》，（臺灣）國文天地雜誌社 1991 年版，第 343 頁。

〔註72〕參見蔣禮鴻《敦煌變文字義通釋》，收入《蔣禮鴻集》卷 1，浙江教育出版社 2001 年版，第 353 頁。

〔註73〕《詩·東山》《釋文》：「敦，都回反。」正「堆」音。「堆」是「自」俗字。段玉裁曰：「『自』語之轉為『敦』。」朱駿聲曰：「敦，叚借為自，敦、堆一聲之轉。」段玉裁《說文解字注》，上海古籍出版社 1981 年版，第 730 頁。朱駿聲《說文通訓定聲》，武漢市古籍書店 1983 年版，第 795 頁。

〔註74〕黃侃《說文解字斠詮箋識》、《字通》，並收入《說文箋識》，中華書局 2006 年版，第 425、161 頁。

〔註75〕參見蕭旭《越王劍名義考》，收入《群書校補（續）》，花木蘭文化出版社 2014 年版，第 2019～2021 頁。

卷 8：「《博雅》：『車軌道謂之轞轆。』借軌道為詭道。吳人轞轆，猶言吳人詭道也。」（P184）

　　按：《紺珠集》卷 11、《筍譜》、《海錄碎事》卷 22、《說郛》卷 106 並引作「陸雲《笑林》」。邯鄲淳、陸雲、何自然、楊名高、路氏皆撰《笑林》，《蘇氏演義》卷下載侯白亦撰《笑林》。魯迅《古小說鉤沈》將諸書《笑林》輯為一集，不辨甲乙，甚非其宜。此條當出自陸雲《笑林》，陸雲吳人。《名義考》說穿鑿。翟灝曰：「古人多取雙聲字為形容之辭，其字初無定體，故或作『婁羅』或作『僂儸』或又以婁作樓摟。《笑林》『吳人轞轆，欺我如此』，『轞轆』亦『婁羅』之轉，大率言其儌狡而已。」〔註76〕

（28）有人常食蔬茹，忽食羊肉，夢五臟神曰：「羊踏破菜園。」

　　董注：此據《類說》卷 14 引輯錄。實出東漢邯鄲淳《笑林》。（P184）

　　按：《紺珠集》卷 13、《海錄碎事》卷 6 並引作「陸雲《笑林》」。

　　此文刊於《東亞文獻研究》總第 17 輯，2016 年 6 月出版，第 97～112 頁。此為修訂稿。

〔註76〕翟灝《通俗編》卷 8，商務印書館 1958 年版，第 169 頁。

《冤魂志》校補

　　《冤魂志》3 卷，隋顏之推撰，又稱作《怨魂志》、《冤魂記》〔註1〕，宋以後稱作《還冤志》或《還冤記》。此書久佚，清人有多個輯本，今人羅國威所輯最為完備，並作校注〔註2〕。但羅氏失校誤校頗多，茲以羅本作底本，作校補焉。

　　敦煌寫卷 P.3126 鈔錄《冥報記》15 則，據王重民考證，這 15 則乃是《還冤記》之誤題〔註3〕，神田喜一郎、重松俊章、關德棟、林聰明、高國藩等說同王氏〔註4〕。重松俊章但校異文，不作按斷。林聰明後來又放棄舊說，云：「（《還冤記》）的題名一改再改，實不可謂較早時並無『冥報記』的題名，故不宜以後世之稱，驟論前代著錄之非，此卷仍以保留『冥報記』原題為宜。」

〔註1〕　大正藏本《法苑珠林》卷91「周杜國之伯」等8條注出自《怨魂志》（宋、元、明、宮本作《冤魂志》，怨、冤古字通借）。《華嚴原人論發微錄》卷1、《圭峰禪師原人論發微錄》卷1「寶嬰」條出自《怨魂誌》。《辯正論》卷7「祖深獻書而著白癲」條注出自《冤魂記》，羅國威《冤魂志校注》失收此條。《圓覺經大疏釋義鈔》卷9：「昔有顏之推，依書史纂錄古來死後讐怨之事，文有三卷。名《冤魂記》，所敘之事，凡七十條。」記、志義同。

〔註2〕　羅國威《冤魂志校注》，巴蜀書社 2001 年版。

〔註3〕　王重民《敦煌遺書敘錄》卷3《子部上·還冤志》，中華書局 1979 年版，第 226 ～228 頁，原文作於 1935 年。

〔註4〕　神田喜一郎《敦煌秘笈留真》，京都小林寫真製版所，1938 年版。重松俊章《關於敦煌本〈還冤記〉殘卷》，《史淵》第 17 輯，1937 年版，第 120～139 頁。關德棟《敦煌本的〈還冤志〉》，上海《中央日報·俗文學》第 77 期，1948 年 8 月 6 號，第 7 版。林聰明《敦煌本〈還冤志〉考校》，《書目季刊》第 15 卷第 1 期，1981 年版，第 85 頁。高國藩《論敦煌本〈還冤志〉》，《固原師專學報》1988 年第 4 期，第 21 頁。

〔註5〕余嘉錫、王國良、羅國威謂當題作《冤魂志》〔註6〕，《敦煌寶藏》、《敦煌遺書總目索引新編》、《法藏敦煌西域文獻》亦據王重民說改題作《還冤記》〔註7〕。竇懷永、張涌泉認為「就字面意義而言，『冥報記』與『還冤記』含義相似，故頗疑此『冥報記』實即顏之推《還冤記》之異名，而與唐臨的《冥報記》無涉。」〔註8〕竇、張二氏「異名」說純是推測，沒有證據，不可據信。王重民氏「誤題」說恐亦未得，「冥報」與「還冤」形聲俱遠，無緣致譌。考《法苑珠林》卷46引《冥祥記》「後周女子」條〔註9〕，《太平廣記》卷129引作《還冤記》；《法苑珠林》卷77引《冥祥記》「魏輝儁」條，《太平廣記》卷119引作《還冤記》；《法苑珠林》卷78引《冥祥記》10則，其中「弘氏」、「朱貞」、「樂蓋（孟）卿」、「羊道生」、「釋僧越」、「梁武帝」、「康季孫」、「張絢」等8條，《太平廣記》卷120亦皆引作《還冤記》。疑敦煌寫卷「冥報記」是「冥祥記」誤題〔註10〕。不同古籍記載相同或相近內容者所在多有，不煩舉證。《冥祥記》亦記載感應之事，故不妨與《冤魂志》材料相同也。據《隋書・經籍志》，《冥祥記》10卷，太原王琰撰。《法苑珠林》卷13、《集神州三寶感通錄》卷2引南齊王琰《冥祥記》，則王琰係南齊時人也。又，《太平御覽經史圖書綱目》書目列《冤報記》，《御覽》卷977「樂孟卿」條引出自《冤報記》。「《冥報記》」或是「《冤報記》」誤題，附錄待考。

　　周法高《顏之推〈還冤志〉考證》，王國良《顏之推〈冤魂志〉研究》〔註11〕，余皆未得目睹，謹此說明。

〔註5〕林聰明《敦煌漢文文書解讀要點試論》，《漢學研究》第4卷第2期，1986年版，第431頁；又林聰明《敦煌吐魯番文書解詁指例》說略同，新文豐出版公司2001年版，第69～70頁。

〔註6〕余嘉錫《四庫提要辨證》，中華書局1980年版，第1145～1147頁。王國良《顏之推〈冤魂志〉研究》，臺北文史哲1995年版；又王國良《談敦煌所藏隋唐古體小說整理研究之成果——以〈冤魂志〉為例》，《湖南科技學院學報》2014年第2期，第5頁。

〔註7〕黃永武主編《敦煌寶藏》第126冊，新文豐出版公司1986年初版，第342～345頁。敦煌研究院《敦煌遺書總目索引新編》，中華書局2000年版，第268頁。《法藏敦煌西域文獻》第21冊，上海古籍出版社2002年版，第343～346頁。

〔註8〕竇懷永、張涌泉《敦煌小說合集》，浙江文藝出版社2010年版，第217頁。

〔註9〕本文所引《法苑珠林》如無說明，皆據大正藏本，下同。

〔註10〕P.2640V「冥詳」，即「冥祥」，《唐護法沙門法琳別傳》卷3作「冥祥」。

〔註11〕周法高《顏之推〈還冤志〉考證》，《大陸雜誌》第5～7期，1961年版。王國良《顏之推〈冤魂志〉研究》，臺北文史哲1995年版。

（1）使薛甫與司空錡殺杜伯（「杜伯」條，錄自《太平廣記》卷 119，
下同。）

按：司空，《法苑珠林》卷 91 引作「司工」。《元和姓纂》卷 2：「司工：
周宣王時司工錡，因官氏焉。」《玉海》卷 125 引《氏族略》、《姓氏急就篇》
卷下同。唐·宗密《圓覺經道場修證儀》卷 9 述此事亦作「司工」。據《墨子·
明鬼下》所引，《冤魂志》此條材料出自《周春秋》，古本必作「司工」，唐人
尚得其真，宋人則易作「司空」。《說文》：「空，竅也。」段玉裁曰：「今俗語
所謂孔也，天地之閒亦一孔耳。古者司空主土。《尚書大傳》曰：『城郭不繕，
溝池不修，水泉不修（隆），水為民害，責於地公。』司馬彪曰：『司空公一
人，掌水土事。凡營城，起邑，浚溝洫，修墳防之事，則議其利，建其功。』
是則司空以治水土為職。禹作司空，治水而後晉百揆也。治水者必通其瀆，
故曰司空猶司孔也。」〔註12〕金文中官名作「司工」，楊樹達以為「司空」即
「司工」，「空」為「工」之假借，指百工之事；黃侃亦謂「司空」之「空」
借為「工」〔註13〕，皆未得。龐光華謂「空」在金文中只作「工」，同「孔」，
取「土穴」之義，故「司工（空）」之職主水土〔註14〕。

（2）祝也為我謀而殺人（「杜伯」條）

按：為，《法苑珠林》卷 91 引作「與」。為，猶與也，去聲。上文「始殺
杜伯，誰與王謀之」，亦作「與」字。

（3）日中，見杜伯乘白馬素車（「杜伯」條）

按：車，《墨子·明鬼下》引《周春秋》同，《法苑珠林》卷 91 引誤作
「衣」。

（4）後三年，宣王遊圃田，從人滿野（「杜伯」條）

按：《法苑珠林》卷 91 引「遊」下有「於」，餘同。《墨子·明鬼下》引

〔註12〕段玉裁《說文解字注》，上海古籍出版社 1981 年版，第 344～345 頁。《尚書
大傳》見《論衡·順鼓》引，作「水泉不隆」，段氏引誤。
〔註13〕楊樹達《司徒司馬司空釋名》，收入《積微居小學述林》卷 6，上海古籍出版
社 2007 年版，第 242～244 頁。黃侃《說文段注小箋》，收入《說文箋識四種》，
上海古籍出版社 1983 年版，第 174 頁。
〔註14〕詳見龐光華《「司空」新考》，《東亞文獻研究》第 15 輯，2015 年版，第 157～
196 頁。其文又收入龐光華《上古音及相關問題綜合研究——以複輔音聲母為
中心》，暨南大學出版社 2015 年版，第 718～754 頁。

《周春秋》：「周宣王合諸侯而田于圃田，車數百乘，從數千人，滿野。」《墨子》之文，《文選·重答劉秣陵沼書》李善注引「圃」下無「田」字，餘同今本；《史記·封禪書》《索隱》引作「後宣王田於圃」，《漢書·郊祀志》顏師古注引作「後宣王田於圃田」，《法苑珠林》卷67引作「周宣王田於甫田，從人滿野」，《御覽》卷85引作「宣王田於圃田，從人滿野」，又卷371引作「王田於圃田，車徒滿野」。《國語·周語上》韋昭注、《史記·周本紀》《正義》引《周春秋》作「宣王會諸侯田于圃」〔註15〕，《通典》卷55作「宣王田於圃田」。畢沅曰：「田與佃通。《說文》云：『佃，中也。《春秋傳》曰：「乘中佃。」一轅車。』韋昭注《國語》、《文選》注、《史記索隱》引俱無此字，顏師古注《漢書》有。」俞樾曰：「『從』乃『徒』字之誤。車數百乘，徒數千人，徒與車為對文。《御覽》引作『車徒滿野』，是其證。田于圃田者，圃田，地名。《詩·車攻篇》：『東有甫草，駕言行狩。』鄭箋以鄭有甫田說之，《爾雅·釋地》作『鄭有圃田』，即其地也。畢讀圃字絕句，非是。」孫詒讓亦于「圃」字絕句，以「田車」為詞，云：「田車者，《考工記》云『田車之輪，六尺有六寸。』鄭注云：『田車，木路也，駕田馬。』畢引《左傳》『中佃』，非此義。俞校近是，但此當以『徒數千』為句，『人』屬下『滿野』為句，非以徒與車為對文也。」〔註16〕《論衡·死偽》引《傳》作「宣王將田于囿」，黃暉曰：「『囿』當作『圃』。圃，野也。《周語》：『杜伯射王于鄗。』韋注：『鄗，鄗京也。』《風俗通·怪神篇》引董無心曰：『杜伯死，親射宣王於鎬京。』圃蓋謂鄗京之野。」〔註17〕《周春秋》當以「田于圃田」絕句，俞氏讀是。「圃田」或作「甫田」，或省言作「圃」；或稱作「鄗（鎬）」。戴家祥曰：「故《宂簋》及《周禮·太宰》以園圃與虞牧並舉，《墨子》、《國語》舉其圃田，《隨巢》舉其牧田，實皆王京郊外園囿之通名。當時侯國亦多有之……以文義繹之，疑圃與囿本相類似，皆古侯王遊幸之處。故《莊子》以其與宮室並舉。古籍又多載侯王在圃之事。後人僅知中牟圃田，名垂遐邇。凡見古書之載圃田者往往誤解。鄭君箋《詩》，尚不免千慮之一失。姑誌疑於此。以俟他日考定焉。」〔註18〕「田于圃田」即「遊于圃田」，上「田」，田獵也，取

〔註15〕《國語》據公序本，明道本「圃」誤作「囿」。

〔註16〕三氏說皆見孫詒讓《墨子閒詁》，中華書局2001年版，第224～225頁。

〔註17〕黃暉《論衡校釋》，中華書局1990年版，第885～886頁。

〔註18〕戴家祥《釋甫——附西都圃田誌疑》，《國學論叢》第1卷第4期，1928年版，第41～42頁。

禽獸也，字或作畋、佃、狃、甸。遊指盤遊，亦指打獵而言〔註19〕。《周春秋》「從」字不誤，當讀為「車數百乘，從數千人，滿野」，俞氏改作「徒」，孫氏以「人滿野」為句，皆誤。《孟子·滕文公下》「後車數十乘，從者數百人」，是其比。《漢書·食貨志》：「於是上北出蕭關，從數萬騎，行獵新秦中，以勒邊兵而歸。」本書「公子彭生」條：「襄公獵於貝丘，有大豕，從者曰……」此亦出獵有從人、從者之證。

（5）朱冠，起於道左（「杜伯」條）

按：《法苑珠林》卷91引「朱冠」上有「朱衣」二字。《墨子·明鬼下》引《周春秋》作「朱衣冠」，《御覽》卷85、371引《墨子》作「朱衣朱冠」，《法苑珠林》卷67引《墨子傳》同。《國語·周語上》韋昭注引《周春秋》作「衣朱衣，冠朱冠」，《史記·周本紀》《正義》引《周春秋》脫作「衣朱衣冠」。

（6）伏于弓衣而死（「杜伯」條）

羅國威校：《墨子》作「伏弢而死」。案《說文》：「弢，弓衣也。」段注：「《左傳》多言弢，《詩》言韔。《秦風》傳曰：『韔，弓室也。』《鄭風》作鬯，傳曰：『鬯弓，弢弓也。』然則弢與韔與韣同物，故許皆以弓衣釋之。」是作「弓衣」作「弢」並不誤也。（P2）

按：《論衡·死偽》引《傳》作「伏韔而死」。《墨子》之「弢」，《御覽》卷85引作「弨」，又卷371引作「韔」，有注：「韔音暢。」又卷883引作「弓衣」。《法苑珠林》卷67引作「弢」，宋、明本引作「屍」。作「弨」、「屍」皆誤。

（7）彭生多力，乃抵桓公脅（「公子彭生」條，據王謨本，下同）

羅國威校：《史記·齊太公世家》作「因拉殺魯桓公」，《集解》云：「《公羊傳》曰：『搚幹而殺之。』何休曰：『搚，折聲也。』」案抵脅、拉殺、搚幹，義並同也。（P3）

按：羅氏未達厥誼。《漢語大字典》云：「抵，頂，支撐。」〔註20〕亦誤。

〔註19〕《左傳·莊公八年》：「齊侯游于姑棼，遂田于貝丘。」杜預注：「田，獵也。」《呂氏春秋·義賞》：「焚藪而田。」《韓子·難一》、《說苑·權謀》作「焚林而田」，《淮南子·人間篇》作「焚林而獵」。《管子·大匡》「襄公田於貝丘」，本書「公子彭生」條作「襄公獵於貝丘」。是「田」即「獵」，與「遊」義相承也。

〔註20〕《漢語大字典》（第二版），崇文書局、四川辭書出版社2010年版，第1962頁。

抵，《法苑珠林》卷 64 引作「拉」，宋、元、明、宮本作「抵」。「抵」俗字作「捴」、「**抾**」、「**㧢**」〔註21〕，是「拉」形近譌字。《說文》：「拉，摧也。」《玉篇》：「拉，折也。」「拉」以雙聲音轉為「攝」、「邋」，讀良涉切。《說文》：「邋，攝也。」《廣韻》：「攝，折也。」字亦作拹、撎、摺，疊韻之轉也。《廣韻》：「拹，虛業切，《說文》：『摺也，一曰拉也。』」《廣雅》：「撎，折也。」《玉篇》：「撎，呂闔、虛業二切，摺也。拹，同上。」《公羊傳‧莊公元年》：「撎幹而殺之。」《釋文》：「撎，路合反，本又作拹，亦作拉，皆同，折聲也。」《左傳‧桓公十八年》杜注：「拉公幹而殺之。」孔疏：「《莊元年公羊傳》曰：『撎幹而殺之。』《齊世家》云：『摺殺魯桓公。』撎、摺、拉音義同也。」《御覽》卷 371 引《公羊傳》作「拉」，今《史記‧齊世家》作「拉」，《鄭世家》、《列女傳》卷 7 亦作「拉」，《魯世家》作「摺」。則皆徑以「拹（撎）」、「摺」讀「拉」矣。《管子‧大匡》作「使公子彭生乘魯侯，脅之」，王引之讀脅為拹，解為以手摧折之〔註22〕。

（8）惡於諸侯（「公子彭生」條）

　　羅國威校：惡於諸侯，各本作「惡何辭以告於諸侯」，誤，今據《左傳‧桓公十八年》改。（P3）

　　按：《法苑珠林》卷 64 引作「思何辭以告於諸侯」，宋、元、明、宮本「思」作「惡」。

（9）襄公獵於貝丘，有大豕，從者曰：「臣見豕乃彭生也。」襄公怒曰：「彭生何敢見乎？」（「公子彭生」條）

　　按：有大豕，《法苑珠林》卷 64 引同，《左傳‧莊公八年》、《論衡‧訂鬼》作「見大豕」，《史記‧齊太公世家》作「見彘」，《管子‧大匡》作「見豕彘」，《漢書‧五行志》作「見豕」。

（10）燕臣莊子儀，無罪而簡公殺之（「燕臣莊子儀」條，錄自磧砂藏本《法苑珠林》卷 44，下同）

　　按：《論衡‧死偽》引《傳》作「趙簡公殺其臣莊子義而不辜」，又《書虛》

〔註21〕參見黃征《敦煌俗字典》，上海教育出版社 2005 年版，第 82 頁。又參見臧克和《漢魏六朝隋唐五代字形表》，南方日報出版社 2011 年版，第 794 頁。

〔註22〕王引之說轉引自王念孫《讀書雜志》卷 7，中國書店 1985 年版，本卷第 85 頁。

作「趙簡子殺其臣莊子義」。「義」、「儀」古通，「趙」當作「燕」，《論衡·訂鬼》作「燕簡」不誤。

（11）男女觀之，子儀起於道左，荷朱杖擊公，公死於車上（「燕臣莊子儀」條）

　　羅國威校：「之」字原無，據《廣記》補。（P5）

　　按：羅補「之」非是，當「男女觀子儀起於道左」為句。本書「杜伯」條：「日中，見杜伯……起於道左，執朱弓彤矢，射王中心，折脊伏於弓衣而死。」文例同，觀即見也。

（12）帝數欲替太子而立如意（「漢王如意」條，錄自磧砂藏本《法苑珠林》卷44，下同）

　　羅國威校：替，大正藏本作「譖」。（P8）

　　按：「譖」是「替」形譌。《史記·呂后本紀》：「（高祖）常欲廢太子立戚姬子如意。」又《留侯世家》：「上欲廢太子，立戚夫人子趙王如意。」《張丞相傳》：「帝欲廢太子而立戚姬子如意。」《叔孫通傳》：「高祖欲以趙王如意易太子。」《漢書·外戚傳》：「常欲廢之而立如意。」替亦廢也，易也。

（13）及高帝崩，呂后候如意到長安而拉殺之（「漢王如意」條）

　　羅國威校：候，大正藏本作「徵」。拉，原作「爉」，據大正藏本及叢刊本改。（P8）

　　按：「徵」字是也。《漢書·高五王傳》：「呂太后徵王到長安鴆殺之。」正作「徵」字。《史記·呂后本紀》：「（呂后）乃令永巷囚戚夫人而召趙王。」又「周昌曰：『竊聞太后怨戚夫人，欲召趙王並誅之。』」《漢書·外戚傳》：「太后……乃召趙王誅之。」又《周昌傳》：「高后使使召趙王，王果來至長安，月餘，見鴆殺。」徵、召義同。拉，宋、宮本亦作「爉」。「爉」是「擖」形譌，「擖」又「攊」俗譌字，「攊」為「拉」音轉。此言「拉殺」，漢人皆言「鴆殺」。《漢書·五行志》：「高后鴆殺如意。」《史記·呂后本紀》：「趙王少，不能蚤起，太后聞其獨居，使人持酖飲之。」《漢書·外戚傳》作「持鴆」。《漢紀》卷5：「趙王不能早起，太后鴆而殺之。」《論衡·死偽》：「呂后恚恨，後酖殺趙王。」「酖」乃「鴆」借字。疑「鴆」音誤作「枕」、「抌」，因形誤作「拉」，後又改作「擖（攊）」。

（14）道中見物如蒼狗，攫后腋，忽而不見（「漢王如意」條）

　　按：攫，《史記·呂后本紀》作「據」，《集解》引徐廣曰：「據，音戟。」《漢書·五行志》、《漢紀》卷 6 作「撠」，顏師古注：「撠謂拘持之也。撠音戟。」《唐開元占經》卷 113 引《漢書》作「撠」，《御覽》卷 369 引《漢書》作「戟」。《論衡·死偽》則言「嚙其左腋」。

（15）及竇皇后崩，嬰益疏薄無勢，黜不得志（「竇嬰」條，錄自磧砂藏本《法苑珠林》卷 70，下同）

　　按：黜，唐·宗密《圓覺經大疏釋義鈔》卷 9 引誤作「點點」。

（16）與太僕灌夫相引薦，交結其歡，恨相知之晚乎（「竇嬰」條）

　　羅國威校：乎，秘笈本無「乎」字。《史記·魏其武安侯列傳》：「兩人相為引重，其游如父子然，相得驩甚，無厭，恨相知晚也。」（P9）

　　按：《史記集解》引張晏曰：「相薦達為聲勢。」《圓覺經大疏釋義鈔》卷 9 引「引薦」作「列鹿」，「其」作「甚」。《華嚴原人論發微錄》卷 1、《圭峰禪師原人論發微錄》卷 1 引亦作「甚」。「列鹿」、「其」皆形譌。「乎」為「于時」脫誤，屬下句。

（17）孝景帝王皇后異父同母弟田蚡為丞相，親幸縱橫（「竇嬰」條）

　　按：《圓覺經大疏釋義鈔》卷 9、《華嚴原人論發微錄》卷 1、《圭峰禪師原人論發微錄》卷 1 引「孝景帝」上有「于時」二字。

（18）乃上事，具陳灌夫醉飽事，不足誅（「竇嬰」條）

　　按：上事，當據《圓覺經大疏釋義鈔》卷 9、《華嚴原人論發微錄》卷 1、《圭峰禪師原人論發微錄》卷 1 引作「上書」，《史記·魏其武安侯傳》、《漢書·灌夫傳》、《漢紀》卷 11 俱作「上書」。

（19）我百歲後，當魚肉之（「竇嬰」條）

　　羅國威校：底本「之」下有「中」字，大正藏本、叢刊本同。案：「中」衍，今刪。《史記·魏其武安侯列傳》：「令我百歲後，皆魚肉之矣。」（P11）

　　按：《圓覺經大疏釋義鈔》卷 9、《華嚴原人論發微錄》卷 1、《圭峰禪師原人論發微錄》卷 1 引作「我百歲後，魚肉之乎」。《漢書·灌夫傳》作「皆魚肉之乎」。「中」是「乎」形譌。「乎」、「矣」義同。

（20）天子亦以蚡為不直，特為太后故，論嬰及市（「竇嬰」條）

羅國威校：直，正直。及市，各本作「死」。（P11）

按：《圓覺經大疏釋義鈔》卷9引「直」作「真」，「及市」作「及夫棄市」。《華嚴原人論發微錄》卷1、《圭峰禪師原人論發微錄》卷1引作「天子亦為蚡不直，特為太后故，偏將嬰及夫棄市」。「及市」是「及夫棄市」脫文，「真」是「直」形譌。不直，猶言不當、不對。《史記·魏其武安侯列傳》：「上自魏其時不直武安，特為太后故耳。」《漢書·灌夫傳》：「上自嬰夫事時不直蚡，特為太后故。」《索隱》：「武帝以魏其、灌夫事為枉，於武安侯為不直，特為太后故耳。」《漢書·韓延壽傳》：「上由是不直延壽，各令窮竟所考。」此例義亦相同。

（21）天子使祝鬼者瞻之（「竇嬰」條）

羅國威校：祝，大正藏本作「呪」，校勘記云：「宮本、宋、元、明本作『祝』。」案：《史記·魏其武安侯列傳》：「使巫視鬼者視之」，《漢書·灌夫傳》作「上使視鬼者瞻之」。此「祝」字疑當作「視」。（P11）

按：《圓覺經大疏釋義鈔》卷9、《華嚴原人論發微錄》卷1、《圭峰禪師原人論發微錄》卷1引正作「視」字。

（22）後月餘，蚡病，一身盡痛（「竇嬰」條）

按：後，《華嚴原人論發微錄》卷1、《圭峰禪師原人論發微錄》卷1引同，《圓覺經大疏釋義鈔》卷9引作「度」。

（23）漢世何敞為交阯刺史，行部到蒼梧郡高要縣（「蘇娥」條，錄自磧砂藏本《法苑珠林》卷74，下同）

按：高要，《太平廣記》卷127引同，《圓覺經大疏釋義鈔》卷9引作「商要」，《文選·詣建平王上書》李善注引謝承《後漢書》、《搜神記》卷16載此事並作「高安」。作「高要」是，考《漢書·地理志》、《後漢書·郡國志》，蒼梧郡有縣十，廣信、高要二縣屬焉，而無名「高安」者。《舊唐書·地理志》：「高要，漢縣屬蒼梧郡……縣西有鵠奔亭，即漢交州刺史行部到鵠亭夜女子鬼訴冤之亭。」《太平寰宇記》卷159引《搜神記》正作「高要」。

（24）妾姓蘇名娥字始珠，本廣信縣修里人（「蘇娥」條）

羅國威校：始珠，大正藏本作「怡姝」。（P12）

按：《太平廣記》卷 127 引同，《搜神記》卷 16 亦同；《圓覺經大疏釋義鈔》卷 9 引「娥」作「俄」，餘亦同。《水經注・洭水》：「縣有翁奔亭，廣信蘇施妻始珠鬼訟於交州刺史何敞。」是其夫家姓名為蘇施，可補此所未備。《圓覺經道場修證儀》卷 9、《華嚴原人論發微錄》卷 1、《圭峰禪師原人論發微錄》卷 1 引誤作「始珍」。

（25）妾孤窮羸弱，不能自振（「蘇娥」條）

按：羸，《搜神記》卷 16 同，《圓覺經大疏釋義鈔》卷 9 引作「劣」。

（26）亭長龔壽操刀持戟，來致車旁（「蘇娥」條）

按：致，當據四庫本作「至」，《圓覺經大疏釋義鈔》卷 9、《圓覺經道場修證儀》卷 9 引亦作「至」，《搜神記》卷 16 同。

（27）壽因捉妾臂曰（「蘇娥」條）

羅國威校：捉，王謨本作「執」。（P13）

按：捉，《圓覺經大疏釋義鈔》卷 9、《圓覺經道場修證儀》卷 9 引作「持」，《搜神記》卷 16 亦作「持」。

（28）殺牛燒車，車杠及牛骨貯亭東空井中（「蘇娥」條）

羅國威校：車杠，原作「車釭」，大正藏本、叢刊本並同，今據各本改。貯，《廣記》作「投」。（P13）

按：羅氏改字非是。車釭，《圓覺經大疏釋義鈔》卷 9、《華嚴原人論發微錄》卷 1、《圭峰禪師原人論發微錄》卷 1 引同。二《微錄》並有注：「釭，音工，《說文》云：『車轂中鐵也。』」《方言》卷 9：「車釭，齊燕海岱之閒謂之鍋，或謂之錕，自關而西謂之釭，盛膏者乃謂之鍋。」《釋名》：「釭，空也，其中空也。」字亦作軖，《玉篇》：「軖，亦『釭』。」《集韻》：「釭，或作軖。」是「釭（軖）」取義於空，故漢簡又作「車空」，睡虎地秦簡《秦律十八種》：「車空失……其主車牛者及吏、官長皆有罪。」〔註23〕《圓覺經道場修證儀》卷 9 引作「車釭」，《太平廣記》卷 127 引作「車杠」；《搜神記》卷 16 作「車釭」，《太平寰宇記》卷 159 引《搜神記》作「車扛」，皆形近之誤。

〔註23〕參見蕭旭《〈睡虎地秦墓竹簡〉校補》，收入《群書校補（續）》，花木蘭文化出版社 2014 年版，第 29 頁。

《御覽》卷 884 引《搜神記》正作「車釭」。貯，《圓覺經大疏釋義鈔》卷 9
引同，《搜神記》卷 16 亦同，《圓覺經道場修證儀》卷 9 引作「棄」，《華嚴
原人論發微錄》卷 1、《圭峰禪師原人論發微錄》卷 1 引作「捨」。

（29）敞表壽殺人，於常律不至族誅，但壽為惡隱密經年，王法所不能
　　　得（「蘇娥」條）

　　按：《太平廣記》卷 127 引同，《圓覺經大疏釋義鈔》卷 9 引「得」作「約」。
《搜神記》卷 16 作「王法自所不免」，《太平寰宇記》卷 159 引《搜神記》作
「王法所不得治」。

（30）鬼神訴千載無一（「蘇娥」條）

　　羅國威校：《廣記》作「鬼神自訴」。（P14）

　　按：當據補「自」字，《圓覺經大疏釋義鈔》卷 9、《圓覺經道場修證儀》
卷 9、《華嚴原人論發微錄》卷 1、《圭峰禪師原人論發微錄》卷 1 引亦有「自」。
《御覽》卷 884 引《搜神記》亦脫「自」字。訴，《義鈔》卷 9 引誤作「許」。

（31）請皆斬之，以助陰殺（「蘇娥」條）

　　羅國威校：殺，《廣記》作「誅」。（P14）

　　按：陰殺，《圓覺經大疏釋義鈔》卷 9 引同，《圓覺經道場修證儀》卷 9 引
作「陰德」，《華嚴原人論發微錄》卷 1、《圭峰禪師原人論發微錄》卷 1 引作
「隱德」；《搜神記》卷 16 作「陰誅」，《御覽》卷 884、《太平寰宇記》卷 159
引《搜神記》作「陰教」。

（32）掘起諸喪，歸其家殯葬（「涪令妻」條，錄自磧砂藏本《法苑珠
　　　林》卷 74，下同）

　　按：起，大正藏本、叢刊本、四庫本《法苑珠林》並作「取」，《太平廣記》
卷 127、《說郛》卷 72 引同。

（33）鬼投衣而去（「涪令妻」條）

　　羅國威校：投，原作「捉」，據大正藏本及《廣記》改。（P16）

　　按：羅校是也，《華陽國志》卷 10 亦作「投衣而去」。《後漢書·王忳傳》
作「因解衣於地，忽然不見」，即「投衣而去」之義。《說郛》卷 118 引宋歐陽
玄《睽車志》亦誤作「捉」。

（34）人謠曰：「信哉少林世無偶，飛被走馬與鬼語。」「飛被走馬」別
　　　為他事，今所不錄（「涪令妻」條）

　　按：「飛被走馬」事，《華陽國志》卷10：「王忳字少林，新都人也。遊學
京師，見客舍有一書生困病，忳隱視，奄忽便絕。有金十斤，忳以一斤買棺
木，九斤還腰下葬埋之。後為大度亭長，大馬一匹來入亭中，又有繡被一領，
飛墮其前，人莫識者。郡縣畀忳，後乘馬到雒縣，馬牽忳入他舍。主人問忳所
由得馬，忳具說其狀，並及繡被。主人悵然曰：『卿何陰德而致此？』忳說昔
埋書生事。主人驚曰：『是我子也，姓金名彥，卿乃葬之。』」《御覽》卷465
引《益部耆舊傳》：「王忳字少林，詣京師，於客〔舍〕見諸生病甚困，生謂忳
曰：『腰下有金十斤，願以相與，乞收藏尸骸。』未〔及〕問〔其〕姓名，呼
吸因（困）絕。忳賣金一斤以給棺槥，〔餘〕九斤置生腰下。後署大度亭長，
到亭日，有〔白大〕馬一疋到亭中，其日大風，有一繡被，隨風以來。後忳騎
馬，突入〔金彥父家〕。金彥父見曰：『真得盜矣。』忳說〔得〕馬〔之〕狀，
又取被示之。彥父悵然曰：『被馬俱止（亡），卿有何陰德？』忳具說葬諸生
事。彥父曰：『此吾子也。』〔忳即以被、馬歸之，彥父不受〕，遣迎彥，喪金
具存。民謠之曰：『信哉少林世為遇，飛被走馬與鬼語。』」〔註24〕《後漢書‧
王忳傳》略同。「世為遇」當作「世無偶」，形聲之誤也。《說郛》卷118引宋
歐陽玄《睽車志》亦作「世無偶」。

（35）殷死月餘，軫得病，目精脫，但言：「伏罪伏罪，游幼齊將鬼來。」
　　　於是遂死（「游殷」條，錄自磧砂藏本《法苑珠林》卷91）
　　羅國威校：《廣記》無「得」。精，大正藏本、叢刊本作「睛」。（P17）
　　按：「軫得病，目精脫」，明鈔本《太平廣記》卷119引作「軫病，目睛遂
脫」。《御覽》卷444引《三輔決錄》作「得病目脫」，《三國志‧張既傳》裴松
之注引《三輔決錄》作「軫得疾患，自說」。「自說」為「目脫」之誤。脫，讀
為墮，落也。

（36）甫恐后怨之（「宋皇后」條，錄自磧砂藏本《法苑珠林》卷 76）
　　羅國威校：《廣記》無「之」字。（P19）
　　按：怨，《太平廣記》卷119引作「怒」，羅氏失校。

〔註24〕脫誤之字據《御覽》卷707引補正。「止」當作「亡」，據《後漢書‧王忳傳》
　　　「被隨旋風與馬俱亡，卿何陰德而致此二物」校正。

（37）宣王自將中軍討凌，掩然卒至（「王凌」條，錄自磧砂藏本《法苑珠林》卷77，下同）

　　羅國威校：說郛本、學海本、《廣記》無「掩然」。（P25）

　　按：掩然卒至，《說郛》卷72引作「卒然掩至」，羅氏失校。當據《說郛》本乙正，《三國志·王凌傳》作「大軍掩至」。

（38）宣王身亦有打處（「王凌」條）

　　按：亦，《異苑》卷6作「便」。

（39）魏夏侯玄字太初，亦當時才望，為司馬景王所忌而殺之（「夏侯玄」條，錄自磧砂藏本《法苑珠林》卷62，下同）

　　羅國威校：亦，《廣記》作「以」。（P26）

　　按：叢刊本、四庫本作「以」，《異苑》卷6同。

（40）玄宗族為之設祭，見玄來靈座，脫頭置其旁，悉取果食酒肉以內頸中，既畢，還自安，言曰：「吾得訴於上帝矣，司馬子元無嗣也。」（「夏侯玄」條）

　　羅國威校：畢，《廣記》作「而」。還自安，《廣記》「安」下有「頸而」二字。（P26）

　　按：《異苑》卷6作「……脫頭置其傍，悉取果食魚肉之屬以內頸中，畢，還自安其頭，既而言曰」。《珠林》本「安」下脫「其頭」二字。《太平廣記》卷119引作「頸」，亦「頭」之誤。

（41）恄強愎傲物（「孫峻」條，錄自磧砂藏本《法苑珠林》卷94）

　　羅國威校：愎，底本原訛「復」，據大正藏本及叢刊本改。（P28）

　　按：古無「愎」字，借「復」字為之，「復」非譌字。《戰國策·趙策一》：「好利而鷙復。」《韓子·十過》作「愎」。字亦借「覆」、「蝮」、「腹」為之〔註25〕。

（42）徐光在吳，常行術市里間（「徐光」條，錄自《太平廣記》卷119，下同）

　　按：《法苑珠林》卷31引作「徐光在吳世，常行幻術於市廛間」，宮本

「廊」作「里」。《搜神記》卷 1 作「吳時有徐光者，嘗行術於市里」。「廊」為「鄽」形譌，《玉篇》：「鄽，市廛，俗作鄽。」字本作廛，《說文》：「廛，一畝半，一家之居。」《搜神記》及《廣記》皆脫「幻」字。《御覽》卷 978、《事類賦注》卷 27 引《搜神記》正有「幻」字，《類聚》卷 87 引則脫之。常，讀為嘗。

（43）種梨橘棗栗，立得食，而市肆賣者皆已耗矣（「徐光」條）

按：《搜神記》卷 1：「從人乞瓜，其主勿與，便從索瓣，杖地種之，俄而瓜生蔓延，生花成實，乃取食之，因賜觀者。鬻者反視所出賣，皆亡耗矣。」視此為詳。

（44）襃衣而趨，左右唾踐（「徐光」條）

按：踐，《搜神記》卷 1 同，當是「喽」形譌。《法苑珠林》卷 31 引作「濺」，宋、元、明、宮本作「喽」。字本作濽，字亦作淺、湔。《說文》：「濽，污灑也。一曰水中人。」段玉裁注：「《史記·廉藺傳》作濺，楊泉《物理論》作喽。皆音子旦反。『中』讀去聲。」〔註26〕《度世品經》卷 3：「……瓦石打擲、扠踐、樑（撥）摑、唾濺、調戲皆能忍之。」《玄應音義》卷 7：「唾濺：又作濽、喽二形，同。」又卷 3：「澆濽：下又作濺、喽二形，同。子旦反。《說文》：『濽，相污灑也。』《史記》『五步之內以血濺大王衣（矣）』，作濺；揚（楊）泉《物理論》云『恐不知味而唾喽』，作喽。江南行此音，山東音湔，子見反。」又卷 14：「澆濽：江南言濽，山東言湔。《通俗文》：『傍沾曰湔也。』」又卷 17：「澆濽：又作喽、濺二形，同。」《集韻》：「濽，或作淺、湔、濺。」「唾喽」即「唾濺」，亦即「唾沫」，此用為動詞，吐唾沫。

（45）或問其故，答曰：「流血臭腥不可耐。」（「徐光」條）

按：《搜神記》卷 1 同，《法苑珠林》卷 31 引作「流血覆道，臭腥不可」。二本各有脫文，可以互校。

（46）及綝廢幼帝，更立景帝，將拜陵，上車，車為之傾（「徐光」條）

按：《法苑珠林》卷 31 引作「……將拜蔣陵，有大飄風如廩，從室（空）中墜琳車上，車為之傾頓」，《搜神記》卷 1 作「將拜陵，上車，有大風盪綝

〔註26〕段玉裁《說文解字注》，上海古籍出版社 1981 年版，第 565 頁。

車，車為之傾」。《廣記》引有脫文。

（47）因顧見徐光在松栢樹上，拊手指揮，嗤笑之（「徐光」條）

按：拊，讀為拊。《法苑珠林》卷 31 引作「撫」，宋、元、明、宮本作「拊」；《搜神記》卷 1 亦作「拊」。「撫」、「拊」同。

（48）緒問侍從，無見者，緒惡之。俄而景帝誅緒（「徐光」條）

按：《搜神記》卷 1 同，《法苑珠林》卷 31 引「侍從」作「左右」，「誅緒」下有「兄弟四人一旦為戮」八字。

（49）夢白犬自天下而噬之（「王敦」條，錄自磧砂藏本《法苑珠林》卷 70，下同）

羅國威校：噬，原作「筮」，各本並作「噬」，今據改。（P31）

按：《晉書・王敦傳》作「齧」，《類聚》卷 94 引孫盛《晉陽秋》、《魏書・司馬紹傳》、《建康實錄》卷 6 並作「噬」。

（50）白日見刁乘軺車導從吏卒來，仰頭瞑目，乃入攝錄敦（「王敦」條）

羅國威校：導，原作「道」，《晉書》作「導」，今據改。軺車，輕便小馬車。瞑，叢刊本同，各本並作「瞋」。案作「瞋」訛，今不從。（P31）

按：「道」、「導」古通，不煩改作。「瞑」是「瞋」形譌，《御覽》卷 366 引王隱《晉書》作「白日見恊乘軺（注：音遙）車從吏騶詣敦而仰頭瞋目」，《晉書・王敦傳》作「見刁協乘軺車導從，瞋目令左右執之」，《建康實錄》卷 6 作「夢刁協乘軺車導從，瞋目叱左右執之」。《晉書・輿服志》：「軺車，古之時軍車也。一馬曰軺車，二馬曰軺傳。漢世貴輜軿而賤軺車，魏晉重軺車而賤輜軿。」《通典》卷 65：「軺車，古將軍所乘傳也。」

（51）敦大怖，逃不得脫，死（「王敦」條）

按：大正藏本、叢刊本、四庫本「死」下有「河間」二字。

（52）瞑眦之嫌，輒加刑殺（「羊聃」條，錄自磧砂藏本《法苑珠林》卷 91，下同）

羅國威校：眦，原作「眯」，大正藏本、叢刊本同，各本及《廣記》並作

「眦」。案作「眦」是，今據改。《漢書・杜業傳》：「報睚眦怨。」師古注：
「睚，舉眼也。眦即眥字，謂目匡也。言舉目相忤者〔即報之也〕……一說：
睚眦，瞋目貌也，兩義並通。」（P33）

　　按：《晉書・羊曼傳》亦作「睚眦」，然不當輒改。「睚眦（睞）」又作「崖
柴」、「啀喍」、「喳柴」、「喳喍」、「瞠睞」、「齜齻」、「厓柴」，並為「齟齬」音
轉，倒言則作「喍啀」、「齻啀」、「齻齷」、「齻齷」、「齻齷」、「柴崖」，張口露
齒之貌〔註27〕，顏師古前說失之。《太平廣記》卷126引「殺」作「戮」。

（53）山太妃憂感動疾（「羊聃」條）

　　羅國威校：憂，底本原缺，各本、《廣記》並有「憂」，今據補。（P34）

　　按：憂感動疾，《晉書・羊曼傳》作「憂戚成疾」。補「憂」是，「感」為
「慼」形譌，同「戚」。

（54）發言摧鯁（「羊聃」條）

　　按：鯁，《太平廣記》卷126引同，《晉書・羊曼傳》作「咽」。

（55）朕亦何顏以寄（「羊聃」條）

　　按：以寄，《晉書・羊曼傳》同，《太平廣記》卷126引作「自處」。

（56）璀後數見祚來，部從鎧甲，舉手指璀云：「底奴，要當截汝頭。」
　　　　（「張祚」條，錄自磧砂藏本《法苑珠林》卷67，下同）

　　按：底奴，當據《十六國春秋》卷75《前涼錄》「張瓘」條作「氐奴」。

（57）又謀廢玄靚而自王，事未遂（「張祚」條）

　　按：自王，當據《十六國春秋》卷75《前涼錄》「張瓘」條作「自立」；
又「宋混」條作「及瓘擅政，苛虐任情，乃欲謀誅諸宋廢玄靚自立」，亦其
證。

（58）我自可死，當令汝劇我矣（「張祚」條）

　　按：劇，《十六國春秋》卷75《前涼錄》「張瓘」條作「曁」。

〔註27〕參見蕭旭《「齟齬」考》，收入《群書校補（續）》，花木蘭文化出版社2014年
　　　版，第2390～2393頁。

（59）二歲小兒作為老公呼曰：「宋混、澄，斫汝頭。」（「張祚」條）

按：《十六國春秋》卷75《前涼錄》「宋澄」條無「混」字，當據刪之。

（60）見帝在墳前，舉體莫衣（「殷涓」條，錄自磧砂藏本《法苑珠林》
卷70）

羅國威校：《說文》：「衣，依也。」謂舉體無所依也。（P44）

按：舉體莫衣，猶言全身不曾穿衣服。

（61）薦之以棘（「苻永固」條，錄自磧砂藏本《法苑珠林》卷70，下
同）

按：《晉書‧姚萇載記》作「荐之以棘，坎土而埋之」，《御覽》卷122引
崔鴻《十六國春秋‧前秦錄》作「附之以棘，坎土埋之」。

（62）正著死所（「苻永固」條）

羅國威校：處，敦煌本作「所」。（P47）

按：敦煌本P.3126「所」作「處」，羅氏誤記。《晉書‧姚萇載記》、《魏書‧
姚萇傳》、《北史‧姚萇傳》並作「正中死處」，《御覽》卷400引《述異記》作
「正中其陰」。

（63）後三日，萇死（「苻永固」條）

羅國威校：處，敦煌本「後」前有「夢」。（P47）

按：敦煌本P.3126「三」作「二」，羅氏失校。

（64）毅便歎咤出寺（「牛牧寺僧」條，錄自磧砂藏本《法苑珠林》卷
73）

羅國威校：咤，王謨本作「叱」。（P49）

按：咤，敦煌本P.3126、大正藏本、叢刊本同；四庫本作「叱」，《說郛》
卷72引亦作「叱」；《太平廣記》卷126引作「吒」。

（65）傾便倒地不起（「麴儉」條，錄自磧砂藏本《法苑珠林》卷67，
下同）

按：倒，《法苑珠林》卷67引同，《法苑珠林》卷6引崔鴻《十六國春秋‧
前涼錄》作「委」。

（66）遂以暴卒（「麴儉」條）

　　羅國威校曰：《廣記》無「以」。（P50）

　　按：以，《法苑珠林》卷 67 引同，《法苑珠林》卷 6 引崔鴻《十六國春秋‧前涼錄》作「乃」。

（67）共升鍾嶺，坐于山椒（「經曠」條，錄自磧砂藏本《法苑珠林》卷
　　　70）

　　羅國威校：《漢書‧外戚傳》孟康注：「山椒，山陵也。」（P51）

　　按：椒，山巔、山頂。字亦作噍，《增韻》卷 2：「山顛曰噍，亦作椒。」

（68）而敵子並凶猥（「孔基」條，錄自磧砂藏本《法苑珠林》卷 91）

　　羅國威校：猥，敦煌本、說郛本、學海本、《廣記》作「狠」。案《文選‧河陽縣作》李善引許慎《淮南子》注云：「猥，凡也。」引申為卑下。
（P53）

　　按：敦煌本 P.3126 作「猥」，羅氏失檢。「猥」是「狠」形譌，羅說殊誤。竇懷永、張涌泉曰：「猥，鄙也。『猥』字或不誤。」〔註28〕亦非是。

（69）瑯琊諸葛覆，宋元嘉年為九真太守，家累悉在揚都，唯將長子元
　　　崇送職（「諸葛元崇」條，錄自磧砂藏本《法苑珠林》卷 32，下
　　　同）

　　羅國威校：送，敦煌本作「述」，《廣記》作「赴」。（P60）

　　按：《圓覺經大疏釋義鈔》卷 9 引亦作「述職」。竇懷永、張涌泉曰：
「『送』蓋誤字。」〔註29〕是也。

（70）貪其資貨（「諸葛元崇」條）

　　羅國威校：資貨，《廣記》作「貨」。（P60）

　　按：《圓覺經大疏釋義鈔》卷 9 引作「貲貨」。

（71）與伴共推元崇墮水而死（「諸葛元崇」條）

　　按：墮，《圓覺經大疏釋義鈔》卷 9 引作「隨」，借字。

〔註28〕竇懷永、張涌泉《敦煌小說合集》，浙江文藝出版社 2010 年版，第 229 頁。
〔註29〕竇懷永、張涌泉《敦煌小說合集》，浙江文藝出版社 2010 年版，第 237 頁。

（72）陳氏悲悒驚起，把火照兒眠處，沾濕猶如人形（「諸葛元崇」條）

　　羅國威校：濕，敦煌本作「漯」。「漯」與「濕」同也。（P61）

　　按：竇懷永、張涌泉曰：「『漯』為『濕』字俗寫。」〔註30〕「漯」實是「濕」
譌字〔註31〕。

（73）更差人送喪達都（「諸葛元崇」條）

　　羅國威校：達都，敦煌本作「歸楊都」，王謨本作「楊都」，說郛本、學海
本作「揚都」，《廣記》作「還揚都」。（P61）

　　按：敦煌本 P.3126 作「歸達楊都」，羅氏失檢。

（74）引弓射亡（「張超」條，錄自磧砂藏本《法苑珠林》卷 70，下同）

　　按：亡，敦煌本 P.3126 作「之」，各本並同，羅氏誤。

（75）銅烏其夜見超云：「我不殺汝叔，枉見殘害。」（「張超」條）

　　羅國威校：枉，《廣記》作「橫」。（P63）

　　按：敦煌本 P.3126 亦作「橫」。《法苑珠林》卷 75 引《冤魂志》：「實無片
罪，橫見殘害。」

（76）陶不詳審（「太樂伎」條，錄自磧砂藏本《法苑珠林》卷 67，下
　　　　同）

　　按：敦煌本 P.3126「陶」旁補「令」字。下文「陶知枉濫」，敦煌本亦作
「陶令」。

（77）昔枉見殺，實所不分（「太樂伎」條）

　　羅國威校：分，王謨本、秘笈本、詒經堂本、《廣記》作「忿」，四庫本作
「忍」。案《廣雅》：「分，與也。」實所不分，言實未參與劫掠之事，不當見
殺也。（P65）

　　按：「分」是「忿」省借字，羅說殊誤。《墨子・非攻下》：「將不勇，士
不分。」畢沅曰：「分，同『忿』。」〔註32〕《世說新語・文學》：「意甚不分。」

〔註30〕竇懷永、張涌泉《敦煌小說合集》，浙江文藝出版社 2010 年版，第 238 頁。
〔註31〕參見蕭旭《〈爾雅〉「蟄，靜也」疏證》。
〔註32〕畢沅《墨子校注》，收入《叢書集成新編》第 20 冊，新文豐出版公司 1985 年
　　　　版，第 379 頁。

《南齊書・王僧虔傳》：「庾征西翼書，少時與右軍齊名，右軍後進，庾猶不分。」「不分」皆同。分訓與者，是施與、給與義，而不是參與義。

（78）今事忽矣，計將安出（「鄧琬」條，錄自磧砂藏本《法苑珠林》卷 67）

　　羅國威校：忽，《廣記》作「急」。案《廣雅》：「忽，疾也。」是作「忽」、「急」並可也。（P68）

　　按：敦煌本 P.3126 亦作「忽」，當是「急」形譌。《宋書・鄧琬傳》：「今事已急，計將安出？」正作「急」字。「急」是危急義，而不是急速義，羅說殊誤。

（79）庾云：「向被錄輕來，無所齎持。」（「庾申」條，錄自《太平廣記》卷 383）

　　按：輕，讀為徑。

（80）有孫女姝好美色（「張稗」條，錄自磧砂藏本《法苑珠林》卷 70，下同）

　　羅國威校：姝好美色，敦煌本作「殊好色狼」，王謨本、說郛本、學海本作「殊有姿色」，《廣記》作「殊有姿貌」。案「狼」字當係「娘」字之訛。（P70）

　　按：「殊好」是「姝好」音譌。「色娘」不辭，羅說非是。竇懷永、張涌泉曰：「狼，應為『貌』字俗訛……羅校誤。」〔註33〕余疑「狼」是「朗」音譌。重松俊章「狼」誤錄作「狼」〔註34〕。

（81）以手中桃杖刺之（「張稗」條）

　　羅國威校：杖，敦煌本作「棒」。（P71）

　　按：「棒」是「棓」俗字，參見《玄應音義》卷 1、21。《淮南子・詮言篇》：「羿死於桃棓。」許慎注：「棓，大杖。以桃木為之，以擊殺羿，猶是已來，鬼畏桃也。」《廣雅》：「棓，杖也。」然則「桃棒」即「桃杖」也。竇懷永、張涌泉曰：「『桃杖』為用桃木作的兵器，或以文義為長。」〔註35〕二氏未得

〔註33〕竇懷永、張涌泉《敦煌小說合集》，浙江文藝出版社 2010 年版，第 233～234 頁。
〔註34〕重松俊章《關於敦煌本〈還冤記〉殘卷》，《史淵》第 17 輯，1937 年版，第 133 頁。
〔註35〕竇懷永、張涌泉《敦煌小說合集》，浙江文藝出版社 2010 年版，第 234 頁。

「棒」字之誼，竟斷為二概。

（82）宋世永康人呂慶祖，家甚溫富，當使一奴名教子守視墅舍（「呂
　　　慶祖」條，錄自磧砂藏本《法苑珠林》卷70，下同）

　　羅國威校：溫，《廣記》作「殷」。敦煌本無「當」，各本作「嘗」，《廣記》
作「常」。案：當，猶主也。當使，主使也。是作「當」、「嘗」、「常」並可也。
（P72）

　　按：溫富，敦煌本同，《圓覺經大疏釋義鈔》卷9引亦同。「溫富」是漢
代後產生的新詞，《御覽》卷189引《風俗通》：「龐儉父先逃走，隨母流宕。
後居鄉里，鑿井得銅，生遂溫富。」又卷472引作「鑿井得錢千餘萬遂溫富」；
又卷403引《會稽典錄》：「居素溫富，乘鮮車，駕肥馬。」《宋書·孝義傳》：
「溫富之家，各有財寶。」溫，讀為蘊，《方言》卷13：「蘊，饒也。」字亦
作緼，《廣雅》：「緼，饒也。」溫富，猶言富饒。《廣記》作「殷富」者，蓋
臆改。當、常，並讀為嘗，曾也。羅說殊誤。竇懷永、張涌泉曰：「『當』指
當初、往昔，義亦可通。」〔註36〕亦未達通借也。

（83）便往案行

　　羅國威校：敦煌本、《廣記》作「慶祖自行案行」。（P72）

　　按：敦煌本P.3126、《太平廣記》卷127作「自往」，不作「自行」，羅氏
失檢。《圓覺經大疏釋義鈔》卷9引亦作「慶祖自往案行」。

（84）魂而有靈，使知其至（「呂慶祖」條）

　　羅國威校：至，大正藏本、敦煌本、《廣記》作「主」，四庫本作「人」。
案《漢書·東方朔傳》師古注：「至，實也。」是作「至」、「主」、「人」並可
也。（P73）

　　按：《圓覺經大疏釋義鈔》卷9引亦作「主」。「至」是「主」形譌，羅說
殊誤。

（85）見慶祖來，云：「近履行，見教子畦疇不理，許當痛治奴，奴遂以
　　　斧斫我背。」（「呂慶祖」條）

　　羅國威校：許當，王謨本、祕笈本、四庫本、詁經堂本、說郛本、學海本

─────────────

〔註36〕竇懷永、張涌泉《敦煌小說合集》，浙江文藝出版社2010年版，第235頁。

作「訐當」。案《說文》:「訐，面相斥罪，相告訐也。」作「訐」亦通。敦煌本、《廣記》無上「奴」字。斫，敦煌本作「斬」,《廣記》作「砍」。作「斬」訛。（P73）

按:敦煌本 P.3126 亦作「斫」,羅氏失檢。《圓覺經大疏釋義鈔》卷 9 引作「訴當痛治」。「痛治」下「奴」字當刪。「訴」、「許」皆「訐」形訛。言當面斥其罪，當嚴懲之。斫,《義鈔》引誤作「破」。

（86）因名之曰鐵臼，欲以杵擣鐵臼也（「徐鐵臼」條，錄自磧砂藏本《法苑珠林》卷 75，下同）

羅國威校:底本原作「欲以鍾擣鐵臼也」,大正藏本同，叢刊本作「欲以杵擣鐵臼也」,敦煌本作「欲撞擣鐵臼也」,《廣記》作「欲以擣臼也」。案底本、大正藏本作「鍾」訛，今從叢刊本改作「杵」。（P75）

按:敦煌本 P.3126 作「欲橦檮鐵臼也」,羅氏失檢。竇懷永、張涌泉曰:「橦，句中用同『撞』。」〔註37〕「橦檮」是「撞擣」俗書，「鍾」乃「揰」形訛，同「撞」。《圓覺經大疏釋義鈔》卷 9 引作「欲以撞鐵臼也」。《說文》:「撞，卂（卂）擣也。」「撞擣」同義連文，羅氏誤改。

（87）於是捶打鐵臼（「徐鐵臼」條）

按:捶打，敦煌本 P.3126 作「捶杕」,《圓覺經大疏釋義鈔》卷 9 引誤作「搖打」。「打」是「杕」俗字，而音亦隨形而變。

（88）後妻恣意行其暴酷（「徐鐵臼」條）

按:恣，敦煌本 P.3126 作「姿」,借字。

（89）鐵臼竟以凍餓病杖而死（「徐鐵臼」條）

羅國威校:病，大正藏本作「痛」,王謨本、說郛本、學海本作「被」,《廣記》作「甚被」。（P76）

按:病杖而死，《圓覺經大疏釋義鈔》卷 9 引作「病疲而死」。

（90）陳氏跪謝搏頰為設祭奠（「徐鐵臼」條）

羅國威校:搏頰，各本作「搏頰」,《廣記》作「頰」。案:《慧琳音義》卷

〔註37〕竇懷永、張涌泉《敦煌小說合集》,浙江文藝出版社 2010 年版，第 239 頁。

46、64、83 並引《聲類》云：「搏，捉也。」《漢書・灌夫傳》師古注：「搏，以手擊之。」是作「搏」、「搏」並可也。祭奠，敦煌本作「致奠」，四庫本、《廣記》作「奠」。（P76）

按：設祭奠，敦煌本 P.3126 作「設祭致奠」，羅氏失檢。《圓覺經大疏釋義鈔》卷 9 引作「欲以撞鐵臼也」。「搏」是「搏」形譌。《華陽國志》卷 4：「又有牛叩頭、馬搏坂。」《書鈔》卷 157、《御覽》卷 53 引「搏」作「搏頰」，《水經注・若水》同。亦其例。《六度集經》卷 3：「又覩漂人搏頰呼天。」《弘明集》卷 7 宋釋僧愍《戎華論折顧道士夷夏論》：「搏頰扣齒者，倒惑之至也。」考《可洪音義》卷 28：「搏頰：上布各反。」是其字作「搏」無疑也。羅氏竟謂「並可」，其不通小學，妄校古書，類如此也。李劍國曰：「搏，拍也。」〔註38〕亦是妄說。

（91）鬼云：「不須如此，餓我令死，豈是一餐所能對謝？」（「徐鐵臼」條）

羅國威校：對，敦煌本、王謨本、《廣記》作「酬」。（P76）

按：《圓覺經大疏釋義鈔》卷 9 引作「不煩如此，我今死痛，豈是一湌所能酬謝」。「煩」是「須」形譌。

（92）鬼厲聲曰：「何敢道我？」（「徐鐵臼」條）

羅國威校：厲，《廣記》作「應」。敢，《廣記》作「故」。（P76）

按：敦煌本 P.3126 作「厲」、「敢」，《圓覺經大疏釋義鈔》卷 9 引同。

（93）炳燭照之，亦了無異（「徐鐵臼」條）

羅國威校：亦了，大正藏本、《廣記》作「亦」，敦煌本作「如故」。（P77）

按：《圓覺經大疏釋義鈔》卷 9 引作「焰燭照之，亦了無異」。

（94）時復歌云：「桃李花，嚴霜落奈何；桃李子，嚴霜早落已。（「徐鐵臼」條）

羅國威校：早落已，敦煌本作「早落之」，王謨本、說郛本、學海本作「早已落」，《廣記》作「落早已」。案「已」乃語助辭。（P77）

按：《圓覺經大疏釋義鈔》卷 9 引作「早落亡」，是也；「之」、「已」皆

〔註38〕李劍國《唐前志怪小說輯釋》，上海古籍出版社 1986 年版，第 674 頁。

「亡」形譌。

（95）聲甚傷切（「徐鐵臼」條）

按：切，《圓覺經大疏釋義鈔》卷 9、《太平廣記》卷 120 引作「悽」。

（96）似是自悼不得成長也（「徐鐵臼」條）

羅國威校：敦煌本無「似是」。（P77）

按：《圓覺經大疏釋義鈔》卷 9 引作「心是」，誤。

（97）鬼屢打之，處處青黦（「徐鐵臼」條）

羅國威校：黦，王謨本、說郛本、學海本、《廣記》作「黳」。案：黳，黑色也。「黦」乃「黳」之假借。（P77）

按：《圓覺經大疏釋義鈔》卷 9 引作「鬼屢打之處青黳」。「黦」乃「黬（黯）」借字。《說文》：「黬，青黑也。」又「黯，深黑也。」《集韻》：「黬、黯，深黑色，或從音。」《六書故》：「一說：黯、黳特一字，別作黰、黦。」《南史·徐嗣伯傳》：「見一老姥稱體痛，而處處有黦黑無數。」《醫說》卷 6 作「黯黑」。

（98）少時，文惠太子薨（「蕭嶷」條，錄自磧砂藏本《法苑珠林》卷 67）

按：敦煌本 P.3126「薨」字上旁補一「卒」字。

（99）南陽樂蓋卿，亦充一使（「樂蓋卿」條，錄自《太平廣記》卷 120，下同）

按：蓋，《法苑珠林》卷 78 引《冥祥記》同，《御覽》卷 977 引《冤報記》作「孟」，未詳孰是。

（100）公府舍人韋破虜，發遣誡勅，失王本意（「樂蓋卿」條）

羅國威校：王，磧砂藏本作「正」。（P82）

按：「正」字誤，《御覽》卷 977 引《冤報記》亦作「王」。誡，《法苑珠林》卷 78 同，宮本誤作「試」，《御覽》引誤同。

（101）及蓋卿還，以數誤得罪（「樂蓋卿」條）

羅國威校：數，磧砂藏本、大正藏本、叢刊本作「違」。（P82）

按：《御覽》卷 977 引《冤報記》作「數」。

（102）破虜惶懼，不敢引愆，但誑蓋〔卿〕云：「自為分雪，無勞訴也。」（「樂蓋卿」條）

羅國威校：磧砂藏本、叢刊本無「勞」字。（P82）

按：《御覽》卷 977 引《冤報記》作「公自為，當為公分雪，無勞訴也」。

（103）忽見蓋卿挈頭而入（「樂蓋卿」條）

按：挈，疑讀為㚿，頭傾不正。

（104）持一椀蒜齏與之（「樂蓋卿」條）

羅國威校：齏，磧砂藏本作「薺」，大正藏本、叢刊本作「虀」。案「齏」、「虀」字同，「薺」當是「虀」之訛。（P82）

按：《御覽》卷 977 引《冤報記》作「韲」。「齏」正字，「虀」、「韲」皆俗字，「薺」則是借音字，亦省作「齊」。敦煌寫卷 P.3093《佛說觀彌勒菩薩上生兜率天經講經文》：「長薺冷飯充朝夕，縵絹麤絁蓋裸形。」亦借「薺」為「齏」〔註 39〕。

（105）此至帝前，頓束香案上（「朱貞」條，錄自《太平廣記》卷 120）

羅國威校：束，各本作「足」。案，各本作「橙」。（P85）

按：此，《廣記》作「比」，《法苑珠林》卷 78 引《冥祥記》同，羅氏自誤。「足」是「束」音譌〔註 40〕，即上文「奏束」、「合束」之「束」。「橙」同「凳」。

（106）後因破梨，梨汁浸漬，乃加膿爛（「釋僧越」條，錄自《太平廣記》卷 120）

羅國威校：破，磧砂藏本作「皮」，大正藏本作「刐」，其校勘記云：「宋本作『皮』，元、明本作『破』。」（P87）

按：皮、刐、破，並讀為柀，析也〔註 41〕。

〔註 39〕參見蕭旭《敦煌變文校補（二）》，收入《群書校補（續）》，花木蘭文化出版社 2014 年版，第 1492 頁。

〔註 40〕《易·需》：「不速之客。」馬王堆帛書「速」作「楚」。《集韻》：「娖、婕，婧也，或從束。」是其證。

〔註 41〕參見蕭旭《莊子拾詁》，收入《群書校補（續）》，花木蘭文化出版社 2014 年版，第 1959～1964 頁。

（107）又值雪泥，不能前進（「江陵士大夫」條，錄自《太平廣記》卷
　　　120，下同）

　　羅國威校：「又」下磧砂藏本有「着連枷」，大正藏本、叢刊本有「著連
枷」。泥，各本作「塗」。（P88）

　　按：《圓覺經大疏釋義鈔》卷9引作「又著連枷，值雪泥塗，不能前進」，
當據補正。

（108）遂彊奪取，擲之雪中，杖捶交下，驅蹙使去（「江陵士大夫」條）

　　羅國威校：捶，磯砂藏本、叢刊本作「拍」，大正藏本作「伯」，其校勘記
云：「宮本、宋、元、明本作『拍』。」案作「伯」訛。（P88）

　　按：杖捶交下，《圓覺經大疏釋義鈔》卷9引誤作「枝拍之下」。

（109）死後元暉日日見劉伸手索兒（「江陵士大夫」條）

　　羅國威校：伸，各本作「曳手」。（P89）

　　按：伸手，《圓覺經大疏釋義鈔》卷9引作「申呼」。「曳」是「申」形誤。
「手」形誤作「乎」，又改作「呼」。

（110）雖復悔謝，來殊不已（「江陵士大夫」條）

　　按：殊，當據《圓覺經大疏釋義鈔》卷9引作「誅」。誅，討也。

（111）迨明嘔血，數日而卒（「康季孫」條，錄自《太平廣記》卷120）

　　羅國威校：迨，各本作「投」。（P96）

　　按：投，讀為逗，猶言臨也，及也，與「迨」同義。《法苑珠林》卷91引
《怨魂志》「投至天明，失鬼所在」，亦同。

（112）兆乃夢徽曰：「我金二百斤，馬百疋在祖仁家，卿可取也。」
　　　（「元徽」條，錄自磯砂藏本《法苑珠林》卷67，下同）

　　按：乃，《洛陽伽藍記》卷4作「忽」。

（113）兆覺曰：「城陽家本巨富，昨令收捕，全無金銀，此夢或實（「元
　　　徽」條）

　　按：《洛陽伽藍記》卷4「全」作「本」，「實」作「真」。

（114）至曉即令收祖仁（「元徽」條）

　　羅國威校：曉，大正藏本作「晚」，其校勘記云：「宮本、宋元、明本作『曉』。」收，四庫本作「收捕」。（P98）

　　按：《洛陽伽藍記》卷4作「至曉掩祖仁」。

（115）以石硾其足（「元徽」條）

　　按：硾，宮本作「縋」，《洛陽伽藍記》卷4、《太平廣記》卷127引《廣古今五行記》作「墜」。「縋」當作「硾」，同「硾」，字亦作「錘」。

（116）王談因存豪縱，殺之而藉沒家財焉（「支法存」條，錄自磧砂藏本《法苑珠林》卷77）

　　羅國威校：因存豪縱，底本原作「因存亮繼」，敦煌本作「因法存豪謀」，王謨本、說郛本、學海本作「因存豪縱」，秘笈本、四庫本、詒經堂本作「因法存繼」，《廣記》作「因狀法存豪縱」。案作「因存豪縱」是，今據改。（P99）

　　按：敦煌本作「因法存豪富，謀煞而藉沒家財」，「謀」字屬下句。「存」當作「法存」，人名。羅校殊誤。《異苑》卷6作「王因狀法存豪縱，乃殺而籍沒家財焉」。

（117）蘭臺遣御史魏暉俊就郡治之（「魏輝儁」條，錄自《太平廣記》卷119，下同）

　　按：治之，《法苑珠林》卷77引《冥祥記》作「繩治」。

（118）罪當合死（「魏輝儁」條）

　　按：合，《法苑珠林》卷77引《冥祥記》誤作「入」。

（119）善於獄中，使人通訴，反誣暉俊為納民財，枉見推縛（「魏輝儁」條）

　　按：《法苑珠林》卷77引《冥祥記》「訴」作「啟」，「翻」作「反」，「為」作「受」，「財」作「賕」。作「受」、「賕」是。

（120）我之情理，是君所見，今日之事，可復如之（「魏輝儁」條）

　　按：《法苑珠林》卷77引《冥祥記》「見」作「具」，「之」作「何」，當據校正。是君所具，言我之官司是君所辦理。

（121）當辦紙百番，筆二管，墨一錠，以隨吾屍（「魏輝儁」條）

　　按：《法苑珠林》卷77引《冥祥記》「番」作「張」，「錠」作「挺」。「錠」是「挺」後出專字，用為量詞，取義於「直」。《御覽》卷605引《拾遺記》：「張華獻《博物志》，賜側理紙萬番，南越所獻也。」又卷1000引《博物志》：「司空張華撰《博物志》，進武帝，帝嫌煩，令削之，賜側理紙萬張。」《新唐書·杜暹傳》：「秩滿歸，吏以紙萬番贐之，暹為受百番。」《舊唐書》作「州以紙萬餘張以贈之，暹惟受一百餘」。亦皆以「番」用同「張」。

（122）若有靈祇，必望報盧（「魏輝儁」條）

　　按：盧，《法苑珠林》卷77引《冥祥記》作「雪」，是也。

（123）令史哀悼，為之殯斂，并備紙筆（「魏輝儁」條）

　　按：《法苑珠林》卷77引《冥祥記》作「斂」作「殮」，「悼」下有「貨賣衣裳」四字。

（124）唯云叩頭（「魏輝儁」條）

　　按：《法苑珠林》卷77引《冥祥記》作「唯云叩頭魏尚書」，其下尚有「尚書者，世俗呼臺使之通稱也」十二字。

（125）纔兩月（「魏輝儁」條）

　　按：《法苑珠林》卷77引《冥祥記》「纔」下有「踰」字。

（126）宣帝鴆殺之（「魏輝儁」條）

　　按：鴆，《法苑珠林》卷77引《冥祥記》作「甌」。

（127）武帝訓督甚嚴（「後周女子」條，錄自《太平廣記》卷129，下同）

　　按：督，《法苑珠林》卷46引《冥祥記》作「篤」，借字。

（128）若有纖毫罪失而不奏，慎當死（「後周女子」條）

　　按：《法苑珠林》卷46引《冥祥記》作「若有纖毫罪失，匿而不奏，許慎以死」。「許」字衍，或「訴」字形譌，屬上句。《廣記》「而」上脫「匿」字。

（129）顧見髀上杖瘢，問及慎所在（「後周女子」條）

按：髀，大正藏本《法苑珠林》卷46引《冥祥記》「髀」作「髆」，「問及」作「乃問」。宋本作「脾」，元、明、宮本作「髀」。《集韻》：「髀，股也，或作脾。」作「乃問」義長。

（130）慎奮厲曰：「此是汝父為，成慎何罪？」（「後周女子」條）

按：當據《法苑珠林》卷46引《冥祥記》于「為」上補「所」字。

（131）悖逆之餘，濫以見及（「後周女子」條）

按：悖，《法苑珠林》卷46引《冥祥記》作「勃」，借字。

（132）于時宮掖禁忌，相逢以目，不得轉共言笑（「後周女子」條）

按：轉，當據《法苑珠林》卷46引《冥祥記》作「輒」。

（133）左皇后下有一女子欠伸淚出，因被劾。謂有所思（「後周女子」條）

按：《法苑珠林》卷46引《冥祥記》「劾」上有「奏」字，「有所思」作「其所思憶」。當據補「奏」字，「其」是「有」之誤。

（134）初擊其頭，帝便頭痛；更擊之，亦然（「後周女子」條）

按：《法苑珠林》卷46引《冥祥記》作「初打頭一下，帝便頭痛；次打項一下。帝又項痛」。

（135）此冤家耳（「後周女子」條）

按：《法苑珠林》卷46引《冥祥記》作「此是我怨家」，「怨」借為「冤」。

（136）時謂是血，隨刷之，旋復如故（「後周女子」條）

按：《法苑珠林》卷46引《冥祥記》「刷」上有「掃」字。

（137）有司掘除舊地，以新土填之（「後周女子」條）

按：填，《法苑珠林》卷46引《冥祥記》作「埋」。

（138）及初下屍，諸踝腳狀牢不可脫（「後周女子」條）

羅國威校：局，曲也。跼腳牀即局腳牀也。（P105）

按：《法苑珠林》卷 46 引《冥祥記》作「諸牀並曲，牢不可脫」，非是。

本文刊於《東亞文獻研究》總第 22 輯，2018 年 12 月出版，第 1～30 頁。

《寒山詩注》補正

本文以項楚《寒山詩注》為底本〔註1〕。項注甚是詳盡，此固是其長，然亦是一累。聊舉數端以見之：（1），第91頁注：「斯言：此言。」舉了3個例句及舊注。「斯」作「此」講，無人不知，無須舉證，甚至無須出注。（2），考典故出處，第84頁引《楚辭・漁父》，第119頁引《齊策》「鄒忌」，第150頁引陶潛《桃花源記》，都是熟典，無人不知，似無必要數百字全文鈔錄。（3），第130頁注：「箇是：此是。」舉唐人詩文15例。「箇」作指示代詞「此」用，並非僻義，前人早已論及〔註2〕。（4），第149～150頁注：「能：乃。」舉了3例，又全文鈔錄王念孫《讀書雜誌》「能或滅之」條，近600字，一整頁。王念孫的《讀書雜誌》，無人不備，無人不讀，只需指出「能」、「乃」一聲之轉即可，不用滿紙鈔書。

項氏於考典實，徵文獻，甚為用力，成績亦大，而於文字訓詁、校勘，則時有未達一間者；他解說詞義，多從文例歸納而得之，未能會心於演繹之法也。本文就這方面做些補正。

（1）投輦從賢婦，巾車有孝兒（P26）

項注：投，棄也，「投輦」當是指於陵子終放棄結駟連騎之貴，而甘於隱淪灌園而言。（P27）

按：「投輦」、「巾車」皆指軨車而歸隱。投非棄義。投，讀為揄，引也。

〔註1〕 項楚《寒山詩注》，中華書局2000年版。

〔註2〕 張相《詩詞曲語辭匯釋》，中華書局1979年版，第372～373頁。項氏所舉駱賓王、白居易二詩，張氏早已舉證。

《後漢書‧班固傳》《西都賦》：「揄文竿，出比目。」李賢注：「《說文》曰：『揄，引也。』音投。」《文選‧西都賦》李善本作「揄」，五臣本作「投」。李善注：「投與揄同，《說文》曰：『揄，引也。』音頭。」其例甚多，不備舉〔註3〕。

（2）論時實蕭爽，在夏亦如秋（P67）

項注：論時，猶云「若說」。蕭爽，蕭灑、清爽。（P68）

按：項說誤。蕭爽，讀為「肅爽」，亦作「肅霜」。王國維對「肅霜」有考證，他的結論說：「馬有肅爽，鳥有鷫鸘，裘有鷫鸘，水有瀟湘，皆以清白得稱，則《詩》之『肅霜』，亦即《大招》『天白顥顥』、《九辨》『天高氣清』之意。」〔註4〕此詩「蕭爽」即謂天時天高氣爽，故云「如秋」也。

（3）兩龜乘犢車，驀出路頭戲（P94）

項注：犢車，載人牛車。驀，駕馭。「驀」字本義為跨馬，引申為駕車之義。（P94）

按：「犢車」是「鹿犢車」省稱，也稱作「獨祿車」，又省作「犢車」、「獨車」或「轆車」、「鹿車」，非謂牛駕之車也〔註5〕。項氏望文生訓解為「牛車」。驀，越也。敦煌寫卷 P.2937《太公家教》：「他籬莫驀。」羅振玉藏本「驀」作「越」。字或音轉作趫、趙、趣、百、趺、抹〔註6〕。

（4）不載爽人情，始載被沈累（P94）

按：「始」當作「如」，形近致譌。

（5）隈牆弄蝴蝶，臨水擲蝦蟆（P97）

項注：隈牆，隱身於牆後。（P97）

按：項說是也，而猶未盡。字或作偎，《列子‧黃帝》：「不偎不愛。」張湛注：「偎亦愛也。」《釋文》：「不偎不愛，謂或隱或見。」「愛」亦隱藏義，

〔註3〕 參見蕭旭《淮南子校補》，花木蘭文化出版社 2014 年版，第 616～617 頁。
〔註4〕 王國維《「肅霜」、「滌場」說》，收入《觀堂集林》卷 1，河北教育出版社 2001 年版，第 38～39 頁。
〔註5〕 參見蕭旭《「鹿車」名義考》，收入《群書校補（續）》，花木蘭文化出版社 2014 年版，第 2123～2134 頁。
〔註6〕 參見蕭旭《「蝗蟲」名義考》，收入《群書校補（續）》，花木蘭文化出版社 2014 年版，第 2187～2190 頁。

或作薆、僾〔註7〕。

（6）東家一老婆，富來三五年（P99）

項注：老婆，老媼。（P99）

按：項說是也，而猶未達其源。「婆」指年長女性，字亦作「嫛」、「㜑」；指男性長者則作「波」，去「女」旁。皆是「皤（頯）」字之借〔註8〕。

（7）富兒多鞅掌，觸事難祗承（P100）

項注：鞅掌，事物繁忙。《詩·北山》：「或王事鞅掌。」毛傳：「鞅掌，失容也。」孔穎達疏：「傳以鞅掌為煩勞之狀，故云失容。言事煩鞅掌然，不暇為容儀也。今俗語以職煩為鞅掌，其言出於此《傳》也。」（P100）

按：「鞅掌」疊韻，是先秦成語，其中心詞義是眾多，而隨文解釋則各有不同。《莊子·庚桑楚》：「鞅掌之為使。」郭象注：「鞅掌，〔不〕自得。」〔註9〕《釋文》：「郭云：『鞅掌，〔不〕自得也。』崔云：『鞅掌，不仁意。』向云：『朴纍之謂。』司馬云：『醜貌也。』」後世或寫作「抗髒」、「骯髒」。此詩「鞅掌」或當取崔譔說，解為不仁。

（8）只為著破裙，喫他殘餲饠（P118）

項注：「餲饠」下原注：「上莆口切，下郎斗切。」即油炸餅類。《廣韻》：「餲，餲䊦，餅。」又「饠，饆饠，糫餅。」（P120）

按：「餲饠」與「餲䊦」音轉，亦音轉作「餶飿」、「餲餻」、「餶飿」，而與「饆饠」不是一物，不當漫引〔註10〕。

（9）洛陽多女兒，春日逞華麗。共折路邊花，各持插高髻。髻高花匼匝，人見皆睥睨。別求醙醙憐，將歸見夫婿（P163）

項注：醙醙，酸味。《廣韻》：「醙，醋味。」將歸，持歸。疑「醙醙憐」亦為一種花草，以味酸而得名。（P164～165）

〔註7〕　《爾雅》：「薆，隱也。」郭璞注：「謂隱蔽。」《方言》卷6：「掩，薆也。」郭璞注：「謂蔽薆也。《詩》曰：『薆而不見。』」今《詩·靜女》作「愛」。《廣韻》：「僾，隱也。」

〔註8〕　參見蕭旭《〈中古漢語詞匯史〉補正》，收入《群書校補（續）》，花木蘭文化出版社2014年版，第2606、2608頁。

〔註9〕　據宋·陳景元本補「不」字。

〔註10〕　參見蕭旭《麵食「餺飿」、「餶飿」、「蝲餅」名義考》。

按：「酸味」非其義。「醆醆」疑讀為「俓俓」，俗作「崭崭」，齊整貌。言洛陽女兒春日共折路邊之花，插於高髻之上，另外又採之，崭崭齊整，以求得夫婿之憐愛也。

（10）心惆悵兮狐疑，蹇獨立兮忠貞（P189）

項注：《楚辭·離騷》：「心猶豫而狐疑兮。」洪興祖《補注》：「《水經》引郭緣生《述征記》云：河津冰始合，車馬不敢過，要須狐行，云此物善聽，冰下無水乃過，人見狐行方渡。按《風俗通》云：里語稱狐欲渡河，無如尾何。且狐性多疑，故俗有狐疑之說。亦未必一如緣生之言也。」（P190）

按：舊說皆妄。王念孫對「狐疑」有考證，他的結論說：「嫌疑、狐疑、猶豫、蹢躅，皆雙聲字。狐疑與嫌疑，一聲之轉耳。後人誤讀狐疑二字，以為狐性多疑，故曰狐疑。」〔註11〕石光瑛從王氏說，又有補充〔註12〕。

（11）嗊嗊買魚肉，擔歸餧妻子（P257）

項注：「嗊」應同「哄」、「烘」、「鬨」，喧鬧聲。《寒山詩闡提記》則曰：「嗊字疑囂字歟？喧也。又市曰囂。」（P257）

按：《闡提記》妄改臆說，無有理據，引之無益，項氏失於採擇。「嗊嗊」疑「映映」或「胅胅」記音詞，指天未大明之時，猶言天濛濛亮也。《集韻》：「映，映映，日欲明。」又「胅，胅胅，月不明。」《新修絫音引證群籍玉篇》卷20：「胅，月不明。」李實《蜀語》：「月半明曰胅胅亮。胅音嗊。」〔註13〕「日欲明」與「月不明」其義相因，各易偏旁以製專字。

（12）徐六語破堆，始知沒道理（P257）

項注：二句未詳其意。《寒山詩集管解》：「破堆之處，又可沒道也。」《寒山詩闡提記》：「堆字疑作碓，可乎？」《寒山詩索頤》：「破堆，堤塘壞也。」入矢義高《寒山》曰：「破堆，壞了的臼。『道』和上句『碓』是關係語，雙關同音的『搗』字意。也就是說，使壞了的臼『沒有搗的理』的說法

〔註11〕王念孫《廣雅疏證》，收入徐復主編《廣雅詁林》，江蘇古籍出版社1992年版，第487頁；又參見王引之《經義述聞》卷31，江蘇古籍出版社1985年版，第728頁。

〔註12〕石光瑛《新序校釋》，中華書局2001年版，第772頁。

〔註13〕李實《蜀語》，收入《叢書集成初編》第1182冊，中華書局1985年影印，第27頁。

通於『沒道理』。」（P259）

按：「破堆」是「培堆」、「培敦」、「陪敦」音轉，此詩指圓形高起的墳墓。

（13）銓曹被扨折，洗垢覓瘡瘢（P298）

項注：洗垢覓瘡瘢，形容吹毛求疵，刻意挑剔。《後漢書‧趙壹傳》、《劉子‧傷讒》云云。（P299）

按：當補引《韓子‧大體》：「不吹毛而求小疵，不洗垢而察難知。」「扨」是「拗」形譌或俗寫。《玉篇》：「拗，拗折也。」

（14）弄璋字烏麱，擲瓦名媪妠（P302）

項注：媪妠，原本注：「上一丸切，下奴答切。」《廣韻》：「妠，媪妠，小兒肥貌。」韓愈《征蜀聯句》：「卭文裁斐亹，巴豔收媪妠。」（P303～304）

按：蔣斧印本《唐韻殘卷》：「妠，媪妠，小兒肥，女刮反。媪字烏八反。」敦煌寫卷 P.2011 王仁昫《刊謬補缺切韻》：「妠，女刮反，媪妠，小肥。媪字烏八反。」宋魏仲舉《五百家注昌黎文集》卷 8 引孫氏注：「媪妠，小兒肥貌。」又引舊音：「媪，於八切。妠，女刮切。」「媪妠」即「膃肭」音轉，《玉篇》：「膃，膃肭，肥也。」又「肭，膃肭。」P.3694V《箋注本切韻》、蔣斧印本《唐韻殘卷》並云：「膃，膃肭，肥。」又「肭，膃肭。」《廣韻》：「肭，膃肭，肥皃。」《集韻》「膃」、「媪」同音烏八切。P.2011 王仁昫《刊謬補缺切韻》：「膃，膃肭，肥。」又「肭，膃肭，亦作□、呐、或商。」又作「媼妠」，《玉篇》：「媼，媼妠，小肥也。」再者，《玉篇》：「殈，殟殈，心亂也。」胡吉宣曰：「《集韻》：『殟殈，心亂。』又『瘟恘，憂悶。』《女部》有『媼妠』，《肉部》有『膃肭』，並訓為肥。肥滿與悶懣義相近。」〔註14〕《集韻》「妠」字條引《字林》：「搵妠，沒也。」《玉篇》：「妠，搵妠也。」蔣斧印本《唐韻殘卷》：「妠，搵妠，按物水裏。」S.6176《箋注本切韻》、P.2011 王仁昫《刊謬補缺切韻》並云：「妠，搵妠，按沒。」《廣韻》：「妠，搵妠，按物水中。」《集韻》：「妠，搵妠，擩也。」亦是同源詞。

（15）雜雜排山果，疏疏圍酒樽（P313）

項注：雜雜，多而亂貌。貫休《富貴曲》：「紈綺雜雜，鍾鼓合合。」（P313）

〔註14〕胡吉宣《玉篇校釋》，上海古籍出版社 1989 年版，第 2299 頁。

按：樽，《永樂大典》卷 903 引作「鐏」。雜雜，讀為「匝匝」。貫休詩「合合雜雜」，即「匄匄匝匝」、「匼匼匝匝」。北圖新 866 號《李陵變文》：「合合雜雜。」亦同。

（16）箇是何措大，時來省南院（P314）

項注：措大，亦作「醋大」，亦作「酢大」。得名之由，自來說法不一。唐蘇鶚《演義》卷上：「醋大者，一云鄭州東有醋溝，多士流所居，因謂之醋大。一云作此措字，言其舉措之疏，謂之措大。此二說恐未當。醋大者，或有擡肩拱臂，攢眉蹙目，以為姿態，如人食酸醋之貌，故謂之醋大。大者，廣也，長也。」原注：「按《資暇集》：醋大，言其峭〔醋冠四民之首。一說衣〕裳儼然〔註15〕，有不可犯之色，犯必有驗，比於醋而更驗。一說新鄭有貧士，以駝負醋，巡邑而賣，邑人指其醋駝而號之。又云鄭州東有醋溝，溝東尤多甲族，以甲乙敘之，故曰醋大。四說皆非，言其能舉措大事也。」（P314～316）

按：「措大」、「醋大」，惟李匡乂《資暇集》卷下「言其峭醋」得之；「大」音馱去聲，指人〔註16〕。

（17）常騎踏雪馬，拂拂紅塵起（P349）

項注：踏雪馬，四蹄毛色雪白之馬。紅塵起，塵土飛揚。（P350）

按：拂拂，塵土盛起貌。《隋書·天文志》：「王蓬絮，狀如粉絮，拂拂然。」字亦作「坲坲」，《楚辭·九歎·怨思》：「飄風蓬龍，埃坲坲兮。」王逸注：「坲坲，塵埃貌。坲，一作浡。」洪興祖補注：「坲，音佛，塵起也，浡音同。」字亦作「佛佛」、「斐斐」，古音弗、非一聲之轉。《真誥》卷 10：「眇眇濯圓羅，佛佛駕飛輪。」《太清金液神氣經》卷下作「斐斐」。字亦作「勃勃」，《廣雅》：「勃勃，盛也。」又「浡，盛也。」《隋書·天文志》：「敵上氣如粉如塵者，勃勃如煙，或五色雜亂，或東西南北不定者，其軍欲敗。」字亦作「垺垺」，《祖庭事苑》卷 5：「垺垺，蒲沒切，起也。」《寒山詩》：「風至攬其中，灰塵亂垺垺。」項氏注曰：「垺垺，塵飛揚貌。《玉篇》：『垺，塵

〔註15〕項氏引文脫去「醋冠四民之首一說衣」九字，文不成句，茲據《資暇集》原書補足。

〔註16〕參見蕭旭《釋「俏」「俏醋」「波俏」「醋大」》，收入《群書校補》，廣陵書社 2011年版，第 1402～1403 頁。

貌。』《廣韻》：『塝，塵起。』元稹《酬樂天東南行詩》：『破窗塵塝塝，幽院鳥鳴鳴。』」（P363）其說是也，而但知引字書、韻書以證其義，雖僅隔十數頁，而不知其本一聲之轉，未能會通也。又音轉作「坲塝」，《集韻》：「坲，坲塝，塵兒。」又「坲，坲塝，塵起也。」

（18）衣單為舞穿，酒盡綠歌啐（P359）

項注：飲宴時以歌聲送酒促飲稱「啐」，同「嗺」。俞樾《茶香室四鈔》卷25：「《石林燕語》云：『公燕合樂，每酒行一終，伶人必唱嗺酒，然後樂作，此唐人送酒之辭。本作碎音，今多為平聲。』按『嗺』字《廣韻》云『頌歌』〔註17〕，《集韻》云『促飲』，促飲合於嗺酒之義，然不知何解。《玉篇》云『撮口也』，與此義無涉。」字亦作「催」，《法演禪師語錄》卷上：「妙舞更須知遍拍，《三臺》須是大家催。」（P360）

按：字亦作「摧」，李匡乂《資暇集》卷下：「《三臺》，今之摧酒，三十拍促，曲名《三臺》。」自注：「摧合作啐。啐，馳送酒聲，音碎，今訛以平聲。促樂是也。」「催」為本字，餘皆借字。

（19）此中多伏虎，見我奮迅鬣（P364）

項注：奮迅鬣，抖擻身毛。動物猛烈地抖擻毛皮鱗甲等，稱為「奮迅」（下舉6例，此略）。（P365）

按：項氏的解釋乃從例句歸納而得，其說固不誤，而釋義過狹。《楚辭·九思·遭厄》：「起奮迅兮奔走，違群小兮謏訴。」《開元占經》卷98引《續漢書》：「靈帝光和元年，有黑氣隨（墮）北宮溫殿東庭中，如車蓋隆起，奮迅，五色，有頭長十餘丈，形兒似龍。」《後漢書·五行志》作「奮訊」，「訊」同「迅」。《後漢書》卷21：「大王以龍虎之姿，遭風雲之時，奮迅拔起，期月之間，兄弟稱王。」又卷57：「使天下之士奮迅感概（慨），波蕩而從之。」《文選·西京賦》：「奮隼歸鳧，沸卉軿訇。」薛綜注：「奮迅聲也。」《集韻》：「嗃，謍嗃，奮迅聲。」上舉各例，又豈是狀動物抖擻身毛哉？《說文》：「奞，鳥張毛羽自奮也。」《廣韻》：「奞，奮奞，鳥張羽毛也。」王筠曰：「奮奞即奮迅。」〔註18〕此鳥類張羽毛之專字。考《爾雅》：「振，訊也。」

〔註17〕引者按：當是「送歌」，俞氏原文不誤。
〔註18〕王筠《文字蒙求》卷3，道光刻本，第3頁；其說又見王筠《說文解字句讀》，中華書局1988年版，第125頁。

郭璞注：「振者奮迅。」《說文》：「振，一曰奮也。」又「迅，疾也。」又「卂，疾飛也。」「迅」是「卂」分別字。《廣雅》：「奮，迅也。」又「奮，振也。」又「振、訊、搖、奮，動也。」《集韻》：「抁，振也。」「抁」亦同「迅」。是「奮」、「振」、「迅（訊）」義同，言迅速搖動也。亦言「振訊」，《家語·辨政》：「昔童兒有屈其一脚，振訊兩眉而跳。」

（20）行泥屢脚屈，坐社頻腹痛（P397）

項注：「脚屈」即腿脚彎曲，謂跌倒。（P398）

按：屈，讀為蹶，字亦作蹷，跌倒、僵仆。脚屈，猶言蹶足。《易林·剝之隨》：「眾犬共吠，倉狂蹶足。」

（21）勁挺鐵石心，直取菩提路（P427）

按：勁挺，亦作「勁逞」，梗直也，與「逕庭」、「逕廷」、「逕侹」同源〔註19〕。

（22）笑我田舍兒，頭頰底蟄澀（P480）

項注：蟄澀，朴駿。《抱朴子外篇·行品》：「進止質澀。」「蟄澀」即「質澀」，朴拙貌也。（P481）

按：底，猶言何其也〔註20〕。「蟄澀」疑「嚞傡」音轉，言疾而不止貌。「嚞」本音達合切或徒答切，轉作直立切。《希麟音義》卷4引《字書》：「嚞傡，語不正（止）也。」又音轉作「謺讘」，《集韻》：「謺，謺讘，多言。」又倒言音轉作「傡嚞」、「讘嚞」，蔣斧印本《唐韻殘卷》：「傡，傡嚞。」《廣韻》：「嚞，直立切，傡嚞，言不止也。」《集韻》：「傡，傡嚞，疾貌。」又「讘，讘嚞，言不止。」又「嚞，讘嚞，言不止也。」又倒言音轉作「靸霅」，指行之疾。《文選·吳都賦》：「靸霅警捷。」胡紹煐曰：「『靸霅』與『傡嚞』，音義亦近。」〔註21〕

（23）一朝如破狀，兩箇當頭脫（P483）

項注：《祖堂集》卷5：「因椑樹向火次，師問：『作什摩？』椑樹曰：『和

〔註19〕 參見蕭旭《〈莊子〉拾詁》，收入《群書校補（續）》，花木蘭文化出版社2014年版，第1949～1957頁。

〔註20〕 參見張相《詩詞曲語辭匯釋》，中華書局1979年版，第87頁。

〔註21〕 胡紹煐《文選箋證》卷6，黃山書社2007年版，第172頁。

合。』師曰：『與摩則當頭脫去也。』」按「當」讀去聲，器物之底部或端部稱「當」……清錢大昕《十駕齋養新錄》卷2：「《士喪禮》：『緇衾赬裏無紞。』〔註22〕注：『紞，被識也。』疏謂『被本無首尾，生時有紞，為記識前後』。予謂被之有紞，若今時當頭矣（吳中方言以被識為當頭）。紞、當聲相近。』」所云「當頭」，謂被之上端。「兩箇當頭脫」，謂牀之兩端，牀體即借助兩端之「當頭」而立於地。（P484～485）

按：「當」取承當、支撐為義，不取底部或端部義。《書·費誓》：「峙乃楨榦。」孔傳：「題曰楨，旁曰榦。」孔疏：「楨榦，以擬築之用。題曰楨，謂當牆兩端者也。旁曰榦，謂在牆兩邊者也。《釋詁》云：『楨，榦也。』舍人曰：『楨，正也。築牆所立兩木也。榦，所以當牆兩邊障土者也。』」《慧琳音義》卷21「瑠璃為幹」條云：「謂即兩當頭者謂之楨，兩房（旁）者謂之幹也。」兩箇當頭，指牀兩頭直立的用於支撐牀體的支架，如同版築的楨。《寒山詩》：「財主忽然死，爭共當頭哭。」又「忽死萬事休，男女當頭哭。」當頭哭，謂於牀兩頭哭也。彼項注：「當頭，當面。」（P596）未允。

（24）飽食腹膨脝，箇是癡頑物（P490）

項注：膨脝，腹部鼓脹貌。亦作「彭亨」。（P491）

按：項說猶可補者。亦作「憉悙」、「烰烰」、「弸殍」、「膨脝」，又音轉為「脝肛」、「肨肛」、「胖肛」等語〔註23〕。

（25）圓滿光華不磨瑩，掛在青天是我心（P519）

項注：磨瑩，磨治。（P519）

按：項注是也，而未探本。瑩，讀為鎣。《廣雅》：「鎣，磨也。」《慧琳音義》卷94引《蒼頡篇》：「鎣，治也。」

（26）攣卻鷂子眼，雀兒舞堂堂（P568）

項注：攣，縫合。《太平廣記》卷35引《仙傳拾遺》：「即取皮攣綴如牛形。」又卷376引《廣異記》：「可以穀樹皮作線攣之。」（P570）

按：項注是也，而未探本。《說文》：「攣，係也。」《玉篇》：「攣，攣綴。」

〔註22〕引者按：「赬」，錢氏引文不誤，項氏誤鈔成「頳」，茲徑正。
〔註23〕參見蕭旭《「狼抗」轉語記》，收入《群書校補（續）》，花木蘭文化出版社2014年版，第2342～2344頁。

《晏子春秋・內篇諫下》：「古者嘗有紩衣攣領而王天下者。」攣亦紩也，縫也。「攣」、「聯」一音之轉。《說文》：「聯，連也。」即連綴義。《廣雅》：「聯、綴，連也。」又「怜，綴也。」《慧琳音義》卷64引《博雅》：「聯，綴也。」「怜」是「連」借音字。

（27）但看箭射空，須臾還墜地（P649）

項注：比喻最終徒勞無功。《菩薩處胎經》卷7：「如人射虛空，箭窮還到地。」玄覺《證道歌》：「住相佈施生天福，猶如仰箭射虛空，勢力盡，箭還墜。」（P654）

按：中土亦有此喻。《淮南子・說山篇》：「越人學遠射，參天而發，適在五步之內，不易儀也，世已變矣，而守其故，譬猶越人之射也。」高誘注：「越人習水便舟，而不知射。射遠，反直仰向天而發，矢勢盡而還，故近在五步之內。參，猶望也。儀，射法也。」《說苑・雜言》：「愚人有學遠射者，參矢（天）而發，已射五步之內，又復參矢而發。世以（已）易矣，不更其儀，譬如愚人之學遠射。」

（28）惜汝即富貴，奪汝即貧窮（P670）

項注：惜，愛惜。高麗本「惜」作「借」，於義為長。（P671）

按：「惜」即「借」借字。《釋名》：「齊人謂草履曰扉……以皮作之或曰不借。」《齊民要術・雜說》：「可拆麻緝績布縷作白履不惜。」注：「草履之賤者曰不惜。」此其相通之例。

（29）青蘿疎麓麓，碧澗響聯聯（P699）

項注：麓麓，應即「歷歷」之聲轉，清晰可辨貌。聯聯，連續不斷貌。（P699）

按：項說是也，而未探本。「歷歷」本字作「秝秝」，《說文》：「秝，稀疏適〔秝〕也〔註24〕，讀若歷。」《玉篇》：「秝，稀疏秝秝然。」麓麓，稀疏貌。字亦作「漉漉」，《禪真後史》第22回：「稀漉漉幾莖絨毛。」俗言則作「稀落落」或「稀稀落落」。

〔註24〕「秝」字段玉裁據江聲、王念孫說補，段玉裁《說文解字注》，上海古籍出版社1981年版，第329頁。

（30）騰騰且安樂，悠悠自清閑（P699）

項注：思慮不起，昏昏沉沉貌。（P700）

按：「騰騰」是悠閒緩慢貌，俗言「慢騰騰」是也。唐・司空圖《柏東》：「冥得機心豈在僧，柏東閒步愛騰騰。」亦此義。

本文刊於於《澳門文獻信息學刊》2017 年第 2 期，第 50～58 頁。

小學類著作疏證

《爾雅》「蟄，靜也」疏證

1.《爾雅・釋詁一》：「蟄，靜也。」郭璞注：「見《詩》傳。」《釋文》：「蟄，直立反。」

前人舊說大致有：

（1）邢昺曰：安靜也。蟄者，藏伏靜處也。《易》曰：「龍蛇之蟄。」

（2）邵晉涵曰：蟄者，《繫辭》傳云：「龍蛇之蟄。」「蟄」於《詩》傳無考。

（3）郝懿行曰：蟄者，《說文》云：「藏也。」《易・繫辭》云：「龍蛇之蟄。」虞翻注：「蟄，潛藏也。」潛藏與安靜義近。蟄與宋聲相轉。《方言》云：「宋，安靜也。」

（4）王闓運曰：蟄，藏也，蟲可執者。《易》：「龍蛇之蟄。」《月令》：「蟄蟲咸動。」《詩》傳：「言摯而有別。」亦謂靜也。

（5）尹桐陽曰：蟄，藏也，藏伏靜處也，從虫執聲。《詩・螽斯》：「宜爾子孫蟄蟄兮。」傳：「蟄蟄，和集也。」《易・繫辭》：「龍蛇之蟄以存身也。」言靜藏以存身也。

（6）王樹柟曰：蟄者，《說文》云：「藏也。」藏與靜義近。郭注云「見《詩》傳」，胡承珙謂「《周南・螽斯》『宜爾子孫蟄蟄兮』，《傳》言『和集』，疑郭所見本自作『和靜』。故云『見《詩》傳』耳」。今按《詩》以蟲之揖揖喻子孫之蟄蟄，揖為輯之假借。《釋詁》云：「輯，和也。」輯輯者和斂之象，蟄蟄者和靜之象，其義一也。蟄又通作執，《釋天》：「在辰為執徐。」《淮南》：「執徐之歲。」注云：「執，蟄也。執徐，伏蟄之物皆散舒而出也。」（引者按：《淮南子・天文篇》高誘注「執徐」作「徐，舒也」。）《周頌》：「執競武

王。」箋云：「執，持也。」（引者按：此《釋文》語，非鄭箋）持守者靜之義也。

（7）馬宗霍曰：蟄者，《說文》：「蟄，藏也，從虫執聲。」《呂氏春秋·音律篇》云：「蟄蟲入穴。」《孟春紀》云：「蟄蟲始振蘇。」則蟄者伏臧，伏臧斯安靜矣。《周禮》：「穴氏掌攻蟄獸。」鄭注云：「蟄獸，熊羆之屬，冬藏者也。」

（8）陳晉曰：蟄當為慹之假字。《莊子·田子方》：「慹然似非人。」司馬注云：「慹，不動貌。」

（9）周祖謨曰：《釋文》音直立反。原本《玉篇》「埶」下引《爾雅》「埶，靜也」，《廣韻》「埶」下亦有「靜也」一義，是《爾雅》舊本有作「埶」者，劉師培《爾雅誤字考》謂「蟄」字即「埶」字之訛〔註1〕。

2. 上列各說，其誤者及有異說者辨析如下：

（1）郝懿行謂「蟄與宗聲相轉」不可信，王念孫《郝注刊誤》亦未加指出〔註2〕。

（2）王闓運謂「蟄，藏也，蟲可執者」，則以「執」為「執持」義，其說非是，「蟄」從執，不取「可執」為義，詳下文。王樹枏謂「執，持也，持守者靜之義也」，其說亦非是。王闓運又謂「摯亦謂靜」亦誤，《詩·關雎》毛傳：「雎鳩，王雎也，鳥摯而有別」。鄭玄箋：「摯之言至也，謂王雎之鳥，雌雄情意至，然而有別。」孔穎達疏：「此雎鳩之鳥，雖雌雄情至，猶能自別，退在河中之洲，不乘匹而相隨也。」二氏說為「情至」，未得。《說文》：「摯，握持也。」即執持、持守義本字，《詩》言感情誠摯、專一，是「摯」引申義。《易林·隨之小過》：「慈烏（鳥）鳴鳩，執一無尤。」又《晉之同人》：「貞鳥雎鳩，執一無尤。」是其證也。《釋文》：「摯，本亦作鷙。」貞專執一之鳥，故名之為「摯」，專字則作「鷙」。「有別」謂雌雄異居。

（3）尹桐陽、王樹枏引《詩》「蟄蟄」，《說文繫傳》「埶」字條及陳奐、馬瑞辰、張舜徽謂「蟄」借為「埶」，引《說文》「埶埶，盛也」以說之〔註3〕。

〔註1〕邢昺《爾雅疏》、邵晉涵《爾雅正義》、郝懿行《爾雅義疏》、王闓運《爾雅集解》、尹桐陽《爾雅義證》、王樹枏《爾雅說詩》、馬宗霍《爾雅本字考》、陳晉《爾雅學》、周祖謨《爾雅校箋》，並收入朱祖延主編《爾雅詁林》，湖北教育出版社1996年版，第228～239頁。

〔註2〕王念孫《爾雅郝注刊誤》，收入《叢書集成續編》第72冊，新文豐出版公司1997年版，第368頁。

〔註3〕陳奐《詩毛氏傳疏》，商務印書館民國23年版，第14頁。馬瑞辰《毛詩傳箋

王先謙則斥之曰「近附會」〔註4〕。

（4）周祖謨從劉師培說〔註5〕，謂「蟄即藝之訛」，其說非是。董瑞椿謂今本《爾雅》奪「藝」字〔註6〕，亦非是，「藝」無靜義，當是「蟄」形譌。《呂氏春秋‧處方》：「向摯。」《竹書紀年》卷上同，《淮南子》誤作「向藝」，是其比。

3.《說文》：「蟄，藏也。」此義確與《爾雅》有關聯。段玉裁改「藏」為「臧」，曰：「臧者，善也。善必自隱，故別無『藏』字。凡蟲之伏為蟄。《周南》曰：『螽斯羽，蟄蟄兮。』傳曰：『和集也。』其引申之義也。」桂馥引《釋詁》「蟄，靜也」以證之。馬敍倫曰：「臧，原作『藏』，今正。『臧』上蓋捝『蟲』字，然非本訓，或此字出《字林》。」〔註7〕段氏謂「臧者善也」，非是，詳下文。馬氏謂捝「蟲」字，是也。《玄應音義》卷8、13、17、18、19共五引，《慧琳音義》卷54、56、73、74共四引，皆無「蟲」字，則唐代已捝之。「蟄」謂蟲之下伏〔註8〕，安靜不動，故又引申為隱藏不出義；復引申之，隱藏之蟲、獸亦謂之「蟄」也。馬宗霍謂「伏臧斯安靜矣」，是矣。字亦借「墊」為之，《廣雅》：「墊，藏也。」王念孫曰：「墊者，下之藏也。」錢大昭曰：「墊者，水之藏也。」〔註9〕朱駿聲曰：「墊，叚借為蟄。」〔註10〕

4.「蟄」本作「執」，馬王堆帛書《十六經‧觀》：「執蟲不出。」銀雀山漢簡《三十時》：「民人入室，執蟲求穴。」又「以入蟄虫（蟲）。」又「出蟄虫（蟲）。」漢簡「蟄」、「執」並出。整理者並括注「執」為「蟄」〔註11〕。《莊

通釋》，中華書局1989年版，第53頁。張舜徽《說文解字約注》，華中師範大學出版社2009年版，第3294頁。

〔註4〕 王先謙《詩三家義集疏》，中華書局1987年版，第40頁。

〔註5〕 劉師培說見《左盦集》卷3《爾雅誤字考》，收入《劉申叔遺書》，江蘇古籍出版社1997年版，第1225頁。

〔註6〕 董瑞椿《讀〈爾雅〉日記》，收入朱祖延主編《爾雅詁林》，湖北教育出版社1996年版，第237頁。

〔註7〕 段玉裁《說文解字注》，上海古籍出版社1981年版，第671頁。桂馥《說文解字義證》，齊魯書社1987年版，第1168頁。馬敍倫《說文解字六書疏證》卷25，上海書店1985年版，本卷第122頁。

〔註8〕 參見蕭旭《〈說文〉疏證（二則）》，《中國文字》2019年冬季號（總第2期），第81～88頁。

〔註9〕 王念孫《廣雅疏證》、錢大昭《廣雅疏義》，並收入徐復主編《廣雅詁林》，江蘇古籍出版社1992年版，第301～302頁。

〔註10〕 朱駿聲《說文通訓定聲》，武漢市古籍書店1983年版，第113頁。

〔註11〕 《馬王堆漢墓帛書〔壹〕》，文物出版社1980年版，第62頁。《銀雀山漢墓竹

子・天運篇》：「蟄蟲始作。」《釋文》：「蟄，郭音執，《爾雅》云：『靜也。』」
是「蟄（執）」取靜伏為義也。

（1）字或作慹，《莊子・田子方篇》：「老聃新沐，方將被髮而乾，慹然
似非人。」郭象注：「寂泊之至。」《釋文》：「慹，乃牒反，又丁立反。司馬
云：『不動貌。』《說文》云：『怖也。』」林希逸曰：「慹然，凝定而立之貌。」
其說皆是也，「慹然」乃凝立不敢動之貌。

（2）字亦音轉作坳、攝、㦍、㦛、輒〔註12〕，《說文》：「㦍，失氣也，
一曰服也。」「失氣」猶言喪氣，指恐懼而不敢動，亦安靜義引申，又引申則
為屈服義。《廣雅》：「坳、安，靜也。」《六書故》卷13：「㦍，怖憚失氣也。
《說文》曰：『失氣也。』又作㦛，《說文》曰：『心服也。』又作慹，《說文》
曰：『怖也。』《漢書》曰：『豪彊慹服。』」方以智曰：「《說文》：『㦍，失氣
也，服也。㦛，心服也。』皆之涉切。『慹，悑也。』之入切。其實皆一字重
文也。《莊子》：『慮歎變慹。』又曰：『慹然似非人。』」〔註13〕「慮歎變慹」
出《齊物論篇》，《釋文》引司馬云：「慹，不動貌。」林希逸曰：「慹者，憂
疑而不動之貌。」明人德清《莊子內篇註》卷2：「慹，憂疑不動也。」鍾泰
曰：「以慹與變對文，慹者不變，不變即不動也。」〔註14〕桂馥曰：「慹，《莊
子・齊物論》司馬云：『不動兒。』『不動』當為『心動』，所謂怖也。初誤於
《莊子》注，餘皆因誤而誤。」〔註15〕段玉裁從其說〔註16〕。桂說非是。《玉
篇》、《廣韻》引司馬並云：「慹，不動貌。」《集韻》、《龍龕手鑑》亦並釋作
「不動貌」。王念孫曰：「坳猶怗也，語有輕重耳。《玉篇》坳篋切，云：『坳
莫也。』《漢書・嚴助傳》：『天下攝然，人安其生。』孟康注云：『攝，安也。
音奴協反。』《莊子・田子方篇》：『慹然似非人。』郭象注云：『寂泊之至也。』
《釋文》：『慹，乃牒反。』坳、攝、慹，聲義並同。《莊子・達生篇》：『輒然
忘吾有四枝形體也。』《釋文》：『輒，丁協反。輒然，不動貌。』輒與坳亦聲

簡〔貳〕》，文物出版社2010年版，第214頁。
〔註12〕《老子》第50章：「蓋聞善攝生者。」《韓子・解老》引同，馬王堆帛書甲、
　　　　乙本「攝」作「執」，是其證也。
〔註13〕方以智《通雅》卷7，收入《方以智全書》第1冊，上海古籍出版社1988年
　　　　版，第299頁。
〔註14〕鍾泰《莊子發微》，上海古籍出版社2002年版，第471頁。
〔註15〕桂馥《札樸》卷6，中華書局1992年版，第228頁。
〔註16〕段玉裁《說文解字注》，上海古籍出版社1981年版，第514頁。

近義同。」〔註17〕《玉篇》：「坿，坿莫也。」《篆隸萬象名義》：「坿，莫。」
「莫」同「嘆（寞）」，言寂寞，與「靜」義同。胡吉宣謂「莫」是「暮」本
字〔註18〕，非是。《呂氏春秋・下賢》：「卑為布衣而不瘁攝。」瘁讀為悴，憂
也。攝亦憂也。《史記・仲尼弟子列傳》「恭以敬，可以執勇」，《說苑・政理》、
《家語・致思》「執」作「攝」，《孔子集語》卷上作「懾」。

（3）字亦作懟，《集韻》：「懟，不動兒，通作懟。」王叔岷曰：「朱駿
聲云：『懟，叚為蟄。』奚侗云：『司馬云：「懟，不動貌。」是叚懟作懟。與
《在宥篇》「懟然立」同。』案《在宥篇》《釋文》引李頤云：『懟然，不動
貌。』懟亦借為蟄。《爾雅》：『蟄，靜也。』靜則不動矣。奚氏于彼文亦云
『懟叚為蟄』，其說迂曲。」〔註19〕王說亦是，「懟」無不動之誼。然「蟄」
是蟲不動貌之專字，亦非本字，王說猶未盡。

（4）字亦作讋（讋）、慴，《說文》：「讋，失氣也，一曰言不止也。傅毅
讀若慴。讋，籀文讋不省。」〔註20〕《玄應音義》卷9：「懾，古文蟄，或作
讋、懾二形，同，占涉反。」《史記・酷吏列傳》「自是以後，群臣震慴」，
《漢書・張湯傳》作「震讋」。《漢書・東方朔傳》「天下震懾」，《文選・答
客難》、《類聚》卷25作「震慴」。《文選・上林賦》「驚憚讋伏」，《史記・司
馬相如傳》作「慴伏」。李善注：「郭璞曰：『驚憚讋伏，怖不動貌也。』讋，
之涉切。」王念孫曰：「《說文》：『懾，服也。』《秦策》云：『趙楚懾服。』
《史記・項羽紀》：『諸將皆慴服。』《漢書》作『讋服』，《陳咸傳》作『執
服』，《朱博傳》作『懟服』，並字異而義同。」〔註21〕朱駿聲曰：「慴，與『懟』、
『懾』皆略同。」〔註22〕黃侃曰：「『懾』同『懾』、『慴』、『懟』。」又「懾」

〔註17〕 王念孫《廣雅疏證》，收入徐復主編《廣雅詁林》，江蘇古籍出版社1992年版，
第331頁。
〔註18〕 胡吉宣《玉篇校釋》，上海古籍出版社1989年版，第251頁。
〔註19〕 王叔岷《莊子校詮》，中華書局2007年版，第777頁。
〔註20〕 今本「言」字誤倒在「失氣」下，據《玄應音義》卷19、《慧琳音義》卷56引
文乙正。《玉篇》、《慧琳音義》卷33引《聲類》：「讋，言不止也。」亦「言不
止」連文。《史記・項羽本紀》《索隱》、《衛將軍驃騎傳》《索隱》、《文選・東
都賦》李善注、《玄應音義》卷10引《說文》並作「讋，失氣也」，《晉書音
義》卷下引《字林》亦作「讋，失氣也」。《說文》「讋」、「慴」同訓失氣，本
是一字之異體耳。
〔註21〕 王念孫《廣雅疏證》，收入徐復主編《廣雅詁林》，江蘇古籍出版社1992年版，
第437頁。
〔註22〕 朱駿聲《說文通訓定聲》，武漢市古籍書店1983年版，第106頁。

同『熱』、『慴』、『儡』，同『讋』。」〔註23〕諸說皆是。王氏所引《項羽紀》「慴服」、《漢書》作「讋服」，《御覽》卷87、434引「慴」、「讋」作「儡」。《史記·魯周公世家》「齊欲襲魯君」，《史記·齊太公世家》、《穀梁傳·定公十年》、《新語·辨惑》「襲」作「執」，亦其音轉之證。馬敘倫曰：「慹借為縶。」〔註24〕馬說非是。《史記·衛將軍驃騎列傳》「十萬之眾咸懷集服」，「集服」即「讋服」、「讋伏」、「儡服」、「慴服」、「慹服」音轉。

（5）字亦作墊，《山海經·中山經》：「（首山）其陰有谷，曰机谷，多䬵鳥，其狀如梟而三目，有耳，其音如錄（鹿），食之已墊。」〔註25〕郭璞注：「未聞。」畢沅曰：「《九經字樣》：『霑，音店，寒也。《傳》曰「霑隘」。今經典相承作「墊」。』則『墊』又『痁』字假音，當讀如『齊侯疥遂痁』之痁。」〔註26〕郝懿行曰：「墊蓋下溼之疾。《玉篇》說此鳥『食之亡熱』，非郭義也。又《說文》云：『霑，寒也，讀若《春秋傳》「墊阨」。』義亦相近。」〔註27〕汪紱亦曰：「墊，下溼病。」〔註28〕錢繹說同〔註29〕。袁珂從汪說〔註30〕。孫詒讓曰：「畢、郝兩說並非也。『墊』當作『蟄』，古戾字，謂首及四枝反戾之病。」〔註31〕史常永曰：「墊，胼胝也。今俗腳底胼胝，仍曰『腳墊』，猶存古語，蓋其源已遠矣。汪紱謂墊為下溼病，失之。」〔註32〕周一謀等曰：「墊，足病。」〔註33〕王崇慶曰：「墊，昏墊也。」〔註34〕朱駿聲曰：「墊，

〔註23〕黃侃《說文同文》，收入《說文箋識》，中華書局2006年版，第51、75頁。
〔註24〕馬敘倫《莊子義證》卷21，收入《民國叢書》第5編，（上海）商務印書館1930年版，本卷第5頁。
〔註25〕《文選·江賦》李善注引「梟」誤作「鳧」，《龍龕手鑑》「䬵」字條誤同。《集韻》引不誤。
〔註26〕畢沅《山海經新校正》，收入《山海經穆天子傳集成》第2冊，上海交通大學出版社2009年版，第219頁。
〔註27〕郝懿行《山海經箋疏》卷5，中國書店1991年版，第13頁。
〔註28〕汪紱《山海經存》，收入《叢書集成三編》第79冊，新文豐出版公司1997年版，第68頁。
〔註29〕錢繹《方言箋疏》卷6，收入《續修四庫全書》第193冊，上海古籍出版社2002年版，第619頁。
〔註30〕袁珂《山海經校注》，巴蜀書社1993年版，第160頁。
〔註31〕孫詒讓《札迻》卷3，齊魯書社1989年版，第94頁。
〔註32〕史常永《江陵張家山〈脈書〉釋文通訓》，《中華醫史雜志》1992年第3期；又收入《本味集：史常永醫學雜文》，中國中醫藥出版社2007年版，第520頁。
〔註33〕周一謀等著《馬王堆醫學文化》，文匯出版社1994年版，第121頁。
〔註34〕王崇慶《山海經釋義》，收入《山海經穆天子傳集成》第1冊，上海交通大學

段借為埶。按：怖畏也。」〔註35〕王、朱說是，郭注云「未聞」，郝氏說「非郭義也」，則亦失據。考《玉篇》：「䳃，鳥似烏（梟），三目，有耳，音如豕，食之亡埶也。」〔註36〕胡吉宣曰：「已蟄，本書原作『亡埶』，據郭注『蟄，未聞』，則此作『熱』為形誤。《九經字樣》：『霥，音店，寒也，經典相承作蟄。』是『已蟄』乃愈寒疾也。」〔註37〕此處「熱」不是「熱」的俗字，當是「埶」形誤，古從「心（小）」從「灬」形近相混。清華簡（十）《病方》「……酓（飲）之以瘛（瘥）埶」文例同，正是「埶」字。《西山經》：「（瑜次之山）有鳥焉，其狀如梟，人面而一足，曰橐𩇯，冬見夏蟄，服之不畏雷。」是其比也，亦可證「蟄（埶）」當訓畏。《左傳‧成公六年》：「民愁則墊隘。」杜注：「墊隘，羸困也。」章太炎曰：「墊即𢝊，猶執之為攝也。《荀子》云云。𢝊亦憂愁之意也。𢝊又通溼……墊、隘皆憂也。」〔註38〕《荀子‧禮論》：「不至於隘𢝊傷生。」劉師培曰：「《左傳‧成六年》云云，杜注云：『墊隘，羸瘦困苦也。』〔註39〕『攝』與『執』同（《釋名》云：『執，攝也。』《國語‧吳語》：『攝少司馬。』賈訓攝為執。），則『𢝊』亦與『墊』同。《方言》云：『墊，下也。』故孔疏申杜義，謂『地之下濕狹隘，猶人之羸瘦困苦』。又《襄九年》：『夫婦辛苦墊隘。』《二十五年》：『久將墊隘。』均即《荀子》『隘𢝊』二字之所本。蓋地之下者為墊隘，人有憂患則志慮屈抑，故以墊隘為喻，而《荀子》復以之喻哀戚。楊注訓隘為窮，失其本義矣。」〔註40〕

（6）音轉又作淫、濕，《釋名‧釋地》：「下濕曰隰。隰，蟄也。蟄，淫意也。」〔註41〕劉成國以聲為訓，是「蟄」與「淫（濕）」古音通也。《玉篇殘卷》「隰」字條引《廣雅》：「隰隰，墊也。熱熱，濕意也。」《集韻》「濕」、

出版社 2009 年版，第 230 頁。

〔註35〕朱駿聲《說文通訓定聲》，武漢市古籍書店 1983 年版，第 113 頁。

〔註36〕《玉篇》據元至正二十六年南山書院刊本作「熱」，元延祐二年圓沙書院刻本、早稻田大學藏和刻本同，澤存堂本《大廣益會玉篇》、《宋本玉篇》並作「熱」。

〔註37〕胡吉宣《玉篇校釋》，上海古籍出版社 1989 年版，第 4728 頁。

〔註38〕章太炎《春秋左傳讀》，收入《章太炎全集（2）》，上海人民出版社 1982 年版，第 438～439 頁。

〔註39〕杜注但作「羸困也」，「羸瘦困苦」是孔疏語，王天海照鈔，而不知檢正，又誤二「墊」從執作「墊」。

〔註40〕劉師培《荀子補釋》，收入《劉申叔遺書》，江蘇古籍出版社 1997 年版，第 966 頁。

〔註41〕《御覽》卷 57 引「淫意」作「隰意」。

「蟄」同音叱入切。《方言》卷1：「慎、濟、怒、溼，憂也，陳楚或曰溼，或曰濟；自關而西秦晉之閒或曰怒，或曰溼；自關而西秦晉之閒凡志而不得、欲而不獲、高而有墜、得而中亡謂之溼，或謂之怒。」〔註42〕黎本《玉篇殘卷》「溼」字條引《方言》「溼」作「濕」，俗字。朱駿聲曰：「溼，叚借為熱。《方言》云云。」〔註43〕是也。盧文弨、王國維皆改《方言》「溼」作「濕」，讀佗（他）合切，華學誠從其說〔註44〕。錢繹曰：「盧氏曰：『濕當音他合反，今吳越語猶然。』吳俗語憂溼，溼者音如忕。又案：今俗以窮極無賴為『溧疲』，即其義矣，或曰『賴疲』。」〔註45〕皆非是。

（a）《荀子·脩身》：「卑溼重遲貪利則抗之以高志。」楊倞注：「卑，謂謙下。溼，亦謂自卑下如地之下溼然也。《方言》：『溼，憂也，自關而西凡志而不得、欲而不獲、高而有墜、行而中止皆謂之溼。』或曰：卑溼亦為遲緩也，言遲緩之人如有卑溼之疾，不能運動也。」《韓詩外傳》卷2作「卑攝」。「溼」、「攝」並讀為儑，言憂恐、憂懼，不當讀他合切。楊注「如地之下溼」、「卑溼之疾」二說皆非是。楊氏引《方言》「得而中亡」作「行而中止」，字形之譌也。「卑溼」猶言卑怯。王念孫曰：「堲音蟄。《說文》：『塈，下入也。』『塈』與『堲』同。《荀子·脩身篇》楊倞注云云，義與『堲』同。《方言》云：『凡高而有墜，得而中亡謂之溼。』義亦相近也。」〔註46〕

（b）《荀子·不苟》：「通則驕而偏，窮則棄而儑。」楊倞注：「儑，當為溼。《方言》云：『溼，憂也。』字書無儑字，《韓詩外傳》作『棄而累』也。」《廣雅》亦云：「溼，憂也。」王念孫引楊注以證之，云「濕與溼通」〔註47〕；劉師培亦從楊說，云：「楊說近是……蓋濕訓為憂，凡聲音之卑小，意志之潛沮者，均謂之濕。即情性之鄙陋者亦謂之濕。棄而濕者，即《論語》

〔註42〕《文選·贈弟士龍》李善注引作「惵，憂也，自關而西秦晉之閒或曰惄」，並指出「並奴的切」。「惵」同「怒」。
〔註43〕朱駿聲《說文通訓定聲》，武漢市古籍書店1983年版，第110頁。
〔註44〕盧文弨《重校〈方言〉》，抱經堂本，收入《叢書集成初編》第1180冊，中華書局1985年影印，第6頁。王國維《書郭注〈方言〉後三》，收入《觀堂集林》卷5，河北教育出版社2001年版，第120頁。華學誠《揚雄〈方言〉校釋匯證》，中華書局2006年版，第32～33頁。
〔註45〕錢繹《方言箋疏》卷1，上海古籍出版社1984年版，第45頁。
〔註46〕王念孫《廣雅疏證》，收入徐復主編《廣雅詁林》，江蘇古籍出版社1992年版，第94頁；其說又見王氏《讀書雜志》卷10，中國書店1985年版，第48頁。
〔註47〕王念孫《廣雅疏證》，收入徐復主編《廣雅詁林》，江蘇古籍出版社1992年版，第45頁。

所謂『下達』，亦即《論語》所謂『居下流』也。」〔註48〕朱駿聲謂「溼」
叚借為埶，亦是。傅山曰：「此最易解，從人從㬎，當與濕濟之濕同音，讀
如塌。小人窮則不自奮立，但有倒塌……此則當從五合切得聲。《外傳》作
『傝』，應亦如濕訛為㶁之類。」〔註49〕王懋竑曰：「疑『濕』與『傝』本一
字，字書偶失載，故不詳其義。注因《方言》之云而改『傝』字以就之，非
也。」〔註50〕王懋竑謂「濕、傝本一字」，無有證據，「傝」當作「濕」，古
字偏旁「亻」、「氵」形近易譌。郝懿行曰：「《玉篇》五甘切：『傝，不慧也。』
《廣韻》五紺切云：『傝㒒。』《龍龕手鑑》卷1云：『傝，五盍反，傝㒒，
不箸（著）事也。』『傝，他盍反，傝㦲，僆劣也，又音傝，不謹貌也。』然
則諸義皆與此近。此言小人窮則卑棄失志，不能自振，往往如此。《韓詩外
傳》卷4『傝』作『累』，恐亦字形之譌。」〔註51〕豬飼彥博曰：「《集韻》：
『傝㒒，不著事也。』」〔註52〕傅氏、郝氏謂《外傳》「累（傝）」字譌是也
〔註53〕，餘說皆誤。考《玉篇》：「傝，他盍切，傝僆，惡也，一曰不謹皃。」

〔註48〕 劉師培《荀子補釋》，收入《劉申叔遺書》，江蘇古籍出版社1997年版，第946
頁。其說本於錢繹《方言箋疏》卷1：「溼訓為幽溼，故聲之卑小者謂之溼，
情性之鄙陋者謂之溼，行誼之汙下者、意念之潛沮者皆謂之溼，其義一也。」
上海古籍出版社1984年版，第45～46頁。

〔註49〕 傅山《荀子評注》，收入《續修四庫全書》第932冊，上海古籍出版社2002年
版，第395～396頁。

〔註50〕 王懋竑《荀子存校》，《讀書記疑》卷11，收入《續修四庫全書》第1146冊，
上海古籍出版社2002年版，第352頁。

〔註51〕 郝懿行《荀子補注》，收入《四庫未收書輯刊》第6輯第12冊，北京出版社
2000年版，第5頁。

〔註52〕 豬飼彥博《荀子增注補遺》，附於久保愛《荀子增注》（土屋型重訂本），早稻
田大學藏本，京都府尚書堂出版，出版年份不詳，第2頁。

〔註53〕 《爾雅音義》卷29：「隰，本或作㬓。」《廣韻》、《集韻》、《龍龕手鑑》「㶁」
或作「濕」，《集韻》「㬓」或作「隰」。《越絕書‧外傳記吳地傳》作「人一
累土以葬之」，《史記‧吳世家》《集解》作「壘」，《吳越春秋‧夫差內傳》
作「㬓」。歐陽修《集古錄》卷3：「後漢《熊君碑》，其書『顯』字皆為『㬎』。
按《說文》顯從㬎聲，而轉為累，其失遠矣，莫曉其義也。」《漢書‧景武
昭宣元成功臣表》：「溼陰定侯昆邪。」《地理志》、《霍去病傳》、《王莽傳》
皆作「㶁陰」。《抱朴子內篇‧對俗》「寒溫風濕不能傷」，敦煌寫卷田中慶太
郎影印本「濕」作「㶁」。吐魯番文書67TAM91:19（a）《唐貞觀十九年（645）
安西都護府下軍府牒為速報應請賜物見行兵姓名事》「具顯姓名申者」，「顯」
即「顯」。敦煌寫卷P.2334《妙法蓮華經》卷5：「轉見㶁土，逐漸至泥。」
P.2269《盂蘭盆經讚述》卷1：「推乾去㶁。」中村不折藏敦煌寫卷44號《小
乘戒律注疏》「若柴㶁，應淨燃」，中村不折藏敦煌寫卷46號《諸尊陀羅尼》

《廣韻》：「僞，僞㑩，不自安。」又「僞，僞隸，亦僞㑩，獰劣；又僞偓，不謹皃。」又「㑩，五盍切，僞㑩，不著事也。」《集韻》：「僞，僞㑩，不自安，一曰無恥也。」此《龍龕手鑑》所本，「㤬」是「隸」俗訛，同「隸」。「不慧」、「不著事」猶今言不曉事、不懂事、糊塗。「僞㑩」、「僞偓」並與「僋俕」同，無儀、無恥也〔註54〕。「僞㑩」同「闒茸」、「僞茸」，指人之猥賤、不肖〔註55〕。皆非此文之誼，郝氏讀「㑩」如字，引徵皆不當，蔣禮鴻已駁之〔註56〕。洪頤煊曰：「㑩即傫字，《老子》：『儽儽兮無所歸。』《說文》：『儽，垂貌，一曰嬾解。』《淮南·俶真訓》：『孔墨之弟子，皆以仁義之術教導於世，然而不免於儡身。』高誘注：『儡身，身不見用儡儡然也。』儽、儡、傫古字皆通用。」〔註57〕桂馥曰：「㶟、濕二字音義判然不容假借……㑩即儽字，《說文》：『儽，嬾解。』楊倞改㑩為濕，坐不識儽字也。累、㬎互誤，此亦足證。」〔註58〕冢田虎、久保愛並曰：「㑩，不慧也。」〔註59〕聞一多曰：「㑩、累古字通……古字從㬎者一或從累，《熊君碑》、《爨寶子碑》『顯』字作『纍』，《說文》：『濕水出東郡武陽，入海。』《水經·河水注》作

「以薩婆若膏潤漬令漯」，「漯」亦即「濕」之譌。北魏《姚伯多供養碑》、魏《建成鄉侯劉靖碑》「隰」作「㵳」形。《文選·海賦》：「渭濆淪而滀漯。」李善注：「滀漯，攢聚貌。」《集韻》：「㶆，滀㶆，水貌。」「滀漯」當作「滀濕」，亦即「滀㶆」。《董子·天地之行》：「秋避殺風，冬避重漯。」俞樾曰：「重漯即重濕也。」《書·禹貢》：「浮于濟、漯。」《釋文》：「漯，天答反，《篇韻》作他合反。」據音，「漯」亦是「濕」之譌。《史記·河渠書》：「行淮、泗、濟、漯、洛渠。」日本神田文庫藏唐鈔本「漯」作「隰」。S.554V《十六大國名目》：「頗纅波羅國。」《長阿含經》卷5「頗纅」作「頗漯」，宋本等作「阿濕」，「濕」是「漯」形譌。皆其相譌之例。俞樾《諸子平議》卷26，上海書店1988年版，第541頁。以上參見顧炎武《金石文字記》卷1，《指海》本第12集，第23頁。又參看丁福保《說文解字詁林》所引諸家說，中華書局1988年版，第10760～10764頁。這裏有所補充。

〔註54〕參見蕭旭《「忐忑」考》，收入《群書校補（續）》，花木蘭文化出版社2014年版，第2496頁。

〔註55〕參見蕭旭《〈玉篇〉「黯」字音義考》，收入《群書校補（續）》，花木蘭文化出版社2014年版，第1907～1909頁。

〔註56〕蔣禮鴻《荀子餘義（上）》，《中國文學會集刊》第3期，1936年版，第64頁。

〔註57〕洪頤煊《讀書叢錄》卷15，收入《續修四庫全書》第1157冊，上海古籍出版社2002年版，第688頁。

〔註58〕桂馥《「漯水」考》，《晚學集》卷1，收入《續修四庫全書》第1458冊，上海古籍出版社2002年版，第650、654頁；其說又見桂氏《說文解字義證》，齊魯書社1987年版，第691頁。

〔註59〕二說轉引自王天海《荀子校釋》，上海古籍出版社2005年版，第98頁。

『潔水』，並其證。」許維遹從聞說〔註60〕，非是，二字斷無相通之理，桂馥已經指出皆當為形近而譌。洪氏謂「僷即儽字」，陳直曰：「僷當為潔字傳寫之誤。」〔註61〕屈守元謂「累即若負重擔」〔註62〕。皆失之。

（c）《墨子‧經說上》：「不必成濕。」孫詒讓曰：「盧云：『《方言》：『自關而西，秦晉之間，凡志而不得，欲而不獲，高而有墜，得而中亡，謂之溼。』楊倞注《荀子》引作「濕」。此「濕」字與《方言》義同，他合反。』案：《方言》雖有此義，然古書罕見，盧援以釋此，畢、張、楊並從之，似不甚塙。《荀子‧不苟篇》云：『窮則棄而儽。』楊注引《方言》『濕』為釋，《韓詩外傳》『儽』作『累』。洪頤烜謂《荀子》之『儽』，即《說文》『儽，垂皃，一曰嬾解』之『儽』也。案：洪說甚是。《說文》又有『傫』字，云『相敗也』。《老子》：『儽儽兮其不足，以無所歸。』《釋文》云：『儽，一本作傫，敗也，欺也。』《淮南子‧俶真訓》云云，蓋傫、儽聲義並相近。此書之『濕』當作『潔』。《荀子》之『儽』當作『儽』。『潔』即《說文》『傫』、『儽』之假字。不必成傫，言雖使為之，而其事之成敗則未可必。『傫』與『成』義正相對也。」〔註63〕盧氏引《方言》是也，而讀「他合反」則非。錢繹亦引《墨子》以證《方言》〔註64〕。孫氏謂《方言》之義「古書罕見」，至欲改《墨子》，又欲改《荀子》，斯二失之。證以《荀子‧脩身》、《外傳》卷2，《方言》之義，斷無可疑。不必成濕，言不必為憂。「成」亦非「成敗」之「成」。

（d）嶽麓書院藏秦簡（壹）《為吏治官及黔首》：「用兵不濕，盜賊弗得。」整理者注：「濕，遲緩。」〔註65〕史傑鵬指出這個解釋有問題，並提出兩種解釋，一是讀為「燮」，訓「和」，用兵不燮，就是用兵不調和，沒有合理安排；二是讀為「捷」，用兵不捷，就是用兵不快捷〔註66〕。王寧讀「濕」為「習」〔註67〕。唐洪志讀「濕」為「戢」，解作「征戰不休，盜賊

〔註60〕許維遹《韓詩外傳集釋》，中華書局1980年版，第152～153頁。
〔註61〕陳直《讀子日札‧荀子》，中華書局2008年版，第238頁。
〔註62〕屈守元《韓詩外傳箋疏》，巴蜀書社1996年版，第410頁。
〔註63〕孫詒讓《墨子閒詁》，中華書局1986年版，第348～349頁。原文「嬾解」下「之儽也」作「乘覆也」三字，徑改。
〔註64〕錢繹《方言箋疏》卷1，上海古籍出版社1984年版，第46頁。
〔註65〕《嶽麓書院藏秦簡（壹）》，上海辭書出版社2010年版，第113頁。
〔註66〕史杰鵬《嶽麓書院藏秦簡〈為吏治官及黔首〉的幾個訓釋問題》，《簡帛》第10輯，上海古籍出版社2015年版，第98頁。
〔註67〕王寧《釋嶽麓秦簡〈為吏治官及黔首〉的「不濕」》，簡帛網2015年8月22日。

不獲」〔註68〕。整理者的解釋不通，史傑鵬的解釋證據不足，文義不安。王寧讀濕為習，有據，然文義亦不甚安。余讀濕為蟄，靜也，潛藏也。指捉拿盜賊不打草驚蛇，否則盜賊就捉拿不到。

    5. 蟲獸之不動謂之蟄；人不動謂之慹，字亦借贄為之。其義一也。

〔註68〕唐洪志《嶽麓秦簡「用兵不濕」正義》，《廣東農工商職業技術學院學報》2021年第 1 期，第 20 頁。

《爾雅》「鯢大者謂之鰕」解詁

　　《爾雅‧釋魚》:「鯢大者謂之鰕。」郭璞注:「今鯢魚⋯⋯聲如小兒啼,大者長八九尺,別名鰕。」

　　王引之曰:「《釋文》:『音遐。』唐石經及諸本亦作鰕,而《初學記》引《爾雅》作『鮅』,字從役。《北戶錄》亦云『鯢大者謂之鮅,音役』,引《爾雅》注:『鯢似鯰,四足,聲似小兒。』《廣韻》:『鮅,營隻切,魚名,有四足,出《文字集略》。』《集韻》:『鮅,魚名,有四足,如龜而行疾。』其字皆作鮅而讀如役。與今本異字異音,未知孰是?」〔註1〕

　　王氏所引《初學記》見卷 30。又所《北戶錄》見卷 1,注作「鮅,音啼」,不知王氏所據何本?蔣斧印本《唐韻殘卷》:「鮅,營隻反,魚名,有四足。出《文字集略》。」此《廣韻》所本。裴務齊《正字本刊謬補缺切韻》、P.2011 王仁昫《刊謬補缺切韻》、S.2071《切韻》並云:「鮅,營隻切,魚名。」《慧琳音義》卷 39:「鯢魚:今江東呼為伇(役),荊州呼為鰪。」「伇」同「役」,即「鮅」省文。宋代《寶慶四明志》卷 14 有「鮅魚潭」,注:「鮅,音役,今俗呼為翼。」〔註2〕宋代杜從古《集篆古文韻海》卷 5 收「鮅」字〔註3〕。

　　「鮅」是「鰕」形誤,唐人所見已有誤本,因據誤字讀誤音「營隻反」(即「役」音)。陸心源校《北戶錄》正改「鮅」作「鰕」〔註4〕。《御覽》

〔註1〕王引之《經義述聞》卷 28,江蘇古籍出版社 1985 年版,第 674 頁。
〔註2〕宋代《寶慶四明志》卷 14,宋元四明六志本,本卷第 18 頁。
〔註3〕杜從古《集篆古文韻海》卷 5,收入《續修四庫全書》第 236 冊,上海古籍出版社 2002 年版,第 454 頁。
〔註4〕陸心源《北戶錄校勘記》,收入《叢書集成初編》第 3021 冊,中華書局 1985

卷 939 引《爾雅》作「鰕」。考《海外西經》：「龍魚陵居在其北，狀如狸，一曰鰕……一曰鱉魚，在夭野北，其為魚也如鯉。」郭璞注：「鰕，音遐。」《海內北經》：「陵魚人面，手足，魚身，在海中。」《御覽》卷 939 引《括地圖》：「龍魚，一名鰕魚。」又引《異物志》：「鰕魚有四足，如龜，而行疾。有魚之體而以足行，故名鰕魚。」《水經注·伊水》引《廣志》：「鯢魚聲如小兒㘆，有四足，形如鯪鱧（鯉），可以治牛。」梁·虞荔《鼎錄》：「宋文帝得鰕魚，遂作一鼎，其文曰：『鰕魚四足。』」據諸書，「鯢魚」即是「鰕魚」，亦即「陵魚」、「龍魚」。《證類本草》卷 20：「鯢魚……聲如小兒啼，故曰鯢魚。」「鯢」的語源是「婗（呢）」，俗稱為「娃娃魚」，以啼聲「哇哇」、「呢呢」、「呀呀」得名。故又稱作「鯑魚」，鯑之言啼也。「鰕」之言啞也，「啞啞」、「哇哇」也是聲轉。與「鯨鯢」之「鯢」非一物。

2020 年 12 月 22 日初稿。

《方言》「䴾，治也」疏證

1.《方言》卷 7：「䴾、貌，治也。（郭璞注：『謂治作也。䴾，恪垢反。』）吳、越飾貌為䴾，或謂之巧。（郭璞注：『語楚聲轉耳。』）」治《方言》者說云：

（1）戴震曰：案《廣雅》：「䴾、貌，治也。」又：「貌、䴾，巧也。」義皆本此〔註1〕。

（2）錢繹曰：《說文》：「䴾，匠也，讀若䴾。《周書》有『䴾匠』。」《小爾雅》：「匠，治也。」《廣雅》：「䴾、貌，治也。」《淮南·人間訓》云：「室始成，䴾然善也。」《說文》：「皃，頌儀也。籀文作貌。」《廣雅》又云：「貌、䴾，巧也。」《說文》：「巧，技也。」義並相通也。後漢桓帝元嘉中京師婦女作齲齒笑〔註2〕，又《梁冀傳》：「冀妻孫壽色美而善為妖態，作折腰步，齲齒笑。」按「齲」與「䴾」通，齲齒笑謂巧笑也。巧或謂之䴾，故巧笑謂之䴾齒笑。李賢注引《風俗通》曰：「齲齒笑者，若齒痛不忻忻。」但舉情狀言之，未解立名之義也〔註3〕。

（3）丁惟汾曰：䴾、巧，幽、喉部。貌，宵部。治，之部。治、飾疊韻通用。「貌治」即「貌飾」。「䴾（古音讀狗）」為「假（古音讀古）」之雙聲音轉。《說文》：「假，非真也。」貌飾非真貌，故謂之䴾。「巧」古音讀口，與「䴾」疊韻〔註4〕。

〔註1〕戴震《方言疏證》卷 7，收入《戴震全集（5）》，清華大學出版社 1997 年版，第 2393 頁。
〔註2〕引者按：見《後漢書·五行志》。
〔註3〕錢繹《方言箋疏》卷 7，上海古籍出版社 1984 年版，第 450 頁。
〔註4〕丁惟汾《方言音釋》，齊魯書社 1985 年版，第 142～143 頁。

（4）華學誠曰：《廣雅》：「眗，治也。」王念孫《疏證》：「《說文》：『眗，匠也。』《小爾雅》：『匠，治也。』《淮南子・人閒訓》云：『室始成，眗然善也。』《廣雅》：『眗，巧也。』」段玉裁於《說文》「眗」下注云：「《淮南子》之『眗』與『健』之訓合，《方言》則『與匠之訓合』。」訓匠之「眗」為名詞，訓治、訓飾貌之「眗」為動詞、形容之詞。「眗」或謂之「巧」，郭璞注謂「語楚聲轉耳」是也；「眗」、「巧」雙聲，幽、喉旁轉，文獻用例則未詳。《廣雅》：「貌，治也。」王念孫《疏證》：「《說文》：『皃，頌儀也。籀文作貌。』是『眗』、『貌』皆為治也。」按：《廣雅》義本《方言》，「頌儀」即「容儀」，未知「貌」何以訓治，文獻用例亦未詳〔註5〕。

2.《說文》：「眗，健也。一曰匠也，讀若鼺。《周書》有『眗匠』。」治《說文》者說云：

（1）段玉裁曰：《淮南・人閒訓》：「室始成，眗然善也。」高注：「眗，高壯皃。」〔註6〕此與健之訓合。《方言》曰：「眗，治也。吳越飾皃為眗，或謂之巧。」《廣雅》：「眗，治也。」又曰：「眗，巧也。」此與匠之訓合。蓋謂《周書》七十一篇也。「眗匠」之文佚攷。朱駿聲、毛際盛並從段說。

（2）嚴可均、姚文田曰：《文酌篇》「九柯十匠」，「柯」即「眗」之誤。葉德輝、承培元說同，鈕樹玉、王筠並從嚴說。

（3）王紹蘭曰：《逸周書・文酌解》「九柯十匠，歸林」，孔晁注云：「林當作材，匠以為用。」今按「柯」蓋「眗」字，以形相近而譌，許祭酒所見本作「眗」，故云「《周書》有『眗匠』」。

（4）王煦曰：《方言》云云，《小爾雅》：「匠，治也。」是許氏「匠也」之訓與《方言》義同。《淮南子・人閒訓》云：「室始成，眗然善也。」亦與「治」義近。檢《逸周書》無「眗匠」之文，惟《文酌解》云「九柯十匠，成（歸）林」，「柯」或為「眗」字之誤〔註7〕。

（5）馬敘倫曰：「健也」非本義，「眗」從句得聲，從句得聲之字多有曲

〔註5〕華學誠《揚雄〈方言〉校釋匯證》，中華書局 2006 年版，第 529 頁。

〔註6〕引者按：《人閒篇》是許慎注，非高誘注。

〔註7〕段玉裁《說文解字注》，王紹蘭《說文段注訂補》，嚴可均、姚文田《說文校議》，王煦《說文五翼》，葉德輝《說文讀若考》，承培元《說文引經證例》，鈕樹玉《說文解字校錄》，王筠《說文解字句讀》，朱駿聲《說文通訓定聲》，毛際盛《說文解字述誼》，並收入丁福保《說文解字詁林》，中華書局 1988 年版，第 10238～10239 頁。

義，「姁」蓋與「跔」一字，或為「蹁」之同舌根音轉注字。「一曰匠也」者，蓋借「姁」為「匠」，此呂忱記異訓，或校者加也，此字或出《字林》〔註8〕。

（6）張舜徽曰：「姁」字從立，其本義當為人立之高壯皃，故訓為健。本書《工部》：「巧，技也。」巧、姁雙聲，其訓匠者，當為「巧」之語轉〔註9〕。

3.《廣雅》：「姁、貌，治也。」又「貌、姁，巧也。」王念孫引《方言》及郭璞注為證，餘說已詳華學誠所引〔註10〕。

4. 今人董志翹但引徵華學誠《匯證》之說，指出（本文節引其說）：

迄今，各書所收對「姁、貌，治也。吳、越飾貌為姁，或謂之巧」一條的解釋，均源自《方言》，兩千多年來，陳陳相因，尚未有人作出確解。余謂：《方言》中「治」乃「冶」之訛。當讀為「姁、貌冶也。吳、越飾貌為姁，或謂之巧」，「姁」乃「美」之義，為形容詞。「貌冶」也就是後文的「飾貌」（「裝飾容貌」、「容貌美麗」之義）。郭璞注「治」：「謂治作也」，乃據誤本而誤注。「冶」有「妖媚」、「美麗」之義。在古文獻中，「姁」可表「美」義。《說文》：「姁，健也。讀若酀。」本義為「健壯」，引申之則有「美」、「善」義。《淮南子‧人閒訓》：「受令而為室，其始成，姁然善也。」許慎注：「姁，高壯貌。」許注乃隨文釋義，因前言室，室以高壯為善、美也，故云。字亦作「蝸」、「齬」，《呂氏春秋‧應言》：「然而視之蝸焉美無所可用。」高誘注：「蝸讀齬齒之齬。齬，鼎好貌。」陳奇猷引孫詒讓曰：「蝸當與姁同。《方言》云：『姁，貌治也。吳越飾貌為姁。』《說文》、《淮南子‧人閒訓》云云，此云『蝸焉美』，猶《淮南》云『姁然善』矣。」〔註11〕

5.《方言》舊讀「姁、貌，治也」不誤，「治」字亦非「冶」字之誤。《廣雅》：「姁、貌，治也。」又「貌、姁，巧也。」《集韻》「姁，《方言》：『治也。』謂治作也。」又「姁，《博雅》：『治也。』一曰巧也。健也。」承襲舊說，皆不誤。

5.1.《說文》「姁」朱翱音丘羽切，《說文繫傳》音俱取反，北京故宮博物院舊藏裴務齊《正字本刊謬補缺切韻》音敷武反，北京故宮博物院舊藏王仁昫

〔註8〕馬敘倫《說文解字六書疏證》卷20，上海書店1985年版，本卷第48頁。
〔註9〕張舜徽《說文解字約注》，華中師範大學出版社2009年版，第2543頁。
〔註10〕王念孫《廣雅疏證》，收入徐復主編《廣雅詁林》，江蘇古籍出版社1992年版，第248頁。
〔註11〕董志翹《揚雄〈方言〉辯證一則》，《中國語文》2017年第3期，第362～365頁。

《刊謬補缺切韻》音孚武反，P.2011 王仁昫《刊謬補缺切韻》音苦厚反，《玉篇》音丘垢、丘甫二切，《廣韻》云「驅雨切，又音口」，又云「苦后切，又驅甫切」，《集韻》音委羽切、穎羽切、許后切，諸讀並一音之轉，今吳語音拘。

5.2. 貌訓治者，「貌」作動詞用，即修飾形貌、使之巧善義（不僅僅指人的容貌），故《方言》云「貌，治也」，《廣雅》云「貌，巧也」。

5.3. 馬敘倫謂「『竘』從句得聲，從句得聲之字多有曲義」，是也，餘說皆臆測無據，不可信從。郭璞指出「竘」、「巧」是「語楚聲轉」，丁惟汾、張舜徽、華學誠謂「竘」、「巧」音轉，亦皆是也。黃侃亦曰：「『竘』同『工』、『娛』、『巧』。」〔註12〕黃說「竘」、「工」音轉，亦是也。王國維曰：「古音『工』、『攻』在東部，『句』在侯部，二部之字陰陽對轉，故『句吳』亦讀『攻吳』。」〔註13〕陳直曰：「『勾（引者按：即『句』）吳』亦作『攻吳』，《左宣八年傳》疏作『工吳』，『工』與『功』古字通用。戰國陶器中，工人名皆作攻某可證。而金文中皆作『攻吳』，無作『勾吳』者……蓋『勾』、『攻』二字，為一聲之轉。」〔註14〕國名、工名前加「句」或「工（攻）」者，亦是美善之稱〔註15〕。古者以曲為美，「竘」會意兼形聲字，因有「美」、「巧」義，謂治作之巧善、裝飾之精巧。轉為名詞，善治作者亦謂之「竘」。《逸周書・文酌解》：「七陶八冶，歸竈；九柯十匠，歸林（材）。」嚴可均、王紹蘭、王煦等謂「柯」是「竘」誤，近之，「柯」當是「枸（拘）」形誤，許慎所見本作「竘」，或者許氏易作本字耳，治《逸周書》者皆未得〔註16〕。治

〔註12〕 黃侃《說文同文》，收入《說文箋識》，中華書局 2006 年版，第 71 頁。又第 30、89 頁說同。

〔註13〕 王國維《攻吳王夫差鑒跋》，王國維《觀堂集林》卷 18，中華書局 1959 年版，第 898 頁。

〔註14〕 陳直《史記新證》，天津人民出版社 1979 年版，第 82 頁。

〔註15〕 《淮南子・繆稱篇》許慎注：「句吳，夷語不正，言『吳』加以『句』也。」《左傳・宣公八年》孔穎達疏：「『句』或為『工』，夷言發聲也。」《漢書・地理志》顏師古注：「句音鉤，夷俗語之發聲也。亦猶越為于越也。」劉師培曰：「吳人以格音為語端，格、句一聲之轉，故吳曰句吳。越人用阿音為發聲，阿、於古音相近，故越曰於越……此古語因今言而通者也。」以「句」、「于」為發聲之詞，未得。「于越」之「於」字，音轉則作「有」（「于夏」亦作「有夏」），猶言大也。《漢書・貨殖傳》顏師古注：「於，發語聲也。戎蠻之語則然。於越，猶句吳耳。」劉師培《〈新方言〉後序一》，收入《章太炎全集（7）》，上海人民出版社 1999 年版，第 134 頁。

〔註16〕 參見黃懷信等《逸周書彙校集注（修訂本）》，上海古籍出版社 2007 年版，第 70 頁。孫詒讓曰：「柯，斧柄，所操以伐木。」亦誤。孫詒讓《周禮正義》卷

瓦謂之陶，鑄金謂之冶，其事相類。拘亦匠也，皆巧工之名，「拘」、「匠」
亦一類，故《說文》云「𢓎，一曰匠也」。《方言》卷8：「桑飛，自關而東謂之
工爵，或謂之過羸，或謂之女鷗（郭璞注：『今亦名為巧婦，江東呼布母。』）；
自關而東謂之鷦鳩，自關而西謂之桑飛，或謂之懱（襪）爵。」《毛詩草木鳥
獸蟲魚疏》卷下：「鷦鴉……幽州人謂之鷦鳩，或曰巧婦，或曰女匠；關東謂
之工雀，或謂之過羸；關西謂之桑飛，或謂之襪雀，或曰巧女。」「鷗」是「匠」
增旁分別字，《慧琳音義》卷29、《御覽》卷923引《方言》並作「女匠」。「巧
婦」、「巧女」、「女匠」、「工雀」，皆取義於善於構結精密之巢，如巧婦紡績，
因而名之也。「女」即「婦」也，「匠」即製作工巧之義。工巧之人亦謂之匠，
《慧琳音義》卷8引《考聲》：「匠，工巧人也，凡從事曰匠。」又卷14引《韻
詮》：「善巧於事曰匠。」《御覽》卷371、724引《尸子》：「醫𢓎者，秦之良醫，
為宣王割痤，為惠王治痔，皆愈。張子之背腫，謂〔醫〕𢓎曰：『背非吾背也，
子製焉。』醫𢓎善治疾，張子委製焉。」「𢏽」是「𢓎」俗字，《御覽》卷743
（凡二引）、《困學紀聞》卷20引正作「𢓎」。《篆隸萬象名義》：「𢏽，治也，
為也，作也，巧也，堅也，匠也。」〔註17〕《御覽》卷371注：「𢏽音叩，又
音齵。」又卷724注：「𢏽音驅主反。」「醫𢓎」者，亦以巧善為稱。今吳語、
江淮官話稱內行、老練為「老𢓎」、「老𢓎科」〔註18〕。

（1）字或作姁，《呂氏春秋・勿躬》：「虞姁作舟。」《御覽》卷769引同，
有注：「姁音劬、詡二音。」《墨子・非儒》：「巧垂作舟。」孫詒讓曰：「畢云：
『《書鈔》引作倕，《御覽》作錘，《事類賦》引作工倕。』〔註19〕俞云：『巧垂
當作功垂，字之誤也。功垂即工垂也。是稱工垂者，工其官，垂其名。』案：
《山海經・海內經》云『義均是始為巧倕，是始作下民百巧』，《楚辭・九章》
亦云『巧倕』，又見《七諫》。俞說未塙。」〔註20〕《呂氏》作「姁」，讀為𢓎，
指巧匠。蓋以巧命名，故作舟之巧匠稱作虞姁，良醫稱作醫𢓎，木工之巧者稱
作𢓎（亦作「拘」），其義一也。女子美善，亦以「姁」取名，《史記・外戚世
家》「呂娥姁為高祖正后」，《集解》引徐廣曰：「呂后姊字長姁也。」呂后字娥

85，中華書局1987年版，第3510頁。

〔註17〕《名義》訓「堅」與《說文》訓「健」義合。

〔註18〕許寶華、宮田一郎《漢語方言大詞典》記作「老舉」，中華書局1999年版，第
1656頁。

〔註19〕引者按：《書鈔》見卷137，《事類賦》見卷16，宋本《御覽》卷768引作「工
倕」，俗本作「工錘」。

〔註20〕孫詒讓《墨子閒詁》，中華書局2001年版，第294頁。

姁，娥、姁皆美義。《國語·鄭語》「褎人褎姁」，亦其例。

（2）字或作拘，《莊子·大宗師》：「偉哉！夫造物者將以予為此拘拘也？」《淮南子·精神篇》：「偉哉！造化者其以我為此拘拘邪？」高誘注：「拘拘，好貌。」楊樹達、馬宗霍並謂拘讀為姁〔註21〕。《莊子》謂人是造物者洪爐大冶的作品，以「拘拘」狀其巧善〔註22〕。《古文苑》卷 2 宋玉《釣賦》：「其鈎可謂拘矣。」章樵注：「拘音拘，引也。一本作『善』。」《類聚》卷 24 引作「善」，與一本合；鈔本《渚宮舊事》卷 3 引作「拘」，墨海金壺本、孫星衍校本、四庫本《舊事》作「均」，《文選補遺》卷 31 亦作「均」。「均」是「拘」形譌。章注訓引，非是。錢熙祚曰：「拘，《渚宮舊事》作『均』。尋上下文，蓋以紉與均韻，芳與強韻。」〔註23〕黃侃曰：「『拘』當為『竭』。」〔註24〕二氏說亦誤，此非韻語。

（3）字或作均，《古陶文匯編》3·16：「王孫陳棱右攺均亳區。」又 3·17：「……右攺均亳釜。」李學勤曰：「『均』同『姁』，訓為匠。攺均，意為製陶匠師。」〔註25〕齊陶文：「句華門陳棱再鄙廩均亳釜節。」陸德富謂「均」即「姁」，訓攺治〔註26〕。

（4）字或作姁，《古陶文匯編》3·449：「酷里人匋（陶）者姁。」陶者名姁，姁亦讀為姁，以巧於製作陶器為名也，「陶者姁」猶「醫姁」之比。

（5）字或作起，《玉篇》：「起，治也，近（匠）也，健也。」〔註27〕P.2011 王仁昫《刊謬補缺切韻》：「起，健，或作㫊。」北京故宮博物院舊藏王仁昫

〔註21〕楊樹達《淮南子證聞》，上海古籍出版社 2006 年版，第 66〜67 頁。馬宗霍《淮南舊注參正》，齊魯書社 1984 年版，第 183 頁。

〔註22〕成玄英疏：「拘拘，孿（攣）縮不申之貌也。」《釋文》：「拘拘，郭音駒。司馬云：『體拘攣也。』王云：『不申也。』」馬敘倫、王叔岷謂拘借為病，《說文》：「病，曲脊也。」此說與高誘說不同，本文不採用。馬敘倫《莊子義證》卷 6，收入《民國叢書》第 5 編，商務印書館中華民國 19 年版，本卷第 13 頁。王叔岷《莊子校詮》，中華書局 2007 年版，第 241 頁。

〔註23〕錢熙祚校刻《守山閣叢書》本《古文苑》附錢熙祚《校勘記》，第 469 頁。

〔註24〕黃侃《文心雕龍札記》，上海古籍出版社 2000 年版，第 66 頁。

〔註25〕李學勤《燕齊陶文叢論》，《上海博物館集刊》第 6 期，上海古籍出版社 1992 年版，第 170〜173 頁。

〔註26〕陸德富《齊國古璽陶文雜釋二則》，《考古與文物》2016 年第 1 期，第 113 頁。

〔註27〕胡吉宣謂「近」是「匠」形譌，是也，《集韻》誤同。《篆隸萬象名義》作「起，健也，治也，迠也」，「迠」即「匠」俗字。S.388《正名要錄》「匠」亦作「迠」形。胡吉宣《玉篇校釋》，上海古籍出版社 1989 年版，第 2050 頁。

《刊謬補缺切韻》、《廣韻》、《集韻》同〔註28〕。「趄」是「詢」異體字，「誷」是「詢」誤字（「立」下誤加「口」）。北京故宮博物院舊藏裴務齊《正字本刊謬補缺切韻》：「趄，健，或詢。」正作「詢」字〔註29〕。

（6）字或作姤，古音「句」、「后」相通。《管子·地員》：「其人夷姤。」尹知章注：「夷，平也。姤，好也。言均善也。」朱駿聲曰：「姤，叚借為詢。」〔註30〕

（7）字或作齬、蝸，已詳上文引錢繹說及董志翹引孫詒讓說，錢大昭亦取其子錢繹說〔註31〕。

6.《說文》：「蒟，〔蒟〕果也〔註32〕，從艸詢聲。」又「枸，木也，可為醬，出蜀。」《玉篇》：「蒟，蒟醬，出蜀。」又「枸，其木（子）可以為醬，出蜀中，亦作『蒟』。」「蒟」、「枸」當是異體字，蒟的葉及果實可以作醬而食之辛香，以其味美，故字從詢作「蒟」也。蒟之藤緣木而生，其子如桑椹可以為醬，故字或從木作「枸」也。其物可以作醬，故又稱作「蒟醬」〔註33〕。

〔註28〕 《廣韻》據《鉅宋廣韻》，澤存堂本、符山堂藏板、古逸叢書覆宋本重修本同，《集韻》各本及《五音集韻》亦同，巾箱本「誷」誤作「韵」，覆元泰定本誤作「誷」，龍谷大學藏至正南山書院刊本誤作「詢」。

〔註29〕 惟趙少咸指出「誷」是「詢」誤字，其餘諸家如方成珪等皆失校。趙少咸《廣韻疏證》卷3，巴蜀書社2010年版，第1677頁。方成珪《集韻考正》卷5，收入《續修四庫全書》第253冊，上海古籍出版社2002年版，第233頁。黃侃《黃侃手批廣韻》卷3，中華書局2006年版，第290頁。周祖謨《廣韻校本》卷3，中華書局2004年版，第264頁。余迺永《新校互注宋本廣韻》卷3，上海辭書出版社2000年版，第262頁。蔡夢麒《廣韻校釋》卷3，嶽麓書社2007年版，第563頁。張涌泉《敦煌經部文獻合集》，中華書局2008年版，第2779頁。趙振鐸《集韻校本》卷5，上海辭書出版社2012年版，第699頁。趙振鐸失引其祖說，尤不可理解。

〔註30〕 朱駿聲《說文通訓定聲》，收入丁福保《說文解字詁林》，中華書局1988年版，第12078頁。另有數說，參見郭沫若等《管子集校》，科學出版社1956年版，第925～926頁。茲所不從。

〔註31〕 錢大昭《後漢書辨疑》卷6，收入徐蜀《兩漢書訂補文獻彙編（2）》，北京圖書館出版社2004年版，第990頁。洪頤煊曰：「齬當作齵。《說文》：『齵，齒不正也。』《考工記》鄭注：『人之牙齒參差謂之齵。』《詩》曰：『巧笑之瑳。』瑳即齹字。《說文》：『齹，齒參差。』即巧笑之貌。《風俗通》以為『若齒痛不忻忻』，失其義矣。」此又一說，然「齬」非誤字，乃借字。洪頤煊《讀書叢錄》卷22，收入《續修四庫全書》第1157冊，上海古籍出版社2002年版，第761頁。

〔註32〕 當連篆讀作「蒟果也」，故補「蒟」字。

〔註33〕 晉嵇含《南方草木狀》卷上：「蒟醬，蓽茇也。生於蕃國者大而紫，謂之蓽茇；

《史記·西南夷列傳》：「南越食蒙蜀枸醬。」《漢書》同，《文選·蜀都賦》劉淵林注、《書鈔》卷 146 引《漢書》作「蒟醬」，《華陽國志》卷 4 亦作「蒟醬」。《史記集解》：「徐廣曰：『枸，一作蒟，音窶。』駰案：《漢書音義》曰：『枸木似榖樹，其葉如桑葉。用其葉作醬酢，美，蜀人以為珍味。』」《索隱》：「蒟，晉灼音矩。劉德云：『蒟樹如桑，其椹長二三寸，味酢；取其實以為醬，美，〔蜀人以為珍味〕。』」〔註34〕《文選·蜀都賦》劉淵林注：「蒟，蒟醬也，緣樹而生，其子如桑椹，熟時正青，長二三寸，以蜜藏，而食之辛香，溫調五臟。」

　　7. 綜上所述，文獻中「劬」指工匠製作之巧，不能用「貌冶」去解釋，改「治」作「冶」字，非也。《廣雅》：「貌、劬，巧也。」「貌」在「劬」前，亦是《方言》「貌治」不能連讀而改作「貌冶」的證據。

　　本文刊於《澳門文獻信息學刊》2020 年第 1 期，第 206～211 頁。此為修訂稿。

　　　　生於番禺者小而青，謂之蒟焉。可以為食，故謂之醬焉。」
〔註34〕「蜀人以為珍味」六字據《漢書》顏師古注引補。

《方言》「鈹扯」疏證

1.《方言》卷 2：「鈹扯，裁也，梁、益之閒裁木為器曰鈹，裂帛為衣曰扯。鈹又斯也，晉、趙之閒謂之鈹鈹。」關於「鈹扯」，治《方言》者說云：

（1）郭璞于「鈹又斯也」下注云：皆析破之名也。

（2）戴震曰：案《漢書·藝文志》：「則苟鈎鈹析亂而已。」顏師古注云：「鈹，破也。」左思《蜀都賦》「鈹扯兼呈」，劉逵注云：「揚雄《方言》：『鈹扯，裁也，梁、益之閒裁木為器曰鈹，裂帛為衣曰扯。』」《廣韻》引《方言》：「梁、益閒裂帛為衣曰扯。」《廣雅》：「鈹扯，裁也。」義本此〔註1〕。

（3）盧文弨曰：鈹鈹，疑衍一「鈹」字〔註2〕。

（4）盧文弨又曰：「鈹扯」二字左思《蜀都賦》、謝靈運《山居賦》皆用之〔註3〕。

2.《廣雅》：「鈹、裂、扯，裁也。」P.2011 王仁昫《刊謬補缺切韻》：「扯，裁。」又「鈹，裁木為器。」《玄應音義》卷 14：「跟劈：古文鈹、𣃟二形，同。音匹狄反，破也，關中行此音。《說文》音隱，披厄反，江南通行此音也。」《玉篇》：「鈹，裁名也。」又「扯，裁也。」說者云：

（1）王念孫曰：鈹之言劈，扯之言刲也。《漢書·藝文志》「鈎鈹析亂」，顏師古注云：『鈹，破也。』左思《蜀都賦》云：『鈹扯兼呈。』謝靈運《山

〔註1〕戴震《方言疏證》卷 2，收入《戴震全集（5）》，清華大學出版社 1997 年版，第 2328 頁。

〔註2〕盧文弨《重校〈方言〉》，抱經堂本，收入《叢書集成初編》第 1180 冊，中華書局 1985 年影印，第 29 頁。

〔註3〕盧文弨《〈方言〉校正補遺》，抱經堂本，收入《叢書集成初編》第 1180 冊，中華書局 1985 年影印，第 1 頁。

居賦》云：『鏬抾之端。』」〔註4〕

（2）錢大昭曰：鏬者，木之裁也，《方言》文：「梁、益之閒裁木為器曰鏬，鏬又斯也，晉、趙之閒謂之鏬。」《漢書·藝文志》：「則苟鉤鏬析亂而已。」顏師古注：「鏬，破也。」案《玉篇》：「鏬，裁名也。」抾者，木之裁也，《方言》文：「梁、益之閒裂帛為衣曰抾。」左思《蜀都賦》：「鏬抾兼呈。」〔註5〕

（3）胡吉宣曰：「鏬」從辰得聲義。辰，水分流也，蓋破分分離也〔註6〕。

（4）胡吉宣又曰：王念孫云云。本書《金部》：「鏬，裁名也。」本書無「抾」，抾之言辰分，抾之言規度。裂帛、裁衣，必有規則也〔註7〕。

3.《廣雅》又云：「抓（振）、裁、劈，裂也。」說者云：

（1）王念孫曰：「振」各本訛作「抓」。《淮南子·主術訓》云：「人莫振玉石而振瓜瓠。」《集韻》、《類篇》並引《廣雅》「振，裂也」，今據以訂正。振之言劈也。《方言》、《漢書·藝文志》云云，義與「振」同〔註8〕。

（2）錢大昭曰：振者，字當為「脈」。《集韻》：「脈，分也。」或作「劈」。舊本「振」誤從瓜，今訂正〔註9〕。

4.「抓」當是「鏬」俗字。《說文新附》：「鈻，裂也。」王玉樹從明趙宧光《說文長箋》說，謂字當從爪，不從辰〔註10〕。鈕樹玉據《玄應音義》謂字當從辰作「鏬」，又云「通作劈，亦作擘」〔註11〕。鄭知同謂「鏬」字當從爪作「鈻」，同「劈」，云：「鈕氏乃以『鈻』為『鏬』之譌，不知字應從爪會意，不從辰聲。」〔註12〕。鈕樹玉說字當從辰作「鏬」，是也，趙宧光、鄭知

〔註4〕 王念孫《廣雅疏證》，收入徐復主編《廣雅詁林》，江蘇古籍出版社1992年版，第139頁。

〔註5〕 錢大昭《廣雅疏義》，收入徐復主編《廣雅詁林》，江蘇古籍出版社1992年版，第139頁。

〔註6〕 胡吉宣《玉篇校釋》，上海古籍出版社1989年版，第3342頁。

〔註7〕 胡吉宣《玉篇校釋》，上海古籍出版社1989年版，第1246頁。

〔註8〕 王念孫《廣雅疏證》，收入徐復主編《廣雅詁林》，江蘇古籍出版社1992年版，第124頁。

〔註9〕 錢大昭《廣雅疏義》，收入徐復主編《廣雅詁林》，江蘇古籍出版社1992年版，第125頁。

〔註10〕 王玉樹《說文拈字》卷5，收入《四庫未收書輯刊》第9輯第2冊，北京出版社1997年影印出版，第192頁。

〔註11〕 鈕樹玉《說文新附考》卷6，收入《續修四庫全書》第213冊，上海古籍出版社2002年版，第154頁。

〔註12〕 鄭珍《說文新附考》卷6，收入《續修四庫全書》第223冊，上海古籍出版社

同說誤。

各家說「鋠（抓）」的語源，有三說，王念孫說是「劈」，錢大昭說是或「脈」，胡吉宣說是「𠂢」。「摫」的語源，有二說，王念孫說是「刲」，胡吉宣說是「規」。

考《說文》：「𠂢，水之衺流別也。」又「派，別水也。」二字音義全同，當是正、俗字。《說文》：「𧖴，血理分衺行體者。脈，𧖴或從肉。」又「覛，衺視也。」又「䀛，目財（邪）視也。」〔註 13〕「覛」、「䀛」二字音義並同。鳥邪視之專字從鳥作鷢、鷲、鸑，《集韻・錫韻》：「鷢，鳥驚視。」又《麥韻》：「鷲，鳥驚視。」馬驚視之專字從馬作䮔，蔣斧印本《唐韻殘卷》：「䮔，馬多惡。」S.617《俗務要名林・雜畜部》、裴務齊《正字本刊謬補缺切韻》、《玉篇》、《廣韻》同。P.2011 王仁昫《刊謬補缺切韻》：「䮔，馬多驚。」《集韻》：「䮔，馬驚視。」水之衺流為𠂢（派），血之衺流為𧖴（脈），目之衺視為覛（䀛）、鷢（鷲、鸑）、䮔，其義一也〔註 14〕。《方言》「鋠」的語源當是「𠂢」，亦取衺分為義，胡吉宣說是也。《淮南子・要略》：「《人間》者，所以觀禍福之變，察利害之反，鑽脈得失之跡，標舉終始之壇（嬗）也。」章太炎曰：「鑽借為讚，《方言》：『讚，解也。』脈，理也。凡文理為理，理之亦為理。讚謂解之也，脈謂理之也。」〔註 15〕余謂章說未得，「鑽」讀如字，「脈」讀為「鋠」，「鑽鋠」皆取木工裁木為喻，猶言鑽研剖析。「摫」的語源舊說皆誤，當是「窺（闚）」，衺視也。鋠之言覛（䀛）〔註 16〕，摫之言窺（闚）也。窺（闚）俗亦作䁛。《廣雅》：「䁛䁛，視也。」又音轉作眭，《淮南子・原道篇》：

2002 年版，第 337 頁。

〔註 13〕《廣韻》引《說文》「財」作「邪」。《繫傳》：「䀛，目略視之也。」

〔註 14〕本文作為《小學類著作校疏（五則）》之一則發表後（《中國文字》2021 年夏季號（總第 5 期），第 49～52 頁），承張文冠博士於 2021 年 7 月 5 日告知，殷寄明也已指出「派覛䀛𧖴俱有斜義」（殷寄明《漢語同源詞大典》，復旦大學出版社 2018 年版，第 534 頁）。附識於此。

〔註 15〕章太炎《膏蘭室札記》，收入《章太炎全集（1）》，上海人民出版社 1982 年版，第 82 頁。

〔註 16〕四部叢刊本《越絕書・越絕外傳記寶劍》「觀其鋠，爛〔爛〕如列星之行」，鋠之言脈也，指劍之紋理。《書鈔》卷 122、《初學記》卷 22、《類聚》卷 60、《事類賦注》卷 13、《玉海》卷 151 引《吳越春秋》作「觀其文」，以同義易其字也。別本誤作「鈲」、「釽」、「鈲」。余舊說謂當作「釽」，讀為鈹，非是。此「鋠」與《方言》之「鋠」是同形異字。蕭旭《越絕書校補（續）》，收入《群書校補（續）》，花木蘭文化出版社 2014 年版，第 1157 頁。

「今人之所以睰然能視，瞥然能聽。」「釽𪜋」為裁製、斲破之義，取義於視。木工裁木為器，固以瞄準為要事。

（1）《漢書・東方朔傳》：「又有足，跂跂脈脈，善緣壁，是非守宮即蜥蜴。」顏師古注：「跂跂，行貌也。脈脈，視貌也。」顏後說是，前說誤。《漢書》此例，王念孫引以證《廣雅》「趀趀，行也」〔註17〕，段玉裁、王筠、桂馥、朱駿聲引以證《說文》「歧，行也」〔註18〕，錢繹引以證《方言》卷1「跂，登也」〔註19〕，亦皆誤。「跂跂」當讀作「窺窺」、「闚闚」，小視兒，竊視兒。《淮南子・精神篇》高誘注引東方朔射覆對武帝「跂跂脈脈」作「騤騤脈脈」，「騤騤」即是「窺窺」。《說文》：「蒢，讀若規。」清華簡（六）《鄭武夫人規孺子》「武夫人䛊孺子」，又「邊父䛊大夫」，整理者引李守奎說讀䛊為規〔註20〕。馬王堆帛書《十六經・姓爭》：「規僥（蟯）畢爭。」又《道原》：「規行僥（蟯）重（動）。」整理者讀規為歧〔註21〕。《隸釋》卷8漢《冀州從事張表碑》：「穎槩未合。」「穎」與「蒢」同，讀為規〔註22〕。「敧」或作「礭」。皆讀跂為窺之證。「闚闚」亦作「規規」、「睋睋」。

（2）《莊子・秋水》：「適適然驚，規規然自失也。」《釋文》：「適適、規規，皆驚視自失貌。」成玄英疏：「適適，驚怖之容。規規，自失之貌。」

（3）《荀子・非十二子》：「狄狄然，莫莫然，瞡瞡然。」楊倞註：「莫，讀為貊。貊，靜也，不言之貌。瞡瞡，未詳。或曰：『瞡』與『規』同。規規，小見之貌。」楊氏或說「瞡瞡」即「規規」，是也，讀莫為貊則誤。

（4）《潛夫論・斷訟》：「小人不恥不仁，不畏不義，脈脈規規，常懷奸唯。」汪繼培引《漢書》、《莊》、《荀》，又曰：「『莫莫』與『脈脈』聲亦相近。」〔註23〕汪說是。

〔註17〕 王念孫《廣雅疏證》，收入徐復主編《廣雅詁林》，江蘇古籍出版社1992年版，第467頁。

〔註18〕 段玉裁《說文解字注》，王筠《說文解字句讀》，桂馥《說文解字義證》，朱駿聲《說文通訓定聲》，並收入丁福保《說文解字詁林》，中華書局1988年版，第12964頁。

〔註19〕 錢繹《方言箋疏》卷1，上海古籍出版社1984年版，第103～104頁。

〔註20〕 《清華大學藏戰國竹簡（陸）》，中西書局2016年版，第104～105頁。

〔註21〕 《馬王堆漢墓帛書〔壹〕》，文物出版社1980年版，第69、87頁。

〔註22〕 參見顧藹吉《隸辨》卷1，中國書店1982年影印康熙57年玉淵堂刻版，第43頁。朱駿聲《說文通訓定聲》，武漢市古籍書店1983年版，第511頁。

〔註23〕 汪繼培、彭鐸《潛夫論箋校正》卷5，中華書局1985年版，第227頁。汪氏說「唯」當作「詐」，則不足信。余謂「奸唯」是「奸詭」或「奸偽」聲誤。

（5）《廣雅》：「窺、䚅、眽、睥、覭，視也。」王念孫曰：「䚅者，《廣韻》：『䚅，邪視也。』『眽』與下『覝』字同。《爾雅》：『覝，相也。』《說文》：『眽，目財視也。』『覝，衺視也。籀文作覭。』……重言之則曰『眽眽』，義見《釋訓》。『睥』與『窺』聲義相近也。」〔註24〕「䚅」、「莫」亦是雙聲轉語，《集韻》：「瞙、眊，目不明，或從毛。」是其比。

「狄狄」即「適適」，《莊》、《荀》可以互證。《漢書》「跂跂脈脈」即《荀子》「莫莫睥睥」、《潛夫論》「脈脈規規」也，亦即《廣雅》「眽睥」或「䚅睥」重文。「脈脈」同「覝覝」、「眽眽」，目邪視兒。《方言》「鋴覣」亦即「跂脈」、「莫睥」、「脈規」、「䚅睥」也。

5.「蜥蜴」別名「蝀蝫」。「蝀」即「蜥」音轉，蝀之言睗，《說文》：「睗，目疾視也。」蝫之言眽（覝），「蝀蝫」狀其蟲爬行時邪視兒，因以為名，故東方朔狀之曰「跂跂脈脈」。

本文作為《小學類著作校疏（五則）》之一則，發表於《中國文字》2021 年夏季號（總第 5 期），第 49～52 頁。

〔註24〕王念孫《廣雅疏證》，收入徐復主編《廣雅詁林》，江蘇古籍出版社 1992 年版，第 81 頁。

《說文》「霸」、「䡄」二字疏證

1.《說文》:「霸,寒也,從雨埶聲。或曰早霜。讀若《春秋傳》『埶陁』。」《繫傳》引朱翱反切音丁念反。《玉篇》:「霸,丁煩、丁念二切,寒也,早霜也。」〔註1〕蔣斧印本《唐韻殘卷》:「霸,他念反,早霜,寒。」又「霸,陟立切,小濕。」《篆隸萬象名義》卷20:「霸,都煩反,寒。」《廣韻》:「霸,都念切,早霜,寒。」又「霸,陟立切,小濕。」〔註2〕《集韻》:「霸、霾:都念切,早霜而寒謂之霸,或從土。」又「霸,的協切,寒也,一曰早霜。」

各家說云:

(1)玄度《九經字樣》:霸,音店,寒也。《傳》曰「霸陁」。今經典相承作「埶」。

(2)張自烈《正字通》卷11:按《說文》「讀若《春秋傳》埶陁」,非作「霸陁」。蓋「霸」與「埶」同音,非同義也。《字樣》合為一,誤。本作霸,篆作霸。舊本作霸,非。

(3)段玉裁曰:《成六年》、《襄九年》、《廿五年》皆云「埶陘」。陁者,陘之隸變。陁、陘古通用。此謂霸音同埶耳,非謂《春秋傳》有「霸陘」也。而《九經字樣》云:「霸,音店,寒也。《傳》曰『霸陁』。」引《說文》而失其真,遂致為經作音而非其實,以經典絕無霸字也。

〔註1〕《玉篇》據澤存堂本,元延祐二年圓沙書院刻本、元至正二十六年南山書院刊本「寒」誤作「塞」,早稻田大學藏和刻本「煩」誤作「頰」。

〔註2〕《廣韻》據澤存堂本,《集韻》、《龍龕手鑑》同,符山堂藏板、龍谷大學藏至正南山書院刊本《廣韻》誤作「水濕」,《鉅宋廣韻》、《五音集韻》亦誤作「水濕」。

（4）桂馥曰：「寒」當為「塞」。本書：「陒，塞也。」成六年、襄九年《左傳》並作「墊隘」，本書「墊」下引亦作「墊隘」。《九經字樣》云：「《傳》『虁隘』，經典相承作墊。」馥案本書當云「《春秋傳》曰『虁陒』」，後人加「讀若」字，又改虁為墊。

（5）王筠曰：桂氏曰：「寒當為塞，本書：『陒，塞也。』」筠案：此說由《九經字樣》悟（悞—誤）人，然如此則字不當從雨，姑存之。此（引者按：指「早霜」）尚為第二義，足知不作「塞」也矣。桂氏曰「成六年」云云。筠案：段氏謂唐元（玄）度為杜撰，亦恐未然，蓋是借字。

（6）葉德輝曰：按《土部》：「墊，下也。《春秋傳》曰『墊隘』。」蓋虁、墊均從執得聲。

（7）邵瑛曰：此字（引者按：指「虁」字）《九經字樣》以為「墊」之正字。今按：《說文》自有「墊」字，《土部》云：「墊，下也。《春秋傳》曰『墊隘』。」則「墊隘」之墊，正字當作「墊」，不作「虁」也。且《說文》於「虁」下云「讀若《春秋傳》『墊陒』」，則「虁」之與「墊」，但聲同耳，非實為墊隘義也。元（玄）度之言似不足信〔註3〕。

（8）馬敘倫曰：吳穎芳曰：「虁，凍之轉。」桂馥曰：「寒當為塞。『讀若』句本作『《春秋傳》曰虁陒』，後人加『讀若』，又改虁為墊。」倫按甲文有「🌧」字，王襄釋為「風雨」。葉玉森謂其同版上仍有一「🌳」字，從木；又謂卜詞「尞」一作「✳」，兩手舉尞。則觀火之向，即知風之向。故古「風」字從卂從尞。「✳」乃「尞」省。倫謂如葉說，則「🌳」即伯尞尊之「🔥」，即本書之「蒸」，亦即「燎」之初文也。「🌧」蓋從雨🌳聲，即此字。「燎」聲宵類，對轉談，故音都念切。《土部》「墊」字蓋亦從🌳得聲，轉寫訛為「執」耳〔註4〕。

（9）張舜徽曰：虁篆從雨，自以訓寒為是。許云「或曰早霜」，亦寒義之引申也。下云「讀若墊陒」，特謂虁音與「墊陒」之墊音同耳。本書《土部》：「墊，下也。」凡所居卑下則寒，高亢則煖，寒與下義實相因也〔註5〕。

〔註3〕段玉裁《說文解字注》，桂馥《說文解字義證》，王筠《說文解字句讀》，葉德輝《說文讀若考》，邵瑛《說文解字群經正字》，並收入丁福保《說文解字詁林》，中華書局1988年版，第11378頁。

〔註4〕馬敘倫《說文解字六書疏證》卷22，上海書店1985年版，本卷第35頁。

〔註5〕張舜徽《說文解字約注》，華中師範大學出版社2009年版，第2841頁。

（10）胡吉宣曰：「霻」與「墊」通〔註6〕。

（11）宋為霖曰：霻讀若蓻，同從執聲〔註7〕。

2. 張自烈、段玉裁、邵瑛、張舜徽謂許君引「墊阨」擬其音，是也。唐玄度謂「霻」與「墊」是一字，葉德輝、胡吉宣謂「霻與墊通」，皆非是。桂馥改《說文》，大誤，王筠已經指出「塞」義不得從雨。吳穎芳謂「霻，凍之轉」，亦是無稽之談。馬敘倫所說，全是臆測，妄改《說文》本文。張舜徽謂「霻」當訓寒，亦是，但謂「早霜亦寒義之引申」則俱矣，「寒」是「早霜」的結果，當云「寒」是引申義。「小濕」亦是「早霜」的結果。

3. 宋為霖說「霻讀若蓻」，是也。《初學記》卷2、《御覽》卷14、《六帖補》卷1引《說文》「霻，早霜」，並有注：「竹入反。」「竹入反」與《廣韻》音「陟立切」同。《御覽》卷34引《說文》「霻，寒也」，有注：「丁念切。」「霻」從雨取義，指霜雪；從執得聲，本當讀「竹入反」或「陟立切」，許君霻讀墊，字書、韻書又音「丁念切」、「都念切」、「他念切」或「丁頰切」、「都頰切」、「的協切」，則皆音之變，所謂陽入對轉也，《集韻》因出俗字作「霻」，「霻」是隸古定寫法。霻之言蓺、蓻；早霜謂霜雪不時，早降也。《說文》：「蓻，至也。從女執聲。《周書》曰：『大命不蓻。』讀若摯。」所引《周書》見《西伯戡黎》，今本作「摯」，《釋文》：「摯，音至，本又作蓻。」《史記·殷本紀》作「至」。蔣斧印本《唐韻殘卷》引《字統》：「蓻，之入反，至也。」《爾雅》：「摯，臻也。」郭璞注：「摯，至也。臻，至也。」《禮記·月令》：「行冬令則水潦為敗，雪霜大蓻，首種不入。」《呂氏春秋·孟春紀》「雪霜」作「霜雪」，餘同。《大唐開元禮》卷99引《月令》「蓻」作「至」，唐·李淳風《乙巳占》卷4亦作「至」。「大蓻」猶言大至，大降。此即「霜蓻」連文之證。霜雪早降的專字，因作「霻」字。

4. 從「執（執）」得聲之字多有下義。

（1）《說文》：「墊，下也。」其字從土，謂地之下降也。《集韻》：「墊，地下。」字亦作埝，《方言》卷13：「埝，下也。」郭璞注：「謂陷下也。」《玉篇》：「埝，陷也。」《集韻》：「墊，或作埝。」「墊」既音變讀如店，故亦易其聲符從念作「埝」，又或易其聲符從占作「阽」、「坫」。朱駿聲曰：「執、占一

〔註6〕 胡吉宣《玉篇校釋》，上海古籍出版社1989年版，第3886頁。

〔註7〕 宋為霖《說文漢讀通叚說》，《制言》第54期，1939年版，本文第14頁。原文「同」字誤重，茲徑刪一「同」字。

聲之轉。」〔註8〕《後漢書·郭太傳》：「嘗於陳、梁間行遇雨，巾一角墊。」
《高士傳》卷下同，《御覽》卷687引《郭林宗別傳》「墊」作「坫」，字同；
《御覽》卷10引《後漢書》誤作「蟄」，《御覽》卷508引《高士傳》誤作「蟄
（墊）」，《書鈔》卷127引《別傳》誤作「沾」，《類聚》卷67引《別傳》誤作
「霑」。另詳下文。

（2）《說文》：「窫，屋傾下也。」《廣雅》：「窫，下也。」《方言》卷6：
「墊，下也。屋而下曰墊。」此則借墊為窫。《玉篇》：「窫，下也，或為墊。」
朱駿聲曰：「土陷曰墊，猶屋陷曰窫也。」〔註9〕

（3）《說文》：「蟄，藏也。」《廣雅》：「蟄，藏也。」王念孫曰：「墊者，
下之藏也。」〔註10〕朱駿聲曰：「墊，叚借為蟄。」〔註11〕蟄謂蟲之下伏，亦
借墊為之，或省作執。

（4）《說文》：「輊，抵也。」徐鍇《韻譜》作「車低也」，「抵」當作「低」，
《玉篇殘卷》引正作「輊，伍（『低』俗字）也」，顧野王按語說「車前低頓曰
輊」。《廣雅》亦作「輊，低也」。P.2011王仁昫《刊謬補缺切韻》：「輊，車前
重，亦作輕。」謂車前重而低下也。字亦作墊，雙聲符字。大徐本、段玉裁、
朱駿聲、苗夔、王玉樹、錢坫、高翔麟、邵瑛改「輊」上部從「埶」〔註12〕，
非是。上博簡（四）《柬大王泊旱》簡18：「邦家以軒輘。」「輘」字圖版作「▨」，
正從執。所加「女」字是飾筆，「輘」即「輊」字，斷無可疑。《周禮·考工記》：
「既節軒摯之任。」《儀禮·既夕》：「志矢一乘，軒輖中亦短衛。」鄭玄注：
「輖，摯也。」皆借「摯」字為之，字亦從執。

（5）《說文》：「墊，至也。從女執聲。《周書》曰：『大命不墊。』讀若
摯。」猶言下降而至，字亦作摯，見上文。段玉裁、朱駿聲、王鳴盛改「墊」
上部從「埶」，非是，徐承慶、張文虎已駁段說〔註13〕。《玉篇》、《集韻》引

〔註8〕 朱駿聲《說文通訓定聲》，武漢市古籍書店1983年版，第113頁。
〔註9〕 朱駿聲《說文通訓定聲》，武漢市古籍書店1983年版，第113頁。
〔註10〕 王念孫《廣雅疏證》，收入徐復主編《廣雅詁林》，江蘇古籍出版社1992年版，
第301頁。
〔註11〕 朱駿聲《說文通訓定聲》，武漢市古籍書店1983年版，第113頁。
〔註12〕 段玉裁《說文解字注》，朱駿聲《說文通訓定聲》，苗夔《說文解字繫傳校勘
記》，王玉樹《說文拈字》，錢坫《說文解字斠詮》，高翔麟《說文字通》，邵瑛
《說文解字群經正字》，並收入丁福保《說文解字詁林》，中華書局1988年版，
第13879～13880頁。
〔註13〕 段玉裁《說文解字注》，朱駿聲《說文通訓定聲》，王鳴盛《蛾術編》，徐承慶

《說文》並作「勢」。蔣斧印本《唐韻殘卷》引《字統》:「勢,至也。」

（6）《說文》:「慹,悑也。」《玉篇》:「慹,怖也。」《莊子·田子方篇》《釋文》引司馬彪曰:「慹,不動貌。」言心之下服,故為恐懼義,引申則為凝立不敢動之義。

（7）《說文》:「鷙,馬重皃。」《史記·晉世家》:「惠公馬鷙不行。」《索隱》:「鷙音竹二反,謂馬重而陷之於泥。」「鷙」謂馬重陷於泥淖。

（8）《說文》:「淔,雨下也。」《廣韻》:「漐,汗出貌。」《集韻》:「漐,漐漐,小雨。」言水之下流。《金匱要略·嘔吐噦下利病脈證治》:「遍身漐漐微似有汗者。」《傷寒論·辨脈法》:「漐然汗出也。」又「若汗漐漐自出者,明日便解矣。」胡文英曰:「漐漐,滑貌,吳中形滑曰『光滑漐漐』。」〔註14〕胡氏所言,是引申義。

（9）《說文》:「阽,壁危也。」牆壁下墮,故為危義。《漢書·文帝紀》顏師古注:「阽,近邊欲墮之意。」又《食貨志》顏師古注:「阽危,欲墜之意也。」

（10）《說文》:「聑,小垂耳也。」《集韻》引同,《玉篇》引作「小耳垂」,又引《埤倉》亦同,當據 P.2609《俗務要名林》、《廣韻》作「耳小垂」。

（11）P.2011 王仁昫《刊謬補缺切韻》、《廣韻》:「眙,目垂。」P.3808:「眹眼憐伊圖守護,誰知反吠主人公。」「眹」是「眙」同音借字〔註15〕。

（12）P.4785:「脪痁宜秋漏,□□面暮愁。」P.3906《碎金》:「口哆脪:丁我反。」P.2011 王仁昫《刊謬補缺切韻》:「哆,脪垂。」「痁」指脪垂。

霜雪下降謂之霤,地面下降謂之墊、埝,房屋下降謂之窴、墊,蟲之下伏謂之蟄、墊,下降謂之勢、摯,車前重而低下謂之輊、輖,心之下服謂之慹,汗水下流謂之漐、漐,馬重陷謂之鷙,牆壁下墮謂之阽,耳垂謂之聑,目垂謂之眙、眹,鼻垂謂之齂,脪垂謂之痁,語源皆同。

5.《說文》:「蓻,艸木不生也。一曰茅芽。」《集韻》、《類篇》引同。段玉裁曰:「蓻之言蟄也,與薄反對成文。《玉篇》云『艸木生皃』,未知孰是?」

《說文解字注匡謬》,張文虎《舒藝室隨筆》,並收入丁福保《說文解字詁林》,中華書局 1988 年版,第 12168～12169 頁。張文虎《舒藝室隨筆》見卷 3。

〔註14〕胡文英《吳下方言考》卷 11,收入《續修四庫全書》第 195 冊,上海古籍出版社 2002 年版,第 99 頁。

〔註15〕參見蕭旭《敦煌變文校補（二）》,收入《群書校補（續）》,花木蘭文化出版社 2014 年版,第 1421 頁。

桂馥曰：「篆文當從『蓻』。『不』當為『才』。蓻，子習切，草木生貌。蓻，魚制切，種蒔也。形聲雖異，實一字重出。」王筠曰：「『不』當作『才』。《玉篇》：『艸木生兒。』《廣韻》：『艸生多兒。』皆無不生之說。」錢坫曰：「《玉篇》、《廣韻》云云，與『不生』之義相反，當有譌。」鈕樹玉曰：「『不』字疑衍。《左昭十六年傳》：『有事於山蓻山林也。』杜預注：『蓻，養護令繁殖。』」王引之亦據《玉篇》謂「不」字衍〔註16〕。張文虎曰：「《玉篇》蓋本許書，此文『不』字當即『木』字之譌衍。《義證》謂『蓻』當從『埶』，即經典蓻字……則經典蓻字許書自作埶，埶為持種，蓻為艸木生，非一字也。」〔註17〕馬敘倫引翟雲升說亦謂當作「蓻」，從桂、翟說，又云：「『蓻』字蓋出《字林》……此訓艸木生也，蓋亦《字林》之義，本訓亡矣。或曰：《廣韻》作『艸生多貌』，蓋本許書。以字次求之，此訓是也。蓋蓻、蓻並有其字，此字不譌，但訓說解有譌耳。倫謂此下文『荺』訓艸多貌，而音與『蓻』同紐，以此證之，則《廣韻》蓋並蓻、荺之訓為一，或其所據本已譌。若是許訓，止當作『艸多貌』矣。」〔註18〕張舜徽曰：「『不』當為『丕』之脫筆字，《廣韻》云：『艸生多貌。』與『丕生』意同。」〔註19〕胡吉宣曰：「桂說是也，二徐訛為蓻，《廣益玉篇》又依誤本《說文》增蓻字。字從埶，與義不相應。」〔註20〕鈕樹玉所引《左傳》「山蓻」，當是「山蓻」之誤，《釋文》：「蓻，音藝。」是其證也。《白氏六帖事類集》卷23、《通志》卷91、《冊府元龜》卷241引正作「蓻」字〔註21〕，《類聚》卷100、《御覽》卷879、《記纂淵海》卷5、《冊府元龜》卷733引作「藝」，「蓻」即「藝」省文。《御覽》卷35、42引《左傳》已誤作「山蓻」。「蓻」、「蓻」自是二字，張文虎、馬敘倫謂《說文》「蓻」字不誤是也；黃侃亦指出「《說文》不誤」〔註22〕，但無解說。桂馥、翟雲升

〔註16〕王引之《經義述聞》卷20，（臺北）世界書局1975年版，第482頁。

〔註17〕段玉裁《說文解字注》，桂馥《說文解字義證》，王筠《說文解字句讀》，錢坫《說文解字斠詮》，鈕樹玉《說文解字校錄》，張文虎《舒蓻室隨筆》，並收入丁福保《說文解字詁林》，第1730～1731頁。桂馥說又見《札樸》卷8，中華書局1992年版，第330頁。張文虎《舒蓻室隨筆》見卷2。

〔註18〕馬敘倫《說文解字六書疏證》卷2，上海書店1985年版，本卷第96頁。

〔註19〕張舜徽《說文解字約注》，華中師範大學出版社2009年版，第197頁。

〔註20〕胡吉宣《玉篇校釋》，上海古籍出版社1989年版，第2654頁。

〔註21〕《白帖》在卷82。

〔註22〕黃侃《說文解字斠詮箋識》，收入《說文箋識》，中華書局2006年版，第326頁。

二字不別，非是。桂馥、王筠改釋文「不生」作「才生」，張文虎改作「木生」，鈕樹玉、王引之改作「生」，張舜徽改作「丕生」，亦皆未得。余以同源詞考之，「薿」當訓「艸木下生」，「不」為「下」形譌。「艸木下生」謂艸木濕生，低下處所生者也。濕生之艸木必繁多，故《玉篇》云「艸木生皃」，《廣韻》云「艸生多皃」。《玉篇》：「墊，都念切。《虞書》曰：『下民昏墊。』言天下民昏瞀墊溺，皆困水災。或作薿。」所引《虞書》見《益稷》，孔疏：「墊是下濕之名。」《玉篇》以「薿」為「墊」異體，良有以也。《篆隸萬象名義》卷 4：「薿，草初萌。」蓋是臆說。敦煌寫卷 P.3696V《箋注本切韻》：「薿，種。」此「薿」是「蓺」形譌。某氏曰：「《管子·幼官》：『著於取與之分，則得地而不薿。』薿即薿，謂得其地而可辟田以取稅，與荒地異。」〔註23〕其說亦非。尹知章注：「薿，謂不怰薿。」王念孫改「薿」作「報」，安井衡、俞樾讀薿為墊〔註24〕。支偉成取尹注，王仁俊、顏昌嶢取王說，黎翔鳳取俞說〔註25〕。俞說是。上博簡（二）《容成氏》簡 14「舜於是乎始挽（免）薿幵（攜）耨」，又簡 15「芙薿□疋□……」，與《說文》之「薿」當非一字〔註26〕。

6. 根據以上的考證，我們可以訂正字書、韻書中的幾個錯字。

（1）《說文》：「暬，日狎習相慢也。從日執聲。私列切。」段玉裁、朱駿聲改字頭作「暬」，「執聲」作「埶聲」，段氏云：「各本篆作『暬』，『埶聲』作『執聲』，《五經文字》亦誤，今正。」桂馥、沈濤、苗夔說同，鈕樹玉從段說，王筠從桂說。張舜徽從段、桂說，並云：「暬從埶聲，埶即樹藝之藝，與『昵』音近，故『昵』、『暬』義又相通。」馬敘倫說略同〔註27〕。徐承慶指出：「段注因執聲與私列切不協，以意改篆，經傳未有從埶者。」〔註28〕

〔註23〕 某氏《說文補證》，收入丁福保《說文解字詁林》，中華書局 1988 年版，第 16237 頁。

〔註24〕 諸說並見郭沫若《管子集校》，科學出版社 1956 年版，第 140 頁。

〔註25〕 支偉成《管子之研究》卷 3，收入《民國叢書》第 5 編，東泰圖書局 1924 年版，第 55 頁。王仁俊《管子集注》卷 3，收入《續修四庫全書》第 971 冊，上海古籍出版社 2002 年版，第 75 頁。顏昌嶢《管子校釋》，嶽麓書社 1996 年版，第 89 頁。黎翔鳳《管子校注》，中華書局 2004 年版，第 180 頁。

〔註26〕 簡文「薿」字，陳劍讀為笠，參見白于藍《戰國秦漢簡帛古書通假字彙纂》，福建人民出版社 2012 年版，第 590 頁。

〔註27〕 張舜徽《說文解字約注》，華中師範大學出版社 2009 年版，第 1647 頁。馬敘倫《說文解字六書疏證》卷 13，上海書店 1985 年版，本卷第 25 頁。

〔註28〕 段玉裁《說文解字注》，朱駿聲《說文通訓定聲》，桂馥《說文解字義證》，沈濤《說文古本考》，苗夔《說文解字繫傳校勘記》，鈕樹玉《說文解字校錄》，

蔣冀騁曰：「『執』在緝部而讀私列切，正是黃季剛先生所說的唇舌通轉現象，並非非聲。『瓥』與『媟』音義皆同，『瓥』從執聲讀私列切，猶『媟』之從葉而讀私列切也。執緝部，葉亦緝部。是『瓥』從執聲不誤，《玉篇》、《切韻》殘卷（P.3799）此字作『瓥』，皆從執，與今本《說文》同，可為佐證，段改誤。」〔註29〕徐、蔣說「瓥」不誤，是也。《繫傳》：「瓥，義與『媟』同。」《玉篇》：「瓥，或作『媟』。」《玄應音義》卷10：「鄙褻：古文絬、媟、瓥、渫四形，同。」又卷11：「媟嬻：古文絬、媟、瓥、渫四形，今作廝，同。」「瓥」與「媟」、「渫」同，則當從「執」無疑。「蟄」同「蹀」，「瓥」同「喋」，「熱」同「傑」〔註30〕，皆其比也。《五經文字》卷下：「瓥，與『褻』同。」「褻」亦當從「執」作「褻」或「褻」，形之誤也。瓥訓曰狎習相慢，取下色為義。字亦省作「執」，《墨子·尚賢中》：「《詩》曰：『告女憂卹，誨女予爵（爵）。孰能執熱，鮮不用濯。』則此語古者國君、諸侯之不可以不執善承嗣輔佐也。」孫詒讓曰：「執猶親密也。《曲禮》云：『執友稱其仁也。』鄭注云：『執友，志同者。』《呂氏春秋·遇合篇》云：『故嫫母執乎黃帝。』《列女傳》云：『衒嫁不售，流棄莫執。』執並與親義相近。此執善亦言親善也。」〔註31〕裴學海從孫氏之說〔註32〕。

（2）《說文》：「鷙，羊箠，耑有鐵。從金執聲，讀若至。」《繫傳》本從執作「鷙」，云：「鷙，羊箠也，端有鐵。從金執聲，讀若至。」鈕樹玉曰：「《繫傳》當不誤，《廣韻》作『鷙』，引同。」葉德輝曰：「『鷙』、『至』古音同。《書·西伯戡黎》：『大命不摯。』《史記·殷本紀》作『大命不至』。《周禮·春官·大宗伯》注：『摯之言至。』《禮記·曲禮下》凡『摯』注『摯之言至也』。」徐灝曰：「『羊』下奪『車』字，《竹部》：『箯，羊車騶箠也，箸箴其耑，長半分。』與此音義同。《繫傳》作『鷙』從執聲。以聲求之，執聲

王筠《說文解字句讀》，徐承慶《說文解字注匡謬》，並收入丁福保《說文解字詁林》，第6851頁。

〔註29〕蔣冀騁《段注改篆評議》，湖南教育出版社1993年版，第67頁。

〔註30〕《慧琳音義》卷95：「蹀躞：上恬協反，《說文》作『瓥』，從足執聲。」《說文繫傳》：「瓥，今俗作蹀。」另參見王念孫《廣雅疏證》，收入徐復主編《廣雅詁林》，江蘇古籍出版社1992年版，第69頁。朱駿聲《說文通訓定聲》，武漢市古籍書店1983年版，第113頁。

〔註31〕孫詒讓《墨子閒詁》，中華書局1986年版，第51～52頁。其說又見孫氏《札迻》卷6《呂氏春秋高誘注》，中華書局1989年版，第197～198頁。

〔註32〕裴學海《評高郵王氏四種》，《河北大學學報》1962年第2期，第96頁。

古音在齊部，與內聲、叕聲同部，執聲則在侵部，『鏊』與『笍』音義同而字又作『錣』，則似從執為長。」〔註33〕《說文》明云「讀若至」，則字當從「執」得聲，鈕樹玉、葉德輝說是也。「鏊」與「笍（錣）」只是義近，而非同字音轉，徐灝說非是。「鏊」是下端頭有鐵針的羊箠，從執者，正取下端為義；其端有鐵針，故又從金。《廣雅》：「鏊，椎也。」訓椎亦取尖刺有鐵針之義。訓「羊箠（捶）」之字，《廣韻·至韻》、《集韻·至韻》引《說文》並作「鏊」，蔣斧印本《唐韻殘卷》、《廣韻·緝韻》引《廣雅》並作「鏊」（今本《廣雅》解作「鏊，椎也」），《集韻·霽韻》、《緝韻》、《薛韻》並作「鏊」，《集韻·薛韻》引《廣雅》則誤作「鏊」。方成珪曰：「『鏊』譌『鏊』，據《說文》正。」〔註34〕趙振鐸引馬釗曰：「鏊從執，是也。《六至》從執，誤。《二十六緝》有『鏊』，形聲並誤矣。」〔註35〕二氏說非是。

（3）蔣斧印本《唐韻殘卷》：「蓺，奴協反，晦冥。」《廣韻·怗韻》：「蓺，奴協切，晦冥，又私列切。」謂日之下落也。《廣韻·薛韻》：「蓺，私列切，晦也。」「蓺」當是「蓺」形譌。黃侃於《廣韻》從埶從執二字未出校記〔註36〕，趙少咸於二字但列異文，未作判斷〔註37〕。周祖謨曰：「晦，段改作『侮』，並云：『「媟」同，故曰侮也。』《集韻》乃云『晦冥』。」案：段說是也。《說文》云：『蓺，日狎習相慢也。』」余迺永說同周氏〔註38〕。段說專輒，蓺訓晦冥，與《說文》訓「日狎習相慢也」的「蓺」是同形異字。

（4）P.2172《大般涅槃經音》卷42：「四蓺：埵。」高麗本《龍龕手鏡》：「蓺、𡎺、𡑓、替，四俗。埵，俗，通，丁果反，耳埵也。」其中「蓺」字，《新修絫音引證群籍玉篇》、《改併五音類聚四聲篇海》作「蓺」。「埵」是形聲兼會意字，指耳垂，耳的下端，取下垂為義。「耳埵」即今言耳朵。「蓺」是「埵」改易聲符的異體字，其字當從「執」，亦取下垂為義；從「埶」無理

〔註33〕鈕樹玉《說文解字校錄》，葉德輝《說文讀若考》，徐灝《說文解字注箋》，並收入丁福保《說文解字詁林》，中華書局1988年版，第13650～13651頁。
〔註34〕方成珪《集韻考正》卷7，收入《續修四庫全書》第253冊，上海古籍出版社2002年版，第275頁。
〔註35〕趙振鐸《集韻校本》下冊，上海辭書出版社2012年版，第936頁。
〔註36〕黃侃《黃侃手批廣韻》，中華書局2006年版，第575、629頁。
〔註37〕趙少咸《廣韻疏證》，巴蜀書社2010年版，第3377、3613頁。
〔註38〕周祖謨《廣韻校本》（下冊），中華書局2004年版，第541頁。余迺永《新校互注宋本廣韻》，上海辭書出版社2000年版，第496頁。

據可說〔註39〕。

本文承劉洪濤教授審讀，並提出修改意見，謹致謝忱！

本文作為《〈說文〉疏證（二則）》之一則，發表於《中國文字》2019 年冬季號（總第 2 期），第 81～88 頁。

〔註39〕另詳蕭旭《俗字探源舉例》。

《說文》「睰」字疏證

1.《說文》：「睰，涓目也。」《繫傳》作「睰，睊也」，徐鍇又曰：「目美也。」《玉篇》、《類篇》引作「睰，睊目也」，《篆隸萬象名義》作「睰，睊見」。「見」是「目」形譌。諸家說云：

（1）楊桓曰：睰，目病而決去其血也，許氏曰「涓目」〔註1〕。

（2）段玉裁曰：按鍇作「睊也」，鉉作「涓目也」，皆誤。假令訓睊，則當與睊字類廁。自眚而下皆係目病，《廣韻》云：「睰，目患。」可以得其解矣。《刀部》曰：「剈，一曰窫也。」此「睊也」當作「剈目」，謂窫目也。窫，下也。

（3）桂馥曰：「涓目也」者，徐鍇《韻譜》、《集韻》同，《玉篇》、《類篇》並作「睊」。鍇《繫傳》以為「目美」，未詳其義。

（4）王筠曰：涓目，似謂目病常流淚也。《廣韻》：「睰，目患也。」

（5）王筠又曰：《繫傳》作「睊也」者，蓋謂「睰」通作「睊」也。《女部》：「妜，讀若煙火妜妜。」而《火部》有「焆」無『妜』。《篇海》曰：「妜與焆同。」是夬、肙聲近可通之證。然當「睊」字句絕，再申之曰「目患也」，乃可通。

（6）朱駿聲曰：按：目窫下曰睰，含怒之視，低首側目似之，故晏子云「睰睰胥讒」也。《史記·盧綰傳》：「為群臣觖望。」《集解》：「猶冀也。」《索隱》：「猶怨望也。」以夬（觖）為之。又按：宋刊《說文》作「涓目也」，

〔註1〕楊桓《六書統》卷5，景印文淵閣《四庫全書》第227冊，臺灣商務印書館1986年初版，第128頁。

疑目病涕出。以列字次弟求之，宋本為是。

（7）田吳炤曰：按《玉篇》引作「眀目」也，是大徐作「涓」，礄係誤字；小徐又脫去「目」字。兩本皆可據《玉篇》正之。

（8）洪頤煊曰：《女部》：「姎，鼻目間貌，讀若煙火烄烄。」《火部》「焆」字注：「焆焆，煙貌。」「涓」當作「焆」，焆目謂目間出火，亦目之病也〔註2〕。

（9）馬敘倫曰：王筠說極是（引者按：指上一說，馬氏未引下說），然涓訓小流，「涓目」不可通。疑當作「痟也，目病也」〔註3〕。

（10）馬敘倫又曰：「映」字次「眵」、「矗」、「眼」、「昧」之間，蓋目有蔽垢不明之義〔註4〕。

（11）張舜徽曰：大徐本作「涓目也」，王氏以目病常流淚釋之是也。小徐本作「眀也」，蓋傳寫者誤合「涓目」為「眀」而脫去其水旁耳。許書原文果以「眀」釋「映」，自當與「眀」字比敘。觀許敘次，「映」之上下諸文皆目病。目常流淚，亦目病之一也。小徐解為「目美」，誤矣。段氏注本從小徐作「眀也」，乃謂「眀」當作「刷」，以窒目釋之，亦非。本書《水部》：「涓，小流也。」人之病目常出淚者，其流自小〔註5〕。

（12）胡吉宣曰：《說文》大徐「映，涓目也」，小徐本作「眀也」，並誤。《切韻》：「映，目患。」是映為目病，非眀眀視貌義也。本書「眀目」當為「焆目」，《說文》：「焆，焆焆，煙貌。」本書：「烄，煙出貌。」是映為目病熱若煙火出焆焆然也。《女部》：「姎，憂妭也。」《說文》：「姎，讀若煙火烄烄。」亦取譬憂妭之甚如炎如焚也〔註6〕。

2. 王筠說「映通作眀」是也，其他各說皆誤。武威漢代醫簡 84 甲：「臥不安牀，涓目泣出。」《抱朴子外篇·守塉》：「不以窺園涓目。」可證大徐本《說文》「涓目」不誤，《集韻》引亦作「涓目」。《說文》作「涓目」是用借字，

〔註2〕 洪頤煊《讀書叢錄》，段玉裁《說文解字注》，桂馥《說文解字義證》，王筠《說文解字句讀》，朱駿聲《說文通訓定聲》，田吳炤《說文二徐箋異》，並收入《說文解字詁林》，中華書局 1988 年版，第 3870 頁。洪氏《讀書叢錄》見卷9，收入《續修四庫全書》第 1157 冊，上海古籍出版社 2002 年版，第 638 頁。
〔註3〕 馬敘倫《說文解字六書疏證》卷7，上海書店 1985 年版，本卷第 36 頁。
〔註4〕 馬敘倫《老子校詁》，中華書局 1974 年版，第 507 頁。
〔註5〕 張舜徽《說文解字約注》，華中師範大學出版社 2009 年版，第 817～818 頁。
〔註6〕 胡吉宣《玉篇校釋》，上海古籍出版社 1989 年版，第 817 頁。

《玉篇》、《類篇》作「睭目」是用本字。「睭」、「涓」一音之轉，是聲訓字。

　　3. 涓，讀為睭。《說文》：「睭，視貌。」裴務齊《正字本刊謬補缺切韻》、P.2011 王仁昫《刊謬補缺切韻》、《玉篇》、《廣韻》同。《繫傳》：「睭，目睭睭也。」《集韻》：「睭，側視貌。」《孟子・梁惠王下》：「睭睭胥讒。」趙岐注：「睭睭側目相視，更相讒惡。」孫奭《音義》：「睭，字亦作詗，張古縣切，云：『側目視貌。』〔註7〕言睭睭然怒目相嫉而相讒也。」張舜徽曰：「側目相視謂不正視之，其目恒小，與小視義近。本書《肉部》：『胃，小蟲也。』睭從胃聲，故亦有小義。猶之小流謂之涓，小盆謂之銷耳。」〔註8〕張說「不正視之」是也，然謂取義於「小」則誤。「睭」的中心詞義當是「傾斜」，其字從目，指斜視。胡吉宣曰：「若以字從胃推之，似為覗察不絕之意。」〔註9〕胡說失之。怒目相視義後出專字作「狷」、「悁」，《說文》：「悁，忿也。」《玉篇》：「狷，急也。」字作詗（詢）者，《墨子・經上》：「詗，作嗛也。」孫詒讓曰：「《孟子》：『睭睭胥讒。』孫奭《音義》云：『睭，一作詗。』詗、睭、狷並同聲假借字。洪云：『字書無詗字，當與涓字同義。《說文》：「涓，小流也。」故此云作嗛也。嗛即慊字。』案：『詗』當為『獧』之借字，字又作『狷』。《論語》云：『狷者有所不為也』，故《經說上》云：『為是之詗彼也，弗為也。』狷，《孟子》作『獧』，同。作嗛者，《國策・魏策》高注云：『嗛，快也。』言狷者絜己心自快足……洪以詗為涓，非。」〔註10〕朱駿聲曰：「睭，字亦作詗。」〔註11〕側目相視，猶言竊視，亦為一種美態，故徐鍇曰「目美也」〔註12〕。目美義專字作「妖」，《說文》：「妖，鼻目間貌，讀若煙火妖妖。」《廣韻》：「妖，鼻目間輕薄曰妖也。」又「妖，娟也。」《集韻》：「妖，美貌。」怒目相視曰睭，目美亦曰睭，其義不同，而皆為側目相視則一也，其特徵是目珠偏斜〔註13〕。《古

〔註7〕　引者按，指張鎰《音釋》說。孫氏《孟子音義序》云：「為之注者，則有趙岐、陸善經；為之音者，則有張鎰、丁公著。」

〔註8〕　張舜徽《說文解字約注》，華中師範大學出版社 2009 年版，第 811 頁。

〔註9〕　胡吉宣《玉篇校釋》，上海古籍出版社 1989 年版，第 810 頁。

〔註10〕孫詒讓《墨子閒詁》，中華書局 2001 年版，第 313～314 頁。

〔註11〕朱駿聲《說文通訓定聲》，收入《說文解字詁林》，中華書局 1988 年版，第 3870 頁。

〔註12〕「脈脈」同「覛覛」、「眽眽」，目邪視兒。《說文》：「覛，衺視也。」又「眽，目財（邪）視也。」脈脈含情而視，正是美態，此是其比也。

〔註13〕凡人喜甚則高躍，怒甚亦高躍，其義不同，而皆為高躍則一也。又「窅瓥」或為媚態，或為醜態，其義似相反，而實相成。皆是其比。

文苑》卷 6 王延壽《王孫賦》：「眼睕瞷以眈睂，視瞷睫以睒睦。」「睒」正斜視義。「睂」當是「睂」異體字，亦「睒」之音轉。《史記·盧綰列傳》：「欲王盧綰，為群臣觖望。」望，怨恨。朱駿聲曰：「觖，叚借為睒。」〔註14〕朱說是也，瞿方梅、吳國泰說同〔註15〕，觖亦怒目嫉妒義。俗字亦作揪，《等目菩薩所問三昧經》卷上：「禮足彼諸如來，以盡身之化而揪，以其恭肅，而問諸佛法。」《龍龕手鑑》：「揪，揪目也。」「揪」謂不敢正視，狀恭肅之貌也。

4. 目珠偏斜的疾病亦稱作「睊目」，亦取斜視為義。《鍼灸甲乙經》卷 12：「睊目，水溝主之。」《備急千金要方》卷 15 同。《外臺秘要方》卷 39：「水溝：主鼻不能息，不知香臭，衄不止，口噤喎僻，睊目。」《巢氏諸病源候總論》卷 28：「睊目者，是風氣客於瞼眥之間，與血氣津液相搏，使目眥痒而淚出，目眥恒濕，故謂之睊目。」明人王肯堂《證治準繩》卷 16：「雙目睛通，亦曰睊目。《甲乙經》云：『睊目者，水溝主之。』此證謂幼時所患目珠偏斜，視亦不正，至長不能愈。」王氏得其語源，巢氏說失之。敦煌寫卷 P.2011 王仁昫《刊謬補缺切韻》卷 4、S.11383A《切韻箋注》、裴務齊《正字本刊謬補缺切韻》、蔣斧印本《唐韻殘卷》並云：「睒，目患。」此《廣韻》、《龍龕手鏡》所本。「睒」訓目患者，即「睊目」之病，其症狀是目珠偏斜，雙目睛通。許書原文「睒」字上下各字皆訓目病，其體例自不亂，特諸家未得「睊目」之誼耳。張延昌曰：「睊目，淚水不自主流出。」〔註16〕其說非是。

5. 馬王堆帛書《刑德占》甲篇：「其甲也，距（距）雞鳴以至市行，則旬八日而戰；市行至日下睊，五旬五日；距（距）下睊以至靜人，則四旬三日。」亦見帛書《刑德占》乙篇。「日下睊」或「下睊」是時段名詞，其取義與「日睒」、「日施」並同，所指當是同一時段。「日睒」謂日不正，「日施」謂日斜行。帛書這裏有四個時段，是「雞鳴」、「市行」、「日下睊」、「靜人」，分別對應清晨、中午、傍晚、半夜。「日下睊」就是「日睒」、「日施」所指的傍晚時分，指太陽快下山的時候。胡文輝曰：「睊、潤古音完全相同，疑『睊』通『潤』。『日下睊』即『日下潤』，可能相當於『日入』。」〔註17〕其說非是。劉樂賢曰：「睊可讀為睕，《集韻》：『睕，景睒也。』『日下睊』、『下睊』應即

〔註14〕朱駿聲《說文通訓定聲》「夬」字條，武漢市古籍書店 1983 年版，第 662 頁。
〔註15〕瞿方梅《史記三家注補正》卷 7，《學衡》第 57 期，1926 年版，第 3 頁。吳國泰《史記解詁》第 3 冊，1933 年成都居易簃叢著本，本冊第 61 頁。
〔註16〕張延昌主編《武威漢代醫簡注解》，中醫古籍出版社 2006 年版，第 133 頁。
〔註17〕胡文輝《中國早期方術與文獻叢考》，中山大學出版社 2000 年版，第 207 頁。

『日下昳』、『下昳』。」〔註18〕其說時段雖是，而讀涓為睕則誤。古書用「睕晚」疊韻為詞，「睕」即「晚」字音變。黃文傑曰：「《刑德》乙本之『市行』、『日下涓（下涓）』、『夕』是否分別相當於《居延新簡》之「蚤食」、「日下舖（下舖）」、『夜食』，尚有待進一步論證。」〔註19〕「日下涓」當就是「日下舖」的時段，而所取義則不同。「日下涓」是擬人用法，指太陽向下斜視，已經不在天空正中。「涓」亦是「眀」的借字。

6.《說文》：「疢，瘑也。」〔註20〕又「瘑，口喎也。」「眀」指目歪斜，「疢」指口歪斜，其義一也。又音轉作「夏」，《說文》：「夏，頭衺骪夏態也。」《廣雅》：「夏，衺也。」《廣韻》：「夏，頭傾貌。」指頭歪斜。《說文》：「莖，缺盆也。」莖、缺為聲訓。《集韻》：「呑，姓也。《炔氏譜》：『桂貞為秦博士，始皇阬儒，改姓呑。其孫溢避地朱虛改為炔。弟四子居齊改為炔。今江東名桂姓。』一曰漢有城陽炔橫，漢末被誅。有四子，一守墳墓姓炔，一避難徐州姓呑，一居幽州姓桂，一居華陽姓炔。」「一曰」以下亦見《廣韻》「桂」字條。「炔」、「桂」音轉。《楚辭·離騷》：「恐鵜鴂之先鳴兮。」P.2494《楚辭音》作「鶗鴂」，云：「鴂，又鴂，同。」《史記·曆書》《索隱》、《後漢書·張衡傳》李賢注引作「鶗鴂」，《爾雅翼》卷14、《增韻》卷4引作「鵜鴂」。《漢書·揚雄傳》《反離騷》：「徒恐鵜鴂之將鳴兮。」《類聚》卷56引《反騷》作「鵜鴂」。顏師古注：「鴂，鴂字也。」《集韻》：「鴂、鴂，鵜鴂，或從夬。」《宋景文筆記》卷中引蘇林說「鵜鴂」音殄絹，洪興祖《楚辭補注》「鵜鴂」音殄絹。《古文苑》卷3枚乘《梁王菟園賦》：「昆雞蜺蛙。」章樵註：「蜺蛙，音題決，一音第桂，字本作題鴂，或作鵜鴂，子規鳥也。」《玉篇》：「鵑，鵜鴂也，又名杜鵑。」《類聚》卷3引《臨海異物志》：「鶗鴂一名田鵑。」「鶗鴂」即「子鴂」，又作「子規」，又名「子鵑」、「杜鵑」。《史記·魯仲連列傳》「棄忿悁之節」，《戰國策·齊策六》、《長短經·七雄略》「悁」作「恚」。《廣雅》：「鵜鴂，子鴂也。」各版本同，曹憲《音解》鴂音規。「鴂」當是從規省

〔註18〕劉樂賢《簡帛數術文獻探論（增訂版）》，中國人民大學出版社2012年版，第84頁。

〔註19〕黃文傑《馬王堆帛書〈刑德〉乙本文字釋讀商榷》，《中山大學學報》1997年第3期，第118頁。

〔註20〕《集韻》引同，宋本《廣韻》引「瘑」作「為」。余迺永曰：「《王一》、《全王》、鉅宋本、巾箱本、棟亭本、元建刊本、泰定本作『瘑』，合《說文》。」澤存堂本、林尹校訂本引亦誤作「為」，符山堂藏板、至正南山書院刊本引又誤作「搗」。余迺永《新校互注宋本廣韻》，上海辭書出版社2000年版，第492頁。

聲，《玉篇》作「鴷」。王念孫曰：「鵖，與『鶾』同，或作『規』。」錢大昭
說略同〔註21〕。《史記‧曆書》：「於時冰泮發蟄，百草奮（權）興（輿），秭
鵖先滜。」《集解》引徐廣曰：「秭音姊，鵖音規。子鵖鳥也，一名鶗鴂。」
張文虎曰：「中統、毛本『鵖』，它本作『鴂』。」水澤利忠一承張說〔註22〕，
未作判斷。中華書局新點校本作「鵖」，而無校記〔註23〕。北宋景祐監本作
「鵖」，南宋黃善夫本、南宋紹興本、南宋淳熙本、宋乾道本作「鴂」，《爾雅
翼》卷 14、《能改齋漫錄》卷 4、《玉海》卷 9、《班馬字類》卷 1、《增韻》
「滜」字條、《嘉祐雜志》、《六書故》「鵖」字條引亦作「鴂」。王叔岷曰：「《索
隱》單本、黃善夫本『鵖』並誤『鴂』。」〔註24〕其說未確，作「鴂」亦不誤。
「鵖」與「鴂」音轉。《御覽》卷 923 引《蜀王本紀》：「望帝去時，子鵑鳴，
故蜀人悲。子鵑鳴而思望帝。望帝，杜宇也。」「秭鵖先滜」即《離騷》之「鵜
鴂先鳴」也。北魏《宣恭趙王墓誌》：「天不崇德，鵙鴂先吟。」用典《離騷》，
字作「鵙鴂」亦不誤。《說文》：「刲，一曰窐也。」段玉裁曰：「窐與刲音義
通。」〔註25〕《廣雅》：「圭，潔也。」「圭」通「湦」。《說文》：「窐，甈空也。」
《御覽》卷 758 引《通俗文》：「甕下孔曰甈。」蔣斧印本《唐韻殘卷》：「甈，
盆底孔。」「窐」同「甈」。《集韻》：「炔」同「焆」，「餷」同「餲」〔註26〕；

〔註21〕 王念孫《廣雅疏證》，錢大昭《廣雅疏義》，並收入徐復主編《廣雅詁林》，江
蘇古籍出版社 1992 年版，第 977～978 頁。

〔註22〕 張文虎《校刊史記集解索隱正義札記》，中華書局 1977 年版，第 310 頁。水
澤利忠《史記會注考證校補》，廣文書局 1972 年版，第 1253 頁。

〔註23〕 司馬遷《史記》（修訂本），中華書局 2014 年 1 月重印本，第 1493 頁。

〔註24〕 王叔岷《史記斠證》，中華書局 2007 年版，第 1076 頁。

〔註25〕 段玉裁《說文解字注》，上海古籍出版社 1981 年版，第 180 頁。

〔註26〕 ①《初學記》卷 28 引《廣志》：「真定御梨大若拳，甘若蜜，脆若凌（菱），可
以解煩釋餷。」《事類賦注》卷 27 引魏文帝詔「餷」作「焆」。《類聚》卷 86
引「餷」誤作「飴」，《御覽》卷 969、《證類本草》卷 23 引誤作「渴」。②《類
聚》卷 87 引魏文帝詔群臣曰：「（蒲萄）味長汁多，除煩解餷。」《御覽》
972 引同，《證類本草》卷 23 引作「焆」。③《御覽》卷 978 引王廙《洛都賦》：
「（瓜）消暑湯餷，解渴療飢。」《事類賦注》卷 27、《本草綱目》卷 33 引「湯
餷」作「蕩焆」（《全晉文》卷 20 改「湯餷」作「蕩穢」，毫無根據）。④《列
子‧楊朱篇》「心瘝體煩」，「瘝」即「餷」，亦煩也。⑤《說文》：「餷，猒也。」
蔣斧印本《唐韻殘卷》：「餷，饜飽。」裴務齊《正字本刊謬補缺切韻》：「餷，
饜飽。」《玉篇殘卷》「饙」字條引《呂氏春秋》伊尹曰：「甘而不餷，肥而不
饋。」《類聚》卷 86 引夏侯湛若《石榴賦》：「雪醒解餷，怡神實氣。」《齊民
要術》卷 8：「恣意飽食亦不餷。」《初學記》卷 28 引傅玄《瓜賦》：「豐旨絕
異，食之不餷。」《類聚》卷 82 引庾肩吾《謝賚菱啟》：「含露蒲桃，懃其不

「焆」、「娃」同訓明，當是異體字〔註27〕。皆從圭從夬從肙音轉之證。吳其昌亦早指出「鵑」、「鴰」、「鳩」相通轉〔註28〕。《說文》：「圓，規也，從口，肙聲。」此是聲訓。傳本《歸藏》「規」卦〔註29〕，即《周易》「夬」卦，「規」聲「圭」聲相通，亦其音轉之證。《埤雅》卷9：「杜鵑似非鵑鳩。」其說誤矣。「夬」音轉又作「頃」，俗作「傾」，《說文》：「頃，頭不正也。」音轉又作「奚」，《家語・論禮》：「是以正明目而視之，不可得而見；傾耳而聽之，不可得而聞。」《禮記・孔子閒居》同，上博竹簡（二）《民之父母》簡6「傾」作「奚」。諸家讀奚為傾〔註30〕。

7. 附帶討論一下「規」字的字形分析。舊說「規」是會意字，陳劍不同意，他提出新說，認為「規」字應分析為「從矩省、見聲」〔註31〕，我不贊同

餂。」諸「餂」均屬飽義，有四說，「餂，猒也」是聲訓，《說文》：「猒，飽也。從甘從肰。肰，猒或從昌。」「猒」、「猒」本當從肙從犬，是形聲字，而不是會意字，疑《說文》分析字形錯誤。「猒」在西周金文及戰國楚簡、西漢簡帛中多從「口」。「口」誤作「甘」、「曰」，復誤作「昌」。馬王堆帛書《老子》甲本「猒」作「𣢜」，乙本「猒」作「𣢜」、「𣢜」，北大漢簡《蒼頡篇》「猒」作「𣢜」，是標準的寫法；郭店楚簡《緇衣》簡46「猒」作「猒」形，其左上「卜」形是羨筆。此一說也。段玉裁、王筠並說「餂」乃「厭棄之意」，則是讀餂為捐，此二說也。《楚辭・大招》「不遟噬只」，王逸注：「噬，餂也，令人不餂滿也。」「噬，餂也」亦是聲訓，噬之言溢也，溢滿之義，此三說也。《集韻》：「餂、饎：飫也。賈思勰曰：『飽食不餂。』或從恚。」餂、饎一聲之轉，則是煩悶、憂恚義，此四說也。猒飽則捐棄，則煩悶，其義相因。段玉裁《說文解字注》，王筠《說文解字句讀》，並收入丁福保《說文解字詁林》，中華書局1988年版，第5390頁。

〔註27〕《方言》卷12：「娃，明也。」《文選・江賦》李善注引《蒼頡篇》：「焆，明也。」
〔註28〕吳其昌《說「椐橫」聲例》，《國專校友會集刊》第1期，1931年版，第43～44頁；又刊於《金陵學報》第10卷第1、2期合刊，1940年版，第88頁。
〔註29〕馬國翰《玉函山房輯佚書・易類・歸藏》，收入《續修四庫全書》第1200冊，上海古籍出版社2002年版，第484頁。
〔註30〕何琳儀《滬簡二冊選釋》、黃德寬《〈戰國楚竹書（二）〉釋文補正》、劉樂賢《讀上博簡〈民之父母〉等三篇札記》、孟蓬生《上博竹書（二）字詞札記》皆已指出「奚當讀傾」，四文皆見簡帛研究網，分別見2003年1月10日及1月14日、1月21日，前二文又載《學術界》2003年第1期，第85、79頁。孟蓬生指出「夬」亦同源，其文又正式發表於《上博館藏戰國楚竹書研究續編》，上海書店出版社2004年版，第472～473頁。劉信芳《楚簡帛通假彙釋》亦指出「奚」與「傾」通，高等教育出版社2011年版，第261頁。
〔註31〕陳劍《說「規」等字並論一些特別的形聲字意符》，《源遠流長：漢字國際學術研討會暨AEARU第三屆漢字文化研討會論文集》，北京大學出版社2017年版，第7頁。

其說。《老子》第 47 章「不闚牖，見天道」，《韓子・喻老》引「闚」同，《文子・精誠》引作「窺」，馬王堆帛書《老子》甲本作「規」，乙本作「𥍈」。《易・觀》「闚觀，利女貞」，馬王堆帛書本《周易》「闚」作「𥍈」。「規」異體作「𥍈」，從「圭」得聲，「見」是義符，則「規」不會從「見」得聲。我懷疑「規」從「夬」得聲，形誤為「夫」，復誤為「矢」（「規」異體或作「𮨤」），故《周易》「夬」卦或作「規」卦。夬聲、圭聲通轉，故異體作「𥍈」也。「規」亦借「䪼」為之，「䪼」從「支」得聲，支聲、圭聲亦通轉。

本文作為《〈說文〉疏證（三則）》之一則，發表於《北斗語言學刊》第 7 輯，2020 年 12 月版，第 99～104 頁。此為修訂稿。

《說文》「頰」字校正

1.《說文》:「頰,面不正也。」P.2011 王仁昫《刊謬補缺切韻》、北京故宮博物院舊藏王仁昫《刊謬補缺切韻》並同。《篆隸萬象名義》:「頰,不正。」《集韻》:「頰,頭不正。」清代治《說文》諸家皆無說〔註1〕,近代有二家說:

(1)馬敍倫曰:「『面不正也』非本訓,或字出《字林》也。」〔註2〕

(2)張舜徽曰:「『頰』與『頵』雙聲義同,實即一語。」〔註3〕

考《說文》:「爰,引也。」又「援,引也。」「援」是「爰」增旁俗字,牽引之義。「頰」字從爰從頁,沒有理據訓面不正,馬敍倫指出「非本訓」,很有見地,但謂「或字出《字林》」,則臆測無據。張舜徽說「頰」是「頵」轉語,缺乏證據。

2.《集韻》、《類篇》:「頰,頭不正。」朝鮮本《龍龕手鑑》:「頰,音奚,頭不正皃。」「頰」疑是「頰」形誤,從奚之字有不正之詰(詳下文),故「頰」從頁從奚,奚亦聲,會意兼形聲字,訓為面不正或頭不正也。「奚」、「爰」相誤之例如下:

(1)《龍龕手鏡》:「豵,俗。豵,正。」

(2)《玄應音義》卷16:「甘蕉:出廣州,子不堪食,生人間籬援上,作藤用。」《慧琳音義》卷65轉錄「籬援」誤作「籬揆」。《玄應音義》卷18:「援助:謂依據護助之言也。『籬援』取其義矣。」《御覽》卷472引劉義慶

〔註1〕丁福保《說文解字詁林》,中華書局 1988 年版,第 8835~8836 頁。

〔註2〕馬敍倫《說文解字六書疏證》卷 17,上海書店 1985 年版,本卷第 13 頁。

〔註3〕張舜徽《說文解字約注》,華中師範大學出版社 2009 年版,第 2167 頁;其說又見第 2159 頁「頵」字條。

《幽明錄》:「海陵人黃尋，先居家單貧，常（嘗）因大風雨，散錢飛至其家，錢來觸籬援，誤落在餘處，皆拾而得之。」〔註4〕

（3）吳支謙譯《佛開解梵志阿颰經》卷1:「傒頭。」《可洪音義》卷13:「𢹂（傒）頭：上二字悮（誤），是『援頭』二字。」

（4）《玉篇》、《廣韻》:「愋，恨也。」「愋」字《切韻》未收，當是「徯」形譌。《永樂大典》卷13993引陸法言《廣韻》:「徯，恨足。」《廣韻》、《龍龕手鏡》同。《集韻》、《類篇》:「徯，憒徯，心不平。」《集韻》:「徯，恨也。」「徯」從奚得聲，指心不平，故訓恨。也有可能「徯」是「愋」形譌，字亦作「爰」、「喛」，指悲恨。《廣雅》:「爰、喛、慍、愁，〔恚〕也。」「恚」字據王念孫說補，王氏曰:「《方言》:『爰、喛，恚也。』郭璞注云:『謂悲恚也。』又:『爰，喛，哀也。』注云:『喛哀而恚也。』《廣韻》:『喛，恚也。』《玉篇》:『愋，恨也。』『愋』與『喛』同。」〔註5〕

（5）《鉅宋廣韻》:「傒，胡計切，傒換。」《集韻》:「傒、㩗，胡計切，杭越之間謂換曰傒，或從系。」宋智圓《涅槃玄義發源機要》卷4:「傒互者：傒，胡計切，換也。或作『係』、『奚』者。俱誤。」「傒」無換義，疑「援」形譌，「援」是「換」音轉。杭越人「換」音轉作「援」，又形誤作「傒」，後世因承其既誤之音義。S.2144《韓擒虎話本》:「香湯沐浴，改傒衣裝。」則唐代已誤矣。《周易·渙》之「渙」，馬王堆帛書本同，上博簡（三）《周易》作「䬻」，又作「𩞁」。《詩·皇矣》:「無然畔援。」《玉篇》「伴」字條引作「伴換」，《文選·為袁紹檄豫州》李善註引作「畔換」。《漢書·敘傳》:「項氏畔換，黜我巴漢。」《漢紀》卷30作「畔奐」，《類聚》卷12引作「叛援」，顏師古注引《詩》作「畔換」。《左傳·襄公二十七年》:「叔孫豹會晉趙武……陳孔奐。」《公羊傳》作「孔瑗」。《集韻》:「愌，伴愌，或作援。」

（6）《集韻》:「褄，衣褑。」《五音集韻》同，《類篇》「褑」作「褑」。當以作「褑」為正，褑之言系也，指衣帶、衣襻。《集韻》、《類篇》:「襬，衣褑。」「襬」亦指衣帶。「綦」為履帶，亦其比也。

（7）《四分律行事鈔批》卷6:「言蹊逕者，小道曰蹊，大道曰逕。」《四分律行事鈔簡正記》卷9「蹊」誤作「蹉」。

〔註4〕《御覽》卷836引略同。

〔註5〕王念孫《廣雅疏證》，收入徐復主編《廣雅詁林》，江蘇古籍出版社1992年版，第126頁。所引《方言》分別見卷6、12。

（8）《詩·四月》：「亂離瘼矣，爰其適歸？」《家語·辨政》、《華陽國志》卷9、《文選·為范尚書讓吏部封侯第一表》李善注引「爰」作「奚」。

（9）S.5640：「潺溪淥水，幽噎增涕泗之悲。」「溪」當作「溪」，S.6417誤同。

《正字通》：「頯，俗字。《說文》『頠』、『頼』、『顀』皆訓頭不正，『頯』訓面不正，諸字書未見有作『頯』者，舊註音奚，頭不正貌。『爰』改從『奚』，因字形近似而譌。」熊加全說同〔註6〕。二氏謂「頯」是「頯」形譌，然「頯」何以訓頭不正，則無法解釋，二氏說俱矣。「奚」、「爰」二字上古形殊，楷定之後，則字形甚為相近。《玉篇》未收「頯」字，《切韻》、《名義》收之，是唐人已誤矣。

3. 古音奚聲、圭聲、頃聲並相通。

3.1. 古音奚聲、圭聲相通。

（1）馬王堆帛書《五十二病方·癪》：「以奎蠡蓋其堅（腎）。」《五十二病方·疣》「奎蠡」作「奚蠡」。整理者曰：「奎蠡，即『奚蠡』。」〔註7〕

（2）《淮南子·俶真篇》高誘注：「觟，〔讀〕徯徑之徯也。」

（3）《說文》：「諅，恥也。諐，諅或從奚。」

（4）《說文》：「鼃，蝦蟆也。從黽圭聲。」又「鼃，水蟲也，薉貉之民食之。從黽奚聲。」

（5）《說文》：「恚，恨也。」《集韻》：「恀，恨也。」

（6）《水經注·鍾水》：「雞水即桂水也，『雞』、『桂』聲相近，故字隨讀變，《經》仍其非矣。」

孟蓬生舉上引諸例，云：「圭聲、奚聲相通。『鼃』、『鼃』音義相通。『恀』、『恚』音義相通。」〔註8〕其中例（4）說《說文》「鼃」即「鼃」字，吳其昌早年亦有此說〔註9〕。其中例（6）《水經注》例，趙一清曰：「案『雞』當作『漼』。」王先謙、陳橋驛皆從趙說。熊會貞曰：「朱『漼』並訛作『雞』，戴、趙改。會貞按：此釋本篇之『漼水』。桂陽郡及縣置於西漢，則桂水之

〔註6〕熊加全《〈玉篇〉疑難字研究》，河北大學2013年博士學位論文，第327頁。
〔註7〕《馬王堆漢墓帛書〔肆〕》，文物出版社1985年版，第52頁。
〔註8〕孟蓬生《釋「鶏」》，收入《清華簡〈繫年〉與古史新探》，中西書局2016年版，第425～426頁。其說又見孟蓬生《「象」字形音義再探》，香港浸會大學《饒宗頤國學院院刊》第4期，香港中華書局2017年版，第101頁。
〔註9〕吳其昌《說「椐櫎」聲例》，《金陵學報》第10卷第1、2期合刊，1940年版，第89～90頁。

名自古，至《水經》始作『灌水』，『灌』字明是後世訛變，而《經》沿之。若俗本作『雞』，則與『桂』聲不近矣，又傳抄之差也。」〔註10〕「鷄」字亦音轉，諸家皆未達。《元和郡縣志》卷30云「雞水在縣南，即桂水也」，字仍作「雞」。「桂水」音轉又作「灕水」、「離水」，亦與「雞」相通。《廣韻》「街」字條引《風俗通》：「街，攜也，離也。四出之路，攜離而別也。」此離、桂音轉之證。

（7）睡虎地秦簡《日書》甲種《入官》：「十四日奰詢……代主及奰詢，不可取妻。」整理者括注「奰」為「謨」〔註11〕。「奰詢」即「奰詬」、「謨詢」、「謨詬」，亦作「謨詢」、「謨詬」、「謨呴」〔註12〕。

（8）《廣雅》：「恚，怒也。」P.3696V《箋注本切韻》、P.2011王仁昫《刊謬補缺切韻》、蔣斧印本《唐韻殘卷》並曰：「謨，怒言。」《集韻》：「謨，怒聲。」「謨」、「恚」一音之轉。「謨」、「愄」當是異體字。

（9）《莊子·達生》：「倍阿鮭蠪。」方以智曰：「『鮭蠪』即《白澤》之『傒龍』。」〔註13〕方說是也，《御覽》卷886引《白澤圖》：「室之精名傒龍，如小兒，長一尺四寸，衣黑衣，赤幘大冠，帶劍持戟。」《搜神記》卷12引《白澤圖》：「兩山之間，其精如小兒，見人則伸手欲引人，名曰傒囊，引去故地則死。」馬王堆漢簡《十問》「閨諵」亦其音轉。

（10）《廣雅》：「袿、褾，袖也。」王念孫曰：「夏侯湛《雀釵賦》云：『理袿襟，整服飾。』是『袿』為『袖』也。《集韻》引《埤倉》云：『褾，衣袖也。』」錢大昭說略同〔註14〕，二氏猶未悟「袿」、「褾」二字乃一音之轉的異體字。

（11）《慧琳音義》卷50：「鮭鱠（鰠）：上夏皆反，《吳志》亦以為『腠腜』之腠也，陸枫（抗）《上疏》『絡給其鮭糧』是也。」又卷97：「酒鮭：戶

〔註10〕 王先謙《合校水經注》卷39，光緒十八年思賢講舍刻本，本卷第4～5頁。陳橋驛《水經注校證》卷39，中華書局2007年版，第913頁。楊守敬、熊會貞《水經注疏》卷39，收入《續修四庫全書》第727冊，上海古籍出版社2002年版，第706頁。

〔註11〕《睡虎地秦墓竹簡》，文物出版社1990年版，第209頁。

〔註12〕 參見王念孫《廣雅疏證》、錢大昭《廣雅疏義》，並收入徐復主編《廣雅詁林》，江蘇古籍出版社1992年版，第309頁。

〔註13〕 方以智《通雅》卷21，收入《方以智全書》第1冊，上海古籍出版社1988年版，第727頁。

〔註14〕 王念孫《廣雅疏證》、錢大昭《廣雅疏義》，並收入徐復主編《廣雅詁林》，江蘇古籍出版社1992年版，第586～587頁。

佳反,《說文》:『腃膒也。』或從月作腃也。」又卷 100:「鮭米:上核皆反,
陸坑(抗)《上疏》云『給其鮭糧』,是也。或作腃,乾魚。」唐栖復《法華經
玄贊要集》卷 18:「佳(皆音)膒(良將反,兩音):賀云:『江南呼小犢子肉
為腃膒,南地呼皆為腃也。』」《爾雅翼》卷 29:「鮭,音如鞵。」「鮭」、「腃」
是一音之轉的異體字。

(12)北京故宮博物院舊藏王仁昫《刊謬補缺切韻》:「鞵,屬,亦作鞋。」
《慧琳音義》卷 35:「鞵屬:上蟹皆反,經中作『鞋』,俗字也。」又卷 63:
「鞋屨:上解皆反,俗字也,正體從奚作『鞵』。」《說文繫傳》:「鞵,今俗作
『鞋』。」《希麟音義》卷 9:「韡鞵:下戶佳反,今作『鞋』。」

(13)《說文》:「鼪,鮮明黃也(色)。」〔註15〕《廣雅》:「鼪,黃也(色)。」
P.3696V《箋注本切韻》:「鼪(引者按:此字與下文同,疑當作『鼪』),鮮黃
色。《說文》作『鼪』,黃美色。」P.2011 王仁昫《刊謬補缺切韻》、蔣斧印本
《唐韻殘卷》並曰:「鼪,鮮黃色。」S.2071《箋注本切韻》:「㹿,黃病色。」
《鉅宋廣韻》:「㹿,黃病色也。」《玄應音義》卷 5:「理㹿:呼奚反,依字,
黃病也。」「㹿」當是「鼪」分別字。

(14)P.2011 王仁昫《刊謬補缺切韻》「胲」字條云:「胵字胡稽反。」《廣
韻》「胲」字條云:「胵音奚。」《龍龕手鏡》亦云:「胵音奚。」

(15)《龍龕手鏡》:「塮,音奚。」《字彙補》:「塮,音奚,義闕。」元魏
瞿曇般若流支譯《正法念處經》卷 61:「能生無漏法,猶如畦種稻。」宮本「畦」
作「塮」。《毗尼作持續釋》卷 7《音義》:「畦,音奚,田五十畝為畦。」「塮」
是「畦」改易聲符的俗字,字亦作「暆」。

(16)《初學記》卷 30 引《春秋說題辭》:「雞之為言佳也,佳而起,為人
期,莫寶也。」〔註16〕

(17)「繫緆」音轉作「緩緆」、「絓緆」、「鮭觟」。《說文》:「緆,繫緆也,
一曰維也。」《集韻》「緆」、「繫」二字條引同。《玉篇殘卷》「緆」字條引「維」
作「絓」,皆有脫誤,當從宋本《玉篇》作「一曰絓緆也」。《集韻》:「繫,《說
文》:『繫緆也。』今惡絮,或作緩。」《太玄·難》:「角鮭觟,終以直之也。」
角傾曰鮭觟。

(18)《抱朴子外篇·審舉篇》:「寒素清白濁如泥,高第良將怯如雞。」

〔註15〕 《玉篇》、《鉅宋廣韻》「也」作「色」。
〔註16〕 《御覽》卷 918 引同,《白氏六帖事類集》卷 29 引下「佳」形誤作「往」。

《新唐書·魏元忠傳》、宋刻本《冊府元龜》卷832載袁楚客以書規魏元忠引「雞」作「䖥」。

（19）《齊民要術·筆墨》引韋仲將《筆墨方》：「梣，江南樊雞木皮也。」《證類本草》卷13說「岑皮」陶弘景名「樊槻」、《日華子》一名「盆桂」，日鈔本《新修本草》卷13作「樊蒬」。

3.2. 古音奚聲、頃聲相通。《家語·論禮》：「傾耳而聽之。」《禮記·孔子閒居》同，上博簡（二）《民之父母》簡6「傾」作「奚」，「奚」、「傾」亦一聲之轉〔註17〕。「奚」是「頴」省借。

3.3. 古音圭聲、頃聲相通，青、支對轉也。《漢書·翟方進傳》：「方進劾立懷奸邪，亂朝政，欲傾誤要主上，狡猾不道，請下獄。」又《宣元六王傳》作「房漏泄省中語，博兄弟詿誤諸侯王，誹謗政治，狡猾不道，皆下獄。」「傾誤」即是「詿誤」音轉。《荀子·勸學》：「故不積頃步，無以至千里。」楊倞注：「半步曰頃。『頃』與『跬』同。」《治要》卷38、《初學記》卷6、《白氏六帖事類集》卷2〔註18〕、《事類賦注》卷6引作「跬」，《大戴禮記·勸學》同。《方言》卷12：「半步為跬。」《說文》作「䞴」，云：「䞴，半步也。」《禮記·祭義》：「故君子頃步而弗敢忘孝也。」鄭玄注：「『頃』當為『跬』，聲之誤也。」《釋文》：「頃，讀為跬。」《慧琳音義》卷60、87、99、《御覽》卷394引作「跬步」。唐薛元超《諫皇太子牋》：「君子跬步，不敢忘孝之道。」本於《禮記》，字亦作「跬步」。《集韻》：「䞴，《說文》：『半步也。』或作跬、頃、頃。」楊慎曰：「頃，讀作跬。《祭義》：『頃步而弗敢忘孝。』古字『跬』多借『規』字，用《論衡》『拯溺不規行』，是也，疑『頃』字亦『規』之誤。」〔註19〕「拯溺不規行」不出《論衡》，見《舊唐書·朱敬則傳》《論刑獄表》，楊氏失記，又謂「頃」是「規」誤，非是。北大漢簡

〔註17〕何琳儀《滬簡二冊選釋》、黃德寬《〈戰國楚竹書（二）〉釋文補正》、劉樂賢《讀上博簡〈民之父母〉等三篇札記》、孟蓬生《上博竹書（二）字詞札記》皆已指出「奚當讀傾」，四文皆見簡帛研究網，分別見2003年1月10日及1月14日、1月21日，前二文又載《學術界》2003年第1期，第85、79頁。孟蓬生指出「夒」亦同源，其文又正式發表於《上博館藏戰國楚竹書研究續編》，上海書店出版社2004年版，第472～473頁。劉信芳《楚簡帛通假彙釋》亦指出「奚」與「傾」通，高等教育出版社2011年版，第261頁。

〔註18〕引者按：《白孔六帖》在卷6。

〔註19〕楊慎《轉注古音略》卷3，收入景印文淵閣《四庫全書》第239冊，臺灣商務印書館1986年版，第369頁。

（三）《周馴（訓）》簡 111：「（上文殘）車，為下飧，挂而餔之，餓人再咽而能視矣。」陳劍認為「挂」即「挂」，讀作傾，他舉敦煌寫卷Дx.0970《類林》作「傾壺漿以哺之」，S.078《語對》、S.2588《失名類書》作「傾壺飧以哺之」，P.2524《語對》作「傾壺饗哺之」為證〔註20〕。《淮南子・原道篇》：「禹之趨時也，履遺而弗取，冠掛而弗顧。」胡敕瑞曰：「挂讀如頃（傾）。『冠挂／掛冠』應該是指帽子傾斜。……『冠挂而弗顧／冠挂不顧』謂冠弁傾側而無暇顧及。」並引《淮南子・修務篇》高誘注「聖人趨時，冠鮟弗顧，履遺不取」為證〔註21〕。周庾信《徵調曲》：「湯則救旱而憂勤，禹則正冠而無暇。」其言「無暇正冠」，可為胡說佐證〔註22〕。

4.《說文》：「頃，頭不正也。」俗字作「傾」。《說文》：「臮，頭衺骳臮態也。」黃侃曰：「『臮』同『頃、傾、陒』。」〔註23〕古音奚聲、圭聲、頃聲並相通，故從奚之字借用，亦有不正之誼。《玄應音義》卷7引《通俗文》：「邪道曰徯，步道曰徑。」從奚得聲之字有不正之義，從至得聲之字有直義，故邪道曰徯，直道曰徑。「徯」亦作「蹊」。《釋名》：「步所用道曰蹊。蹊，係也，射疾則用之，故還係於正道也。」劉成國謂「蹊」訓邪道取義於係，非是。段玉裁曰：「凡始行之以待後行之徑曰蹊，引伸之義也。」〔註24〕謂「蹊」訓邪道取義於待（《說文》：「徯，待也。」），亦非是。「臮」訓頭衺，「頃」訓頭不正，則「纇」當作「纇」，三字是一音之轉的同源詞。故「纇」亦訓頭不正。

5.「圭（珪）」為瑞玉，上銳下方（即上端呈三角形，下端呈長方形），似圭（珪）的特立之門曰「閨」，均取頭衺之義。「畦」指田岸，取徯徑（即邪道）為義。《說文》：「哇，諂聲也。」《廣雅》：「哇，衺也。」《玉篇殘卷》：「欸，《字書》或『哇』字也。哇，聲也，謳也，邪也，在《口部》。」《鉅宋廣韻》：

〔註20〕 陳劍《〈周馴〉「為下飧挂而餔之」解》，復旦古文字網2016年6月18日。

〔註21〕 胡敕瑞《一段話中的兩個疑誤》，北京大學《第一屆古典學國際學術研討會論文集》，2017年11月18～19日，第84～86頁。又胡敕瑞《〈吳越春秋〉「悉考績」「冠掛不顧」解》，《古漢語研究》2018年第2期，第12～14頁。

〔註22〕 古人亦有讀挂如字者，字亦作絓、罜。《御覽》卷82引《淮南子》舊注云：「冠有所挂著，去不暇顧視。」《後漢書・崔駰傳》《達旨》：「與其有事，則褰裳濡足，冠挂不顧。」《劉子・知人》：「冠絓不暇取，經門不及過。」《路史》卷22：「冠罜而弗顧，履稅而弗納。」

〔註23〕 黃侃《說文同文》，收入《說文箋識》，中華書局2006年版，第69頁。又第51、54、103頁說同。

〔註24〕 段玉裁《說文解字注》，上海古籍出版社1981年版，第76頁。

「衺，邪兒。」「衺（哇）」指邪聲、淫聲。《釋名》：「婦人上服曰袿，其下垂者上廣下狹如刀圭也。」諸字皆不離不正之本義。「畦」用作量詞，指田五十畝；「頃」作量詞，指田一百畝。二字同源，皆取田埒為義，而所指有別〔註 25〕。章太炎曰：「畦轉為頃，猶趏步轉為頃步，支、青對轉。頃為百畝，據全數言也。畦為五十畝，以再易之田言之也，合之亦為百畝。《孟子》『圭田』，即畦田。」〔註 26〕章氏又曰：「《祭義》以『頃步』為『趏步』。《韓詩》傳云：『頃筐，欹器也。』欹本作攲，此皆支、清對轉，則百畝為頃，借為畦也。……《莊子·天地篇》『方將為圃畦。』李頤曰『埒（埒）中曰畦』。古亦借頃為之。《詩·小雅》傳：『戰不出頃，田不出防。』《鄭志》答張逸云：『戰有頃數，猶今戰場者不出其頃界。』頃亦畦也。」〔註 27〕章說皆是也。《孟子·滕文公上》：「圭田五十畝。」趙岐注：「古者卿以下至於士皆受圭田五十畝，所以供祭祀也。圭，潔也。」趙氏圭訓潔，則認為「圭」是「蠲」的借字，其說非是。

6. 附帶辨正古籍中的一個錯字。《後漢書·郡國志》劉昭注引《博物記（志）》：「（麋）千千為群，掘食草根，其處成泥，名曰麋畯，民人隨此畯種稻，不耕而穫，其收百倍。」麋畯，《御覽》卷 839、《爾雅翼》卷 20 引同，《太平寰宇記》卷 130 引作「麋畽」，《埤雅》卷 3、《海錄碎事》卷 22 引作「麋暖」。此字當作「畷」，形譌作「畷」，因又誤作「暖」、「畽」、「畯」。《集韻》：「蹊、畷，徑也，或從田。」桂馥、王筠引「麋畽」以證《說文》「畷，城下田也」之誼〔註 28〕，非是。段玉裁曰：「疃亦作暖……今《後漢書》譌為『畯』，《埤雅》引此又譌『暖』，然因《埤雅》可以校正也。」〔註 29〕段說「暖」即「疃」，周德清《中原音韻》卷下《辨明古字略》說同，當本於

<hr>

〔註 25〕《說文》：「肧，婦孕一月也。」又「胎，婦孕三月也。」「肧」、「胎」均「始」同源詞，皆取始成形之義，而所指有別。《爾雅·釋器》：「玉十謂之區。」郭璞注：「雙玉曰瑴，五瑴為區。」吳承仕曰：「玉、珏、工、區，皆一聲所孳乳也。」均是其比也。吳承仕《說文講疏》，《制言》第 21 期，1936 年版，本文第 10 頁。

〔註 26〕王寧整理《章太炎說文解字授課筆記》，中華書局 2010 年版，第 572 頁。

〔註 27〕章太炎《小學答問》，收入《章太炎全集（7）》，上海人民出版社 1999 年版，第 438 頁。

〔註 28〕桂馥《說文解字義證》，王筠《說文解字句讀》，並收入丁福保《說文解字詁林》，中華書局 1988 年版，第 13345～13346 頁。

〔註 29〕段玉裁《說文解字注》，上海古籍出版社 1981 年版，第 698 頁。其說又見段玉裁《詩經小學》卷 1，收入《續修四庫全書》第 64 冊，上海古籍出版社 2002 年版，第 195 頁。

《集韻》、《類篇》「矘，或作暖」，「童」、「爰」形聲俱遠，沒有相為異體字的理據。《楚辭・九思・悼亂》：「鹿蹊兮躪躪，貒貉兮蟬蟬。」《初學記》卷24引《周易》：「艮為徑路。」又引鄭玄注：「田間之道曰徑路，艮為之者，取山間鹿兔之蹊。」「鹿暌」即「鹿蹊」，指鹿行走不由正道而成的路。《釋名》：「鹿兔之道曰迒，行不由正，迒陌山谷草野而過也。」「迒」是「迒（踉）」省文，《說文》：「迒，獸迹也。踉，迒或從足從更。」其名雖異，而取譬則同。《文選・西京賦》：「結罝百里，迒杜蹊塞。」蹊、迒同義對舉，都指獸道。

　　7. 西晉安法欽譯《阿育王傳》卷3：「雞頭摩寺。」《可洪音義》卷22作「頪頭」，云：「上古兮反，正作『雞』也。」此「頪」同「雞」，是另一同形異字，附識於此。

　　本文作為《〈說文〉疏證（三則）》之一則，發表於《北斗語言學刊》第7輯，2020年12月版，第106～112頁。

《說文》「忓，極也」疏證

1.《說文》:「忓，極也。」《廣韻》引同。諸家說云:

（1）段玉裁曰:極者,屋之高處。干者,犯也。忓者,以下犯上之意。

（2）桂馥曰:極也者,本書:「㥁,憨也。」《玉篇》:「㥁,極也。憨,極也。」馥案:極,疲也。《世說》:「顧和謁王導,導小極,對之疲睡。」商芸《小說》載問沐啟云:「『沐伏久勞極,不審尊體何如?』帝答之曰:『去垢甚佳,身不極也。』」

（3）王筠曰:《廣韻》平聲引此,去聲云:「忓,善也。」《玉篇》:「忓,古安切,擾也。又胡旦切,抵也,善也。」諸說皆與「極」不合。桂氏云云。

（4）徐灝曰:段以「極」為高處,遂謂「忓」為下犯上,恐未確。《玉篇》云云。

（5）嚴可均、姚文田曰:「極」疑作「恆」〔註1〕。

（6）馬敘倫曰:桂馥云云。倫謂「極」借為「惚」,音同群紐。下文:「惚,勞也。」古讀群歸見,「忓」音見紐。蓋轉注字。桂說亦通。「憨」音溪紐,見、溪同為舌根破裂音,亦轉注字。字蓋出《字林》〔註2〕。

（7）張舜徽曰:嚴可均云云。舜徽按:下文「恆,疾也。」「懁,急也。」並與「忓」雙聲。如「極」讀為「亟」,則與「恆」義通矣〔註3〕。

〔註1〕段玉裁《說文解字注》,桂馥《說文解字義證》,王筠《說文解字句讀》,徐灝《說文解字注箋》,嚴可均、姚文田《說文校議》,並收入丁福保《說文解字詁林》,中華書局 1988 年版,第 10391 頁。

〔註2〕馬敘倫《說文解字六書疏證》卷 20,上海書店 1985 年版,本卷第 83 頁。

〔註3〕張舜徽《說文解字約注》卷 20,華中師範大學出版社 2009 年版,第 2579 頁。

2. 諸說惟張舜徽從嚴可均說，謂「極疑作烜」近是，但所釋則誤。「極」當是「烜」假借字。

（1）《方言》卷1:「娥、嬴，好也。……趙、魏、燕、代之閒曰姝，或曰妦。自關而西，秦、晉之故都曰妍。好，其通語也。」郭璞注:「秦舊都，今扶風雍丘也。晉舊都，今太原晉陽縣也。其俗通呼好為妍，五千反。『妍』一作『忓』。」王念孫曰:「『忓』各本皆作『妍』，下有注云:『妍一作忓。』（盧氏抱經校本『忓』譌作『忓』。）此校書者所記，非郭注原文，然據此知《方言》之本作『忓』也。蓋正文本作『秦晉之故都曰忓』，注文本作『忓，五千反』，祇因『五干』譌作『五千』，與『妍』字之音相同，而《廣雅》『妍』字亦訓為『好』，後人多見『妍』少見『忓』，遂改『忓』為『妍』以從『五千反』之音，而一本作『忓』者乃是未改之原文也。請以三證明之:《廣雅》『忓』、『妍』俱訓為『好』，然『忓』字在『妦』字之下，『妦』、『忓』二字相承，即本於《方言》（《廣雅》又云『忓，善也』，『善』與『好』義相近）。若『妍』字則在下文『婍』字之下，與『妦』字中隔25字，不相承接，是《廣雅》訓『妍』為『好』自出他書，非本於《方言》，則《方言》之有『忓』無『妍』可知。其證一也。《集韻·寒》:『忓，俄干切，秦、晉謂好曰忓。』《翰》:『忓，侯旰切，好也。』皆本《方言》，而『妍』字注獨不訓為『好』（《類篇》同），則《方言》之有『忓』無『妍』甚明。《集韻》『侯旰切』之音本於《廣雅》音，而『俄干切』之音則本於《方言》注（『俄干』即『五干』），則注文之作『五干反』又甚明。其證二也。《御覽》引《方言》云:『娥、嬴，好也。秦、晉之故都曰忓。』又引注云:『其俗通呼好為忓，五干反。』是宋初人所見本皆作『忓』，皆音『五干反』。其證三也。」〔註4〕王說甚辨，所引《御覽》見卷381，引注作「五干切」。華學誠氏亦據王說改作「忓」〔註5〕。然「妍」、「忓」都是元部字，疑母、見母旁紐雙聲，自可音轉。「妍」從幵得聲，「幵」亦是見母字。「刊」或作「栞」〔註6〕，「齗」或作「齺」〔註7〕，是其

〔註4〕 王念孫《方言疏證補》，收入《高郵王氏遺書》，江蘇古籍出版社2000年版，第59頁。

〔註5〕 華學誠《揚雄〈方言〉校釋匯證》，中華書局2006年版，第16～17頁。

〔註6〕 《說文》:「栞，槎識也，《夏書》曰:『隨山栞木。』讀若刊。」《書·禹貢》、《皋陶謨》並作「隨山刊木」，《淮南子·修務篇》、《史記·夏本紀》、《漢書·地理志》、《文選·應詔觀北湖田收》李善注引亦作「栞木」。《書·禹貢》:「九山刊旅。」《史記·夏本紀》、《漢書·地理志》引作「栞旅」。

〔註7〕 《集韻》:「齗，或作齺。」

比。「妍」亦美好慧巧之義。P.2011 王仁昫《刊謬補缺切韻‧翰韻》:「忓,善。」與《廣雅》同。故宮博物院藏王仁昫《刊謬補缺切韻‧翰韻》:「忓,□(此字不可辨識)善。」字亦作婩,《方言》卷 10:「婩、嫧、鮮,好也,南楚之外通語也。」「嫧」同「嫧」,《說文》:「嫧,齊也。」《廣雅》:「婩、嫧,齊也。」又「忓、婩、嫧、鮮,好也。」《列子‧力命》「婩斫」,《釋文》引《字林》:「婩,齊也。」王念孫曰:「《方言》:『婩、嫧、鮮,好也。南楚之外通語也。』《說文》:『嫧,齊也。』卷 4 云:『婩、嫧,齊也。』皆好之義也。『婩』與『忓』聲近而義同。」〔註8〕錢繹曰:「《廣雅》:『忓,好也,善也。』曹憲並音汗。《玉篇》:『忓,善也。』『善』與『好』義亦相近。下卷 2 云:『婩,好也。』(引者按:當是卷 10)《玉篇》同,又音午漢切。『婩』與『忓』聲近義同。」錢繹又曰:「《廣雅》:『婩、鮮,好也。』《玉篇》同。《集韻》:『婩,好也,謂婦人齊正貌。』《玉篇》『婩』又音午漢切。前卷 1 云:『自關而西,秦、晉之故都曰奸(引者按:當作『妍』,下同)。好,其通語也』『奸(妍)』一作『忓』。《廣雅》:『忓,好也,善也。』曹憲並音汗。『忓』與『婩』聲近義同。」〔註9〕複言則曰「婩嫧」、「婩斫」,《玉篇》:「嫧,婩嫧,鮮好皃。」錢大昭曰:「『斫』與『嫧』聲相近,『婩斫』即『婩嫧』也。」〔註10〕洪頤煊說同〔註11〕。章太炎曰:「婩借為悍。悍亦憨直之誼,故曰『悍斫』。」〔註12〕章說未是。

(2)《說文》:「悈,一曰謹重皃。」章太炎曰:「係借為茍或諽。」〔註13〕《廣雅》:「悈,愛也。」謹嚴敬愛義。字亦作「亟」,《方言》卷 1:「亟、憐、憮、俺,愛也。東齊海岱之閒曰亟,自關而西,秦晉之閒,凡相敬愛謂之亟,陳、楚、江淮之閒曰憐,宋、衛、邠、陶之閒曰憮,或曰俺。」《廣雅》:「亟,敬也。」秦《石鼓文》:「吳人憐亟,朝夕敬□。」「憐亟」即《方言》之「憐

〔註8〕 王念孫《廣雅疏證》,收入徐復主編《廣雅詁林》,江蘇古籍出版社 1992 年版,第 61 頁。
〔註9〕 錢繹《方言箋疏》卷 1、10,上海古籍出版社 1984 年版,第 29、563 頁。
〔註10〕 錢大昭說轉引自錢繹《方言箋疏》卷 10,上海古籍出版社 1984 年版,第 563 頁。
〔註11〕 洪頤煊《讀書叢錄》卷 14《列子叢錄》,收入《續修四庫全書》第 1157 冊,上海古籍出版社 2002 年版,第 679 頁。
〔註12〕 章太炎《膏蘭室札記》卷 1,收入《章太炎全集(1)》,上海人民出版社 1982 年版,第 36 頁。
〔註13〕 王寧整理《章太炎說文解字授課筆記》錢玄同所記筆記,中華書局 2010 年版,第 433 頁。

皈」，同義複詞，猶言敬愛。《爾雅》：「暱，皈也。」王引之曰：「暱為相親愛之皈。《方言》：『皈，愛也。東齊海岱之閒曰皈，自關而西秦晉之閒凡相敬愛謂之皈。』字或作恆，《廣雅》：『恆，愛也。』皈訓為愛，相愛即相親暱，故云『暱，皈也』。」〔註14〕字亦作「極」，《淮南子·詮言篇》：「故不悔其行，內脩極而橫禍至者，皆天也，非人也。」許慎注：「極，中。」邊田鋼說「極」是「敬」形誤，舉《說苑·敬慎》「思此五者則無凶命用能治敬以助天時凶命不至而禍不來」及古書成詞「修敬」為證〔註15〕。余謂「極」字即「敬」也，不煩改字。《金樓子·著書》：「性與率由，因心致極。」「極」乃敬愛之義，下文云「事君事父，資敬之禮寧異？為臣為子，率由之道斯一」，正作「敬」字。

3.「忏」為好、善之義。「極」為敬愛之義，二義相近，故《說文》云「忏，極也」。此「極」用借字。《說文》又云：「棟，極也。窮，極也。屆，一曰極也。懬，一曰極也。」諸訓「極」與此不同。

本文作為《〈說文〉疏證（三則）》之一則，發表於《北斗語言學刊》第7輯，2020年12月版，第104～106頁。此為修訂稿。

〔註14〕王引之《經義述聞》卷27，（臺北）世界書局1975年版，第630頁。
〔註15〕邊田鋼《漢語史視角下的〈淮南子〉校釋新證》，《浙江大學學報》2021年第3期，第162頁。

《說文》「忿，忽也」疏證

1.《說文》:「忿，忽也。《孟子》曰:『孝子之心不若是恝。』」《玉篇》、《集韻》並引《說文》「忿，忽也」,同今本。諸家說云:

（1）《說文繫傳》:忿,忽略不省也。

（2）段玉裁曰:「忿」、「恝」古今字。

（3）王筠曰:丁公著讀恝如介,故以「恝」為「忿」之重文。「韧」從丰聲,「丰」字之義,經典借「介」為之。

（4）桂馥曰:忽也者,《玉篇》「哽」字云:「語為人所忿礙也。」〔註1〕馥案:忿礙,忽忽不省也。《晏子春秋》:「忽忽矣若之何?」

（5）朱駿聲曰:忿,謂遺忘,與左形右聲之「忬」別。

（6）臧琳曰:據此知古本《孟子》作「忿」,今作「恝」為俗字,當從《說文》所引。忽忘於心,即是無愁,與趙注義合,知本作「忿」也。

（7）陳瑑曰:古《孟子》本作「忿」,後乃以「恝」代之。又「忬」訓憂,音同而義微異。

（8）承培元曰:鄶書無「恝」字,疑即「忿」之俗體。「忿」與「忬」異。忬,憂也〔註2〕。

〔註1〕引者按:《玉篇》「忿礙」原作「忿疑」,桂氏逕正作「忿礙」。桂改是也,《說文》:「哽,語為舌所介也。」《慧琳音義》卷18引作「語塞為舌所介礙也」。《集韻》引《說文》已脫「礙」字。

〔註2〕徐鍇《說文解字繫傳》,段玉裁《說文解字注》,王筠《說文釋例》,桂馥《說文解字義證》,朱駿聲《說文通訓定聲》,臧琳《經義雜記》,陳瑑《說文引經考證》,承培元《說文引經證例》,並收入丁福保《說文解字詁林》,中華書局1988年版,第10434~10436頁。

（9）朱珔曰：今《萬章篇》作「㤅」，「㤅」字本部所無。《集韻》云：「忥，與『㤅』通。」案後有「忥」字，移心于左，訓憂也，與此異義，《集韻》誤，當是「㤅」為「㤅」之假借〔註3〕。

（10）鄭珍曰：按「㤅」訓忽也，引《孟子》曰「孝子之心，不若是㤅」，據趙注本「㤅」作「㤅」，云「㤅，無愁之皃。」「無愁」與「忽」義同，則「㤅」當為「㤅」之或體。「㤅」從丰聲，丰讀若介，從介從㤅一也〔註4〕。

（11）馬敘倫曰：按此字蓋出《字林》。疑「忽也」非本訓，或「忽」字涉「忽」下隸書複舉字而譌衍，轉挩本訓。「㤅」、「佛」或聲同脂類轉注字〔註5〕。

（12）張舜徽曰：㤅、忽雙聲，小徐以「忽略不省」釋之，猶今語所稱「不注意」也。許所引《孟子》，今《萬章篇》作「㤅」。「㤅」字不見許書，疑與「㤅」本一字〔註6〕。

（13）胡吉宣曰：「㤅」之重文應為「㤅」。《玉篇》：「㤅，心事也。」㤅之言介也。《釋言》：「縭，介也。」郭注：「介，閒也。」《左氏·昭廿年傳》「偪介之國」，杜注：「介，隔也。」「介閒」即「㤅礙」。介、㤅聲近相通。《說文》：「丰，讀若介。」「㤅」下引《孟子》「孝子之心不若是㤅」，今《孟子》作「㤅」〔註7〕。

按：王筠《句讀》、邵瑛《群經正字》從《繫傳》說〔註8〕。章太炎、劉盼遂、季旭昇於「㤅」字無說〔註9〕。《集韻》：「㤅，忽忘也。」蓋因《說文》「忽，忘也」，故訓「㤅」為忽忘，與《繫傳》「忽略不省也」說合，此是宋代人的理解，桂馥、王筠、朱駿聲、臧琳、邵瑛、張舜徽等俱從此說。馬敘倫謂「㤅」出《字林》，純是臆測，沒有根據；又謂「轉挩本訓」，以不解「忽」字之義而生疑耳。

〔註3〕 朱珔《說文假借義證》，收入丁福保《說文解字詁林補遺》，第17587頁。
〔註4〕 鄭珍《說文逸字》卷下，收入《續修四庫全書》第223冊，上海古籍出版社2002年版，第375頁。
〔註5〕 馬敘倫《說文解字六書疏證》卷20，上海書店1985年版，本卷第94頁。
〔註6〕 張舜徽《說文解字約注》，華中師範大學出版社2009年版，第2593頁。
〔註7〕 胡吉宣《玉篇校釋》，上海古籍出版社1989年版，第1702頁。
〔註8〕 王筠《說文解字句讀》、邵瑛《說文解字群經正字》，並收入丁福保《說文解字詁林》，第10434～10436頁。
〔註9〕 王寧整理《章太炎說文解字授課筆記》，中華書局2010年版。劉盼遂《〈說文〉漢語疏》，收入《劉盼遂文集》，北京師範大學出版社2002年版。季旭昇《說文新證》，藝文印書館2014年版。

2.《說文》：「忨，憂也。」諸家說云：

（1）段玉裁曰：此與上介下心之字義別。

（2）桂馥曰：《廣雅》同。《五音集韻》：「忨，懂也。」

（3）朱駿聲曰：與下形上聲之「念」別。

（4）錢坫曰：《方言》、《廣雅》並云：「恨也。」《廣雅》又「憂也，懼也。」
〔註10〕

（5）張舜徽曰：忨之言礙也，謂梗止在心不得平也。凡憂患、怨恨、恐懼之事未釋於懷者，類然。《方言》卷 12：「忨，恨也。」《廣雅》：「忨，懼也。」與許所言，各明一義。然恨、懼與憂，事類固近耳〔註11〕。

按：章太炎、馬敘倫、劉盼遂、季旭昇於「忨」字無說〔註12〕。《集韻》：「忨，憂懼也。」又「忨，懂也。」「懂」同「謹」。謹慎義與憂懼義相因。《玉篇》：「懂，憂也。」

3. 古音從刃從介相通〔註13〕，「怒」是「念」俗字，諸家無異說。段玉裁、朱駿聲、陳瑑、承培元、朱珔都強調「忨」、「念」是音近義異之字。《說文》「念，忽也」，自宋代人解作「忽忘」，後人因承其說，遂以為與「忨」不同耳。竊謂「忨」、「念」二字是異體，是《說文》重出之字。《集韻》：「忨，《博雅》：『憂也，懼也。』一曰恨也。通作『怒』。」又「念，《說文》：『忽也。』引《孟子》『孝子之心不若是念。』一曰不和兒。或書作『忨』。」又「念，憂也。」《集韻》明確指出「忨」、「念」同，又通作「怒」，這是正解。《說文》釋文「忽也」，張舜徽指出「念、忽雙聲」（準確地說是準雙聲），是也，這個「忽」用的是別義，也是憂苦不樂義。桂馥引《晏子春秋》「忽忽矣若之何」說之，是也，但解作「忽忽不省」則誤。《晏子春秋·外篇》：「歲已暮矣，而禾不穫，忽忽矣若之何！歲已寒矣，而役不罷，惙惙矣如之何！」

〔註10〕段玉裁《說文解字注》，桂馥《說文解字義證》，朱駿聲《說文通訓定聲》，錢坫《說文解字斠詮》，並收入丁福保《說文解字詁林》，中華書局 1988 年版，第 10503 頁。

〔註11〕張舜徽《說文解字約注》，華中師範大學出版社 2009 年版，第 2614 頁。

〔註12〕王寧整理《章太炎說文解字授課筆記》，中華書局 2010 年版。馬敘倫《說文解字六書疏證》，上海書店 1985 年版。劉盼遂《〈說文〉漢語疏》，收入《劉盼遂文集》，北京師範大學出版社 2002 年版。季旭昇《說文新證》，藝文印書館 2014 年版。

〔註13〕參見張儒、劉毓慶《漢字通用聲素研究》，山西古籍出版社 2002 年版，第 632 頁。

孫星衍曰：「惙惙，《爾雅·釋訓》：『憂也。』」蘇輿曰：「『忽忽』與下『惙惙』同，當訓憂。非如《禮器》、《祭義》注訓為『勉勉』者比，此與《史記·梁孝王世家》云『意忽忽不樂』義同。又《大戴禮》『君子終身守此勿勿』，彼與上『悒悒』、『憚憚』，下『戰戰』俱當訓為憂懼，猶斯意也。『忽忽』即『勿勿』，字同，故義可互證矣。」〔註14〕蘇說是也，然其說實本於高郵王氏。王引之校《大戴》曰：「盧以『勿勿』為『勉勉』，義本《禮器》、《祭義》注，非此所謂『勿勿』也。此言『勿勿』者，猶『忽忽』也。《晏子春秋·外篇》云云，忽忽、惙惙，皆憂也。《史記·梁孝王世家》亦曰：『意忽忽不樂。』〔註15〕『忽』與『勿』聲近而義同。上文曰『君子終身守此悒悒』（盧注：『悒悒，憂念也。』），又曰『君子終身守此憚憚』（盧注：『憚憚，憂惶也。』），下文曰『君子終身守此戰戰也。』悒悒、憚憚、勿勿、戰戰，皆憂懼之意。後《曾子制言篇》曰：『君子無悒悒於貧，無勿勿於賤，無憚憚於不聞。』是其明證矣。」〔註16〕此即蘇說所本。《梁孝王世家》「意忽忽不樂」，《漢書·文三王傳》同，又《五行志》作「猶有恨心」，可證「忽忽」正是憂恨義。遲至晉代，猶謂憂苦不樂為「忽忽」、「勿勿」，郭在貽解作「疲頓、困乏、心緒惡劣」〔註17〕，從歸納文義而得，不很貼切，未探其本，又失檢王引之說。吳國泰曰：「忽者悶字之借。」又「『忽忽』者，『悶悶』之借。」〔註18〕陳鴻儒讀「勿勿（忽忽）」作「悶悶」〔註19〕，說同吳氏。亦備一說。亦可能是「怫怫」、「悖悖」轉語。

4.「忽」亦作「唿」，音轉亦作「崛」。《集韻》「淴」或作「滒」，是其比也。《廣雅》：「崛崛，憂也。」P.2011 王仁昫《刊謬補缺切韻》：「崛，崛〔崛〕，憂兒。」《玉篇》：「崛，憂也。」又「唿，憂也。」《集韻》：「崛、唿：《博雅》：『崛崛，憂也。』或從忽。」王念孫曰：「崛，音骨，又音忽。《晏

〔註14〕孫星衍《晏子春秋音義》，蘇輿《晏子春秋校注》，並轉引自吳則虞《晏子春秋集釋（增訂本）》，國家圖書館出版社 2011 年版，第 360 頁。

〔註15〕引者按：「忽忽不樂」是漢晉人成語。《漢書·史丹傳》「意忽忽不平」，亦同。

〔註16〕王引之《經義述聞》卷 11，江蘇古籍出版社 1985，第 279 頁。

〔註17〕郭在貽《六朝俗語詞雜釋》，收入《郭在貽文集》卷 1，中華書局 2002 年版，第 65～67 頁。

〔註18〕吳國泰《史記解詁》第 2 冊、第 4 冊，1933 年成都居易簃叢著本，分別見本冊第 85、14 頁。

〔註19〕陳鴻儒《「勿勿（忽忽）」解詁》，《龍岩師專學報》1991 年第 1 期，第 87～89 頁。陳說承張文冠博士檢示，謹致謝忱！

子春秋・外篇》云云，《史記・梁孝王世家》云云。『忽忽』與『崫崫』同。」〔註20〕胡吉宣曰：「『忽忽』即『崫崫』，『惙惙』亦即『崫崫』，變文互易以避繩複也。」〔註21〕字亦作「怵」，《方言》卷12：「惙、怵，中也。」郭璞注：「『中』宜為『忡』。忡，惱怖意也。」《說文》：「忡，憂也。」是「惙」、「怵」亦憂也。P.3694V《箋注本切韻》：「怵，憂心兒，竹律反。」〔註22〕P.2011《切韻》：「怵，憂心。」《集韻》：「怵，憂怖也。」《晏子》「忽忽」、「惙惙」，即《方言》「惙」、「怵」之重言。《易林・需之小過》：「棄名追亡，失其和節，憂心惙惙。」《睽之大過》、《渙之乾》同，元刊本「惙惙」作「怵怵」。臧庸曰：「《小過》：『憂心怵怵』，注『怵，竹律切。』諸本皆依《毛詩》改『惙惙』。按《玉篇》：『怵，竹律切，憂心也，又丑律切』當本此。」〔註23〕惙、怵一聲之轉，《方言》、《晏子》皆記其轉語耳。丁惟汾曰：「『惙』、『怵』同聲，『惙怵』即『惙惙』。」〔註24〕古音從出從叕相通，《詩・騶虞》「彼茁者葭」，又「彼茁者蓬」，安大簡二「茁」字作「𦭞」，整理者指出二者是異體字〔註25〕。《易・繫辭下》「掘地為臼」，馬王堆帛書本「掘」作「掇」。《禮記・聘義》「其終詘然樂也」，《荀子・法行》「詘」作「輟」，楊倞註引《禮記》作「屈」。《爾雅釋文》：「蜇，或作蚰。」《玉篇》：「蜇，知劣切，又音拙。」「趀（趨、趒）」與「趉（趏、遜）」音義相同，當是異體字。《廣韻》：「𦥑，豕𦥑土也。」又「𦥑，豕𦥑地。」《集韻》：「𦥑，豕掘地也。」「𦥑」即「掘」分別字，特指豬以鼻掘地求食。「紐」字訓縫紩，即「綴」聲轉字〔註26〕。「𦥑」是雙聲符字。古音從勿從骨、從出從骨亦相通〔註27〕，故「忽」、「崫（怵）」音轉又作「㥱」，P.2011《切韻》：「㥱，心亂。」《玉篇》：「㥱，憂也，

〔註20〕 王念孫《廣雅疏證》，收入徐復主編《廣雅詁林》，江蘇古籍出版社1992年版，第454頁。

〔註21〕 胡吉宣《玉篇校釋》，上海古籍出版社1989年版，第1018頁。

〔註22〕 原卷「兒」字誤倒在「律」下，徑正。

〔註23〕 臧庸《與陳扶雅論大典本〈易林〉書》，收入《拜經堂文集》卷3，《續修四庫全書》第1491冊，上海古籍出版社2002年版，第565頁。

〔註24〕 丁惟汾《方言音釋》卷12，齊魯書社1985年版，第219頁。

〔註25〕 《安徽大學藏戰國竹簡（壹）》，中西書局2019年版，第97頁。整理者同時指出參見黃德寬《釋甲骨文「叕（茁）」字》，《中國語文》2018年第6期（引者按：見712～720頁）。此例承王挺斌博士檢示，謹致謝忱！

〔註26〕 參見張舜徽《說文解字約注》，華中師範大學出版社2009年版，第3196頁。

〔註27〕 參見張儒、劉毓慶《漢字通用聲素研究》，山西古籍出版社2002年版，第586、915～916頁。P.3694V《箋注本切韻》：「搰，又『滑』，又『淈』，同。」亦其例。

慮也，悶也，心亂也。」《廣韻》：「愲，心亂。」《漢書·息夫躬傳》《絕命詞》：「心結愲兮傷肝。」顏師古注：「結愲，亂也。孟康曰：『愲音骨。』」字又作「絹」，《說文》：「絹，結也。」《廣雅》：「結絹，不解也。」《玉篇殘卷》「絹」字條引「結絹」作「絹結」，並指出：「絹，或為『愲』字，在《心部》。」《慧琳音義》卷 99 亦指出：「絹，或從心作『愲』也。」P.2011《切韻》、P.3694V《箋注本切韻》、蔣斧印本《唐韻殘卷》並云：「絹，絹結。」《楚辭·九思·怨上》：「心結絹兮折摧。」

　　5. 這一節討論《廣雅》的幾個聲轉詞。《廣雅》：「挈挈、喔喔、烈烈、㤁㤁、怛怛，憂也。」又「傷、怛，憂也。」王念孫說「喔喔」，已見上引，其他幾個詞王氏說云：「《小雅·大東篇》『契契寤歎』，傳云：『契契，憂苦也。』《九歎》云『孰契契而委棟兮』，一本作『挈挈』。並與『挈挈』同。《小雅·采薇篇》云：『憂心烈烈。』『烈』與『烈』同。各本『烈烈』譌作『烈烈』。《集韻》、《類篇》並引《廣雅》『烈烈，憂也』，今據以訂正。『㤁㤁』各本譌作『㤁㤁』。《玉篇》：『㤁，先歷切，憂也。』《集韻》、《類篇》並引《廣雅》『㤁㤁，憂也』，今據以訂正。」〔註28〕王說大致得之，但有小誤，且未溝通諸詞的語音關係。古音從叕從折亦相通，「蝃」或作「蜥」，是其例。故「㤁」音轉又作「㤁」，此與「哲」的異體字「㤁」是同形異字。王念孫據《集韻》、《類篇》所引改「㤁」作「㤁」，誤矣。P.2011《切韻》：「㤁，先擊反，敬。」裴務齊《正字本刊謬補缺切韻》、《廣韻》同。《玉篇》：「㤁，先歷切，憼也，憂也。」此字當是「㤁」，《篇》、《韻》據誤字作音。《說文》：「㤁，敬也。」即《篇》、《韻》訓憼（敬）所本。《方言》卷 1：「慎，憂也。」《廣雅》：「慎，憂也。」又「慎，恐也。」又「慎，憒也。」又「慎，謹也。」並轉相訓，憂懼與敬慎，其義相因。胡吉宣指出《說文》訓敬之「㤁」與「哲」的異體字「㤁」是同形異文〔註29〕，至確。《爾雅》：「誓，謹也。」朱駿聲指出「誓，叚借為㤁。此字《玉篇》、《廣韻》皆從析，非是」〔註30〕，是也，「誓」從折得聲，此足證「㤁」字不當改作「㤁」矣。桂馥、王引之並謂《說文》「㤁」當作「㤁」，王筠、馬敘倫從桂、王說；馬氏又云：「『㤁』得聲於析，『析』

〔註28〕 王念孫《廣雅疏證》，收入徐復主編《廣雅詁林》，江蘇古籍出版社 1992 年版，第 454 頁。

〔註29〕 胡吉宣《玉篇校釋》，上海古籍出版社 1989 年版，第 1724 頁。

〔註30〕 朱駿聲《說文通訓定聲》「誓」、「㤁」二字條，武漢市古籍書店 1983 年版，第 674 頁。

得聲於斤，斤、敬音同見紐。此『敬也』當作『憼也』，『憼』、『愸』轉注字。」
〔註 31〕諸說均誤。《古璽匯編》有「愸事」、「愸言」、「愸命」、「愸官」、「愸
行」、「愸上」、「愸之」、「愸信」等語，「愸」即敬慎義，箴言璽有稱「敬事」、
「敬行」、「敬命」、「敬上」者〔註 32〕。郭店楚簡《老子》甲本簡 11：「誓冬
（終）女（如）始。」整理者曰：「『誓』借作『慎』。」〔註 33〕今本《老子》
第 64 章「誓」作「慎」。此「誓」即《爾雅》訓謹之「誓」，是「愸」借字，
與今本作「慎」是同義替換。郭店楚簡《五行》簡 17：「君子詬其〔獨也〕。」
馬王堆帛書本「詬」作「慎」。《曾伯𰾂銘》：「愸聖元武，元武孔光。」方浚
益讀愸為愸。《克鼎銘》：「盅（淑）愸㡭德。」《番生簋銘》：「穆穆克愸㡭德。」
「詬」、「愸」都從「折」省聲，讀作「愸」，與「慎」同義。陳偉武徑讀諸字
作「慎」〔註 34〕，得其義，恐未得其字。古音從折從䎀相通〔註 35〕，古音從
䎀從列亦相通，P.2011《切韻》「翌」、「瘴」同音尺制反，是其例。《荀子・哀
公》：「兩驂列，兩服入廄。」《家語・顏回》「列」作「曳」。「曳」是「跩」
省，同「踅」、「趼（趄）」。鮑彪本《戰國策・燕策二》：「吾必不聽眾口與讒
言，吾信汝也，猶列眉也。」馬王堆帛書《戰國縱橫家書》作「猶䖔也」，「䖔」
是「蠆」聲轉，「眉」乃「臂」形誤。「列臂」即「䖔臂」。古音從折從制相通
〔註 36〕，古音從制從旦相通，古音從折從旦亦相通〔註 37〕，故「愸」又音轉

〔註 31〕 桂馥《說文解字義證》，王筠《說文解字句讀》，王筠《說文釋例》，並收入丁
福保《說文解字詁林》，中華書局 1988 年版，第 10313 頁。王引之《春秋名
字解詁上》，收入《經義述聞》卷 22，江蘇古籍出版社 1985，第 539 頁。馬敘
倫《說文解字六書疏證》卷 20，上海書店 1985 年版，本卷第 65 頁。

〔註 32〕 參見陳偉武《舊釋「折」及從「折」之字平議》，《古文字研究》第 22 輯，中
華書局 2000 年版，第 253 頁。

〔註 33〕 《郭店楚墓竹簡》，文物出版社 1998 年版，第 115 頁。

〔註 34〕 陳偉武《舊釋「折」及從「折」之字平議》，《古文字研究》第 22 輯，中華書
局 2000 年版，第 254 頁。方浚益說見《綴遺齋彝器款識考釋》卷 8，亦轉引
自陳偉武文。陳劍認為「愸」沒有「敬」義，諸字當隸作「愸」，從所得聲，
是「慎」的另一個古字。陳說否定「愸」有「敬」義，失檢《爾雅》、《廣雅》，
恐非定論。陳劍《說「慎」》，《簡帛研究 2001》，廣西師範大學出版社 2001 年
版，第 207～212 頁。附識於此。

〔註 35〕 從折從䎀相通之例參見張儒、劉毓慶《漢字通用聲素研究》，山西古籍出版社
2002 年版，第 620 頁。䎀音轉作䚻，𥬇音轉作㹺。《晏子春秋・內篇諫下》：
「挈領而死。」《說苑・立節》：「契領於庭。」《賈子・耳痹》：「大夫種絜領謝
室。」《韓子・五蠹》：「折頸而死。」亦其例。

〔註 36〕 參見張儒、劉毓慶《漢字通用聲素研究》，山西古籍出版社 2002 年版，第 621 頁。

〔註 37〕 參見蕭旭《英藏敦煌寫卷校詁》，收入《敦煌文獻校讀記》，花木蘭文化出版社

作「懇」、「怛（悬）」，憂傷、驚懼之義。《詩‧匪風》「中心怛兮」，毛傳：「怛，
傷也。」《漢書‧王吉傳》「怛」作「懇」，顏師古曰：「懇，古怛字，傷也。」
P.3694V《箋注本切韻》、P.2011《切韻》、蔣斧印本《唐韻殘卷》並云：「怛，
悲也。」《唐韻殘卷》：「悬，傷也。」故《廣雅》「憗」、「挈」、「崛」、「烈」、
「怛」都是一聲之轉。《廣雅》「挈」即上文所引之「懇」。字又作「頬」，《說
文》：「頬，一曰恐也。」王筠曰：「《考工記‧輈人》『馬不契需』，注云：『契，
怯。』案『契』者『頬』之省形存聲字。」〔註38〕黃侃曰：「頬，《楚辭》注：
『契契，憂兒。』即此字。」〔註39〕又作「挈」，《集韻》：「挈，苦也。」《道
德指歸論‧得一章》：「終身挈挈，卒不為輿。」「挈挈」乃勞苦貌。此王念孫
未及者。又音轉作「嫠」、「愍」，《說文》：「嫠，難也。」《廣韻》：「嫠，意難。」
段玉裁曰：「按『契』與『嫠』音近。《廣韻》嫠音契。」〔註40〕《玉篇》：「愍，
怖也。」《集韻》：「愍，憂也。」

　　6.《方言》卷12：「噬，憂也。」《廣雅》同。戴震、王念孫、錢大昭引
二書互證〔註41〕。朱駿聲曰：「噬，叚借為制。《方言》云云。按：謂喪有四
制。」〔註42〕朱說誤。丁惟汾曰：「『噬』、『淫』雙聲音轉，卷1：『淫，憂
也。』」〔註43〕華學誠曰：「噬之訓憂，文獻無徵，未詳。丁氏以誤字為說，
不可據。卷1『淫』乃『濕』之譌，『濕』音他合切。」〔註44〕華說「濕」音
他合切，乃本盧文弨、王國維說〔註45〕，然其說非是；朱駿聲謂「淫，叚借
為熱」〔註46〕，是也。丁氏說「噬」是「淫」雙聲音轉，不誤，然實是「熱」
音轉，與「憗」、「懇」亦是轉語，古音從筮從折從刃相通，《老子》第25章

　　　　　2019年版，第56頁。
〔註38〕王筠《說文解字句讀》，中華書局1988年版，第334頁。
〔註39〕黃侃《字通》，收入《說文箋識》，中華書局2006年版，第139頁。
〔註40〕段玉裁《說文解字注》，上海古籍出版社1981年版，第622頁。
〔註41〕戴震《方言疏證》卷12，收入《戴震全集（5）》，清華大學出版社1997年版，
　　　　第2451頁。王念孫《廣雅疏證》，錢大昭《廣雅疏義》，並收入徐復主編《廣
　　　　雅詁林》，江蘇古籍出版社1992年版，第44～45頁。
〔註42〕朱駿聲《說文通訓定聲》，武漢市古籍書店1983年版，第669頁。
〔註43〕丁惟汾《方言音釋》卷12，齊魯書社1985年版，第222頁。
〔註44〕華學誠《揚雄〈方言〉校釋匯證》卷12，中華書局2006年版，第824頁。
〔註45〕盧文弨《重校〈方言〉》，抱經堂本，收入《叢書集成初編》第1180冊，中華
　　　　書局1985年影印，第6頁。王國維《書郭注〈方言〉後三》，收入《觀堂集
　　　　林》卷5，河北教育出版社2001年版，第120頁。
〔註46〕朱駿聲《說文通訓定聲》，武漢市古籍書店1983年版，第110頁。另參見蕭
　　　　旭《〈爾雅〉「蟄，靜也」疏證》。

「大曰逝」，馬王堆帛書甲、乙本「逝」作「𥸸」。《詩・有杕之杜》「噬肯適我」，《釋文》：「噬，《韓詩》作『逝』。」《晏子春秋・內篇問上》「狗迎而噬之」，《說苑・政理》同，《韓詩外傳》卷 7「噬」作「齧」，《韓子・外儲說右上》作「齕」。《說文》：「齧，噬也。」舊訓「噬，齧也」甚多，二字是音轉互訓。S.1439《春秋後語釋文》：「噬：誓。」P.2011《切韻》「噬」、「𥸸」、「澨」與「逝」、「𥷚（齧）」、「誓」、「蜇」、「趆」同音時制反〔註47〕。《楚辭・九歌・湘夫人》「澨」與「逝」、「裔」、「蓋」合韻。又古音從𥸸從介相通〔註48〕，則「噬」亦「忦（忿）」之轉語矣。

7. 忦（忿）之言扴也。《說文》：「扴，刮也。」此是聲訓，刮磨之義。「忦（忿）」即有事於心之義，故訓憂，形聲兼會意字。

8.《說文》所引《孟子》「孝子之心不若是忿」，今《萬章篇》「忿」作「恝」，趙岐注：「恝，無愁之皃。」此恝（忿）讀為窫。《說文》：「窫，靜也。」《玉篇》引《蒼頡篇》：「窫，安也。」字亦作瘛，馬王堆帛書《相馬經》「陽前陰後，瘛乎若處」，言靜如處女也。

本文承劉洪濤教授、張文冠博士、王挺斌博士審讀過，並提出修改意見，謹致謝忱！

本文作為《〈說文〉疏證（二則）》之一則，發表於《中國文字》2019 年冬季號（總第 2 期），第 88～95 頁。

〔註47〕蔣斧印本《唐韻殘卷》略同，無「趆」，有「逝」。《廣韻》、《集韻》復有增字，不具引。

〔註48〕參見白于藍《戰國秦漢簡帛古書通假字彙纂》，福建人民出版社 2012 年版，第 520 頁。《淮南子・覽冥篇》「注喙江裔」，《御覽》卷 915 引「裔」作「介」。「裔」、「介」都是「澨」轉語，水邊也。亦其例。

《說文》「紲，絳也」校疏

1.《說文》:「紲，絳也。」諸家說云:

（1）段玉裁曰:此「紲」之本義,而廢不行矣。《韻會》「絳」作「縫」,非也。

（2）桂馥曰:絳也者,《集韻》引作「縫」。《類篇》:「縫謂之紲。」《玉篇》:「紲,紩也。」《廣韻》:「紲,縫也。」《史記·趙世家》:「卻冠秫紲。」徐廣曰:「《戰國策》作『秫縫』,紲亦縫紩之別名也。古字多假借故作『秫紲』耳。此蓋言其女工篾縷之粗拙也。」馥案:「秫」即「鉥」,謂鍼也。「紲」字不當次於此,因「縫」誤為「絳」,後人移就「繻」、「絳」二文之閒。

（3）王筠曰:「縫也」依《集韻》引改。《玉篇》:「紲,紩也。」《廣韻》:「紲,縫也。」《史記·趙世家》徐廣注云云。桂氏曰:「秫即鉥,謂鍼也。」

（4）朱駿聲曰:《史記·趙世家》「卻冠秫紲」,徐廣則謂借為「鉥紩」。

（5）鈕樹玉曰:《韻會》引作「縫也」,又引《史·趙世家》「秫紲」,徐廣曰:「縫紲亦縫紩之別名」,非。《玉篇》注:「絳也,紩也。」是「紲」兼有縫義。

（6）錢大昕曰:「紲」即「絑」字,一音之轉,方俗異語,乃製殊文。「絑」轉為「紲」者,若「屈」轉為「周」為「朱」,「錭」轉為「鉥」為「銖」,「拙」轉為「朱」,「誅」、「殊」轉為「黜」,或製字,或不製字,其實一也〔註1〕。

（7）朱珔曰:段說云云。案《玉篇》:「紲,紩也。」《史·趙世家》徐廣

〔註1〕段玉裁《說文解字注》,桂馥《說文解字義證》,王筠《說文解字句讀》,朱駿聲《說文通訓定聲》,鈕樹玉《說文解字校錄》,錢大昕《說文答問》,並收入丁福保《說文解字詁林》,中華書局 1988 年版,第 12656～12657 頁。

注云云。據此當以「絀」為「紩」之假借，音相近，非借「縫」矣〔註2〕。

（8）章太炎曰：周聲、出聲相通也，朱、出亦通。《說文》：「絑，絳也。絀，絳也。」此一音之轉。朱、叕亦通，《釋名》曰：「棳儒，猶侏儒。」《方言》「鼄蝥」郭璞曰：「江東呼蝃蝥是也。」今北方叕聲、出聲之字多呼近朱聲，蓋有由也〔註3〕。

（9）章太炎又曰：「絀」與「絑」一聲之轉，猶「黜」與「誅」一聲之轉，「棳」與「侏儒」之「侏」聲誼近〔註4〕。

（10）黃侃曰：「䋣」同「絑」、「絀」。又曰：「絑」同「絀」，同「䋣」。又曰：「絀」同「絑」，亦同「縉」〔註5〕。

（11）馬敘倫曰：鈕樹玉曰：「《韻會》引作『縫也』。」王筠云云。章炳麟曰：「絑、絀一聲之轉。」倫按章說為長。「絀」為「絑」之轉注字，「絳也」當作「絑也」。「絀」訓紩者，借為「紩」字。《玉篇》引《倉頡》：「紩也。」〔註6〕

（12）張舜徽曰：絳色謂之絀，猶火光謂之炪耳。凡訓絀為縫者，乃借「絀」為「綴」也。桂馥謂此篆說解「絳」當為「縫」，非是〔註7〕。

2. 古書「絀」字無絳義，段說「本義廢不行」，非也。錢大昕、章太炎、黃侃、馬敘倫謂「絀」是「絑」借字，雖於古音有據，然於文獻無徵。桂馥、王筠依《集韻》引改「絳」作「縫」，是也。「縫」俗作「綘」（見《集韻》），因形近而誤作「絳」字〔註8〕。《玉篇殘卷》：「絀，《史記》：『郤冠銶（鉥）絀。』徐廣曰：『絀，絳也。紩之別名也。』《蒼頡萹》：『紩也。』」宋本《玉篇》約其文作：「絀，絳也，紩也。」其釋文「絳也」是徐廣語，而非引《說文》。《殘卷》「絳」原字形作「」，確是「絳」字，胡吉宣引作「縫」，與原卷不合。《殘卷》徐廣語「絳也」必是「縫也」形訛。胡吉宣曰：「引《史記》為《趙

〔註2〕朱珔《說文假借義證》，收入丁福保《說文解字詁林補遺》，第17906頁。

〔註3〕章太炎《新方言》卷2，收入《章太炎全集（7）》，上海人民出版社1999年版，第53頁。

〔註4〕王寧整理《章太炎說文解字授課筆記》，中華書局2010年版，第543頁。

〔註5〕黃侃《說文同文》，收入《說文箋識》，中華書局2006年版，第69、93頁。

〔註6〕馬敘倫《說文解字六書疏證》卷25，上海書店1985年版，本卷第35頁。

〔註7〕張舜徽《說文解字約注》，華中師範大學出版社2009年版，第3196頁。

〔註8〕《玉篇殘卷》「絳」字條引《說文》「大赤繒也」，「綰」字條引《說文》「惡色絳也」，「縓」字條引鄭玄注《儀禮》「縓，淺絳也」，「絳」都是「綘」形訛。「夅」、「夆」相混例另外參見曾良《俗字及古籍文字通例研究》，百花洲文藝出版社2006年版，第111頁。

世家》文。徐廣曰：『《戰國策》作「秫縫」，紿亦縫紩之別名也。秫者，綦鍼
也，古字多假借，故作「秫紿」耳。此蓋言其女功鍼縷之儢拙也。』二徐《說
文》：『紿，絳也。』《集韻》引作『縫也』。《廣韻》：『紿，縫也。』當本《說
文》。二徐本譌作『絳』。本書今本又依二徐誤本改。《廣雅》：『絳，會也。』
『絳』亦為『縫』譌。《慧琳音義》卷 88 引《廣雅》：『紿，縫也。』今本『縫
也』條逸『紿』字。」〔註9〕蔣斧印本《唐韻殘卷》：「紿，縫。」《集韻》：「紿，
縫也。」又「紿，縫謂之紿。」皆當本於《說文》。「紿」之訓縫，張舜徽說是
「綴」借字，是也，古音從出從叕相通〔註10〕。字本作「叕」，分化作「綴」。
《說文》：「叕，綴聯也。象形。」又「綴，合箸也。」《廣雅》：「綴，連也。」
《廣韻》：「綴，連補也。」字亦作「裰」，《廣韻》：「裰，補裰破衣。」「補裰」
即「補綴」。《集韻》：「裰，補也。」《趙世家》「秫紿」，「秫」即「鉥」，亦與
「紿」聲轉〔註11〕，而所指不同。徐廣解作「儢拙」，方以智從其說云「秫紿，
儢縫也」〔註12〕，非是。

　　本文作為《小學類著作校疏（五則）》之一則，發表於《中國文字》2021 年
夏季號（總第 5 期），第 52～54 頁。

〔註9〕胡吉宣《玉篇校釋》，上海古籍出版社 1989 年版，第 5335～5336 頁。

〔註10〕參見蕭旭《〈說文〉疏證（二則）》，《中國文字》2019 年冬季號，第 91～92 頁。

〔註11〕《文子·道原》「好憎成形，而智出於外」，一本「出」作「怵」。蔣斧印本《唐
韻殘卷》「怵」、「趉」與「黜」、「灿」同音丑律反。「灿爛」、「鬱屈」音轉作「鬱
術」或「鬱述」。「趉」、「趫」同訓走皃，當是異體字。

〔註12〕方以智《通雅》卷 36，收入《方以智全書》第 1 冊，上海古籍出版社 1988 年
版，第 1113 頁。

《說文》「硍，石聲」疏證

1.《說文》:「硍,石聲。從石,良聲。」諸家說云:

(1) 徐鍇曰:相如《上林賦》(引者按:當作《子虛賦》):「礧石相擊,硍硍礚礚。」勒當反。

(2) 段玉裁改「硍」作「硍」,曰:此篆各本作「硍」,從石,良聲。魯當切。今正。按今《子虛賦》:「礧石相擊,硍硍礚礚。」《史記》、《文選》皆同,《漢書》且作「琅」。以音求義,則當為「硍硍」,而決非「硍硍」。何以明之?此賦……謂水波大至動搖山石,石聲礔天。硍硍者,石旋運之聲也。礚礚者,石相觸大聲也。「硍」《篇》、《韻》音諧眼切,古音讀如痕,可以兒石旋運大聲,而「硍硍」字祇可兒清朗小聲,非其狀也。音不足以兒義,則斷知其字之誤矣……漢《桂陽太守周憬碑》:「弱水之邪性,順導其經脈。斷硍蕩之電波,弱陽侯之泅涌。」此用《子虛賦》也,而「硍」作「硍」,可證予說之不繆。《釋名》曰:「雷,硍也。如轉物有所硍雷之聲也。」最為明證。左思《吳都賦》:「菈擸雷硍,崩巒弛岑。」「雷」即子虛「礧石」之礧,「礧硍」亦用《子虛賦》字也。而俗本譌作「硍」,李善不能正,且曰「音郎」。於是韓愈本之,有「乾坤擺雷硍」之句,蓋積譌之莫悟也久矣。至於許書之本有此篆,可以《字林》證之。《周禮·典同》《釋文》曰:「《字林》硍音限,云石聲。」此必本諸《說文》,《說文》必本《子虛賦》也。至於許書本無「硍」字。以硍從良聲,當訓為清澈之聲,非石聲。《思玄賦》「伐河鼓之磅硍」,古作「旁琅」,未可知也。《周禮·典同》「高聲硍」,注曰:「故書『硍』為『硍』,杜子春讀『硍』為『鏗鎗』之鏗。」「硍」字見於經典者惟此。

(3) 江沅亦改「硍」作「硍」,曰:硍,此字訓石聲,即《子虛賦》之「硍

硍礚礚」也。今《子虛賦》及《說文》皆譌作「硠」。

（4）桂馥曰：讀為鏗，則「硍礚」雙聲。「礚」《說文》作「磕」，「石聲也」。

（5）桂馥又曰：石聲也者，《韻會》引徐鍇本作「硠硠，石聲」。《廣雅》：「硠，聲也。」《玉篇》：「硠磕，石聲。」《史記・司馬相如傳》：「礧石相擊，硠硠礚礚，若靁霆之聲。」

（6）王筠曰：段氏改「硠」為「硍」，非也。《玉篇》「硠」、「磕」相次，其先後各字，與《說文》大略相同。而「硍」在後增字中。其「硠」下云「硠磕，石聲」，「磕」下云「硠磕也」，是今本《說文》挩誤。

（7）朱駿聲曰：《廣雅・釋詁四》：「硠，聲也。」《釋訓》：「硠硠，堅也。」《子虛賦》「硠硠礚礚」，亦重言形況字。《思元（玄）賦》「伐河鼓之磅硠」，亦疊韻連語。《吳都賦》「菈擸雷硠」，亦雙聲連語。《釋名》：「雷，硠也，如轉物有所雷硠之聲也。」今本誤作「硍」，不知劉書皆以聲訓，「雷」、「硠」一聲之轉。若「雷」、「硍」聲隔，萬不能為訓也。段氏玉裁欲改《說文》之「硠」從艮，以當《周禮・典同》故書「高聲硍」之硍，非是。《典同》「硍」即許書之「琅」字，故書作「硍」。

（8）鈕樹玉曰：《韻會》引作「硠硠，石聲」。《玉篇》：「力唐切，硠磕，石聲，又力蕩切。」《廣韻》訓同，止收平聲。

（9）鈕樹玉又曰：《隸釋・周憬碑》「硍」乃傳刻誤字，《隸辨》載此碑作「硠」。《吳都賦》有「雷硠」，則今本《釋名》亦譌。《廣雅・釋詁》「磕、硠」當本《子虛賦》，曹音「力當、力蕩二反」，《釋訓》「硠硠」亦同。其非從艮明矣。

（10）徐承慶曰：《子虛賦》「硠硠礚礚」，《史記》、《文選》皆作「硠」。《吳都賦》作「雷硠」，《思元（玄）賦》作「磅硠」，皆「硠」字之明文，而段氏傊《史記》、《文選》皆誤，又謂李善不能正，復設疑詞曰「古作『旁琅』，未可知」。《釋名》「雷，硠也」，並不作「硍」，《太平御覽》「音郎」，乃改作「硍」而以為明證。並斥昌黎詩用「雷硠」為「積譌莫悟」。一概抹倒以就己說。至《字林》有「硍」字，不可以證《說文》本有此篆。《子虛賦》作「硍」，乃段氏自以意說，豈可以誣《說文》為本《子虛賦》作「硍」？《玉篇》「硠，力唐切，硠磕（引者按：原書作「磕」），石聲」，其字次弟與許書同；「硍，諧眼切，石聲」，廁「磂」、「硈」之間，皆許書所無之字。《廣韻・十一唐》「硠」

下云「硠礚（引者按：原書作「磕」），石聲」，《廿六產》「硍，石聲」，「硠」、「硍」同訓石聲，而「硠」云「硠礚」，本《子虛賦》；而「硍」下不引「硠礚」也。《周憬碑》乃隸書，不可據以改篆……《漢書》字作「琅」，乃「琅」、「硠」通用，音同形近，可信其必非「硍」也……乃段氏武斷。

（11）徐灝曰：鈕氏樹玉曰：「《隸釋‧周憬碑》云云。」灝按：《玉篇》云：「硠，力唐切，硠礚，石聲。又力蕩切。」此《子虛賦》所謂「硠硠礚礚」是也；又云「硍，諧眼切，石聲也」，此《周禮‧典同》故書作「高聲硍」也。《廣韻》亦曰：「硠礚，石聲，魯當切。硍，石聲，胡簡切。」足以互證。似從鈕說為長〔註1〕。

（12）朱珔曰：他本作「硠」，此從段改〔註2〕。

（13）馬敘倫曰：倫謂蓋本有「硠」、「硍」二字，今挩「硍」耳……「硠」為石聲，猶「瑲」為玉聲矣，字蓋出《字林》〔註3〕。

（14）羅君惕曰：《玉篇》：「硠，硠礚，石聲。」《子虛賦》云云。又《後漢書‧張衡傳》《思玄賦》「伐河鼓之磅硠」，注：「磅硠，聲也。」字從良者，謂其聲如良字之音也〔註4〕。

（15）張舜徽曰：朱駿聲云云，朱說是也。《子虛賦》明云：「礧石相擊，硠硠礚礚。」則「硠」訓石聲，乃石旋轉相擊之聲〔註5〕。

（16）蔣冀騁曰：從艮聲者多有小義，從良聲者多有高大義。段認為「硠」只能貌清澈小聲，不合語言實際。「硠」既為大聲，依音義關係求之，字當從良，不應從艮，段說誤。《玉篇零卷》有「硠」字，云：「力唐、力蕩二反，《說文》：『石聲也。』」此《說文》作「硠」之明證〔註6〕。

2. 段玉裁、江沅改「硠」作「硍」，朱珔從段說，《王力古漢語字典》亦採

〔註1〕徐鍇《說文解字繫傳》，段玉裁《說文解字注》，江沅《說文釋例》，桂馥《說文段注鈔案》，桂馥《說文解字義證》，王筠《說文釋例》，朱駿聲《說文通訓定聲》，鈕樹玉《說文解字校錄》，鈕樹玉《段氏說文注訂》，徐承慶《說文解字注匡謬》，徐灝《說文解字注箋》，並收入丁福保《說文解字詁林》，中華書局 1988 年版，第 9355～9358 頁。
〔註2〕朱珔《說文假借義證》，收入丁福保《說文解字詁林》，中華書局 1988 年版，第 17420 頁。
〔註3〕馬敘倫《說文解字六書疏證》卷 18，上海書店 1985 年版，本卷第 56 頁。
〔註4〕羅君惕《說文解字探原》第九下，中華書局 2013 年版，第 4639～4640 頁。
〔註5〕張舜徽《說文解字約注》卷 18，華中師範大學出版社 2009 年版，第 2302 頁。
〔註6〕蔣冀騁《段注改篆評議》，湖南教育出版社 1993 年版，第 63 頁。

其說〔註7〕。桂馥《鈔案》從段說，《義證》則否。王筠、朱駿聲、鈕樹玉、徐承慶、蔣冀騁明確反對段說；章太炎、劉世昌亦指出段說武斷，但沒有說理由〔註8〕。徐灝則依違二說，僅云鈕說為長。段氏、江氏改篆絕不可從，清儒只見到《玉篇》、《廣韻》，所反駁的證據還可以補充，以見段玉裁、江沅二氏改篆之專輒，古書無「硍硍」。

（1）蔣冀騁已經列舉《玉篇殘卷》「硍」字條引《說文》「石聲也」。《廣雅》：「硍，聲也。」《玉篇殘卷》：「磃，《說文》：『石聲也。』一曰硍磃。」〔註9〕蔣斧印本《唐韻殘卷·去聲》：「𥐕（磃），硍磃。」又《入聲》：「磃，石聲。」〔註10〕P.2011 王仁昫《刊謬補缺切韻》：「硍，硍磃。」S.2071《切韻箋注》：「硍，硍磃。」裴務齊《正字本刊謬補缺切韻》：「硍，硍磃。」又「磃，硍磃，石聲。」《慧琳音義》卷96：「硍，朗當反，石聲也。《說文》從石，良聲。」《篆隸萬象名義》：「硍，力唐反，石聲。」皆唐人及唐前人所見《說文》作「硍」字之證。

（2）《史記·司馬相如傳》《子虛賦》：「礧石相擊，硍硍磃磃，若靁霆之聲，聞乎數百里之外。」宋、元各本均作「硍硍磃磃」〔註11〕，《文選》、《類聚》卷66同，《說文繫傳》、《六書故》「硍」字條引作「硍硍磃磃」，《漢書》作「琅琅磃磃」。錢大昭曰：「《楚辭·九思》：『雷霆兮硍磃（引者按：原書作『磃』）。』《說文》：『硍，石聲。磃，石聲。』皆本此。」王先謙、王叔岷從錢說〔註12〕。

（3）段氏所引《文選·吳都賦》，各本都作「雷硍」，雙聲連語，不誤。又所引《釋名》，《御覽》卷13引作：「雷者，如轉物有所硍（音郎）雷之聲

〔註7〕 王力等《王力古漢語字典》，中華書局 2000 年版，第 810 頁。

〔註8〕 王寧整理《章太炎〈說文解字〉授課筆記》，中華書局 2010 年版，第 393 頁。劉世昌《段注〈說文〉武斷說舉例》，《師大月刊》第 22 期，1935 年版，第 186 頁。

〔註9〕 「一曰硍磃」是《玉篇》語，王貴元《說文解字校箋》誤以為是《玉篇》引《說文》，學林出版社 2002 年版，第 399 頁。附識於此。

〔註10〕 《篆隸萬象名義》：「磃，火聲。」「火」是「大」形譌。呂浩《篆隸萬象名義校釋》失校，學林出版社 2007 年版，第 361 頁。附識於此。

〔註11〕 余所見《史記》宋、元各本包括：景祐本、黃善夫本、紹興本、乾道本、淳熙本、元代彭刻本。

〔註12〕 錢大昭《漢書辨疑》卷 18，收入《叢書集成初編》第 164 冊，中華書局 1985 年影印，第 312 頁。王先謙《漢書補注》卷 57，中華書局 1983 年版，第 1167 頁。王叔岷《史記斠證》，中華書局 2007 年版，第 3089 頁。

也。」「硍雷」亦是雙聲連語。又作「礱硍」，P.2011 王仁昫《刊謬補缺切韻》：「礱，礱硍，大兒。」

（4）《類聚》卷 77 引後魏‧溫子昇《寒陵山寺碑序》：「轟轟隱隱，若轉石之墜高崖；硍硍磕磕，如激水之投深谷。」亦是化用《子虛賦》，字正作「硍硍」。

（5）《周憬碑》誤作「硍」，不足據，黃丕烈亦失校〔註13〕。

3. 錢大昭所引《楚辭》王逸《九思‧怨上》「雷霆兮硍磕」，王逸自注：「硍磕，雷聲。」《御覽》卷 394 引《東觀漢記》：「門下有擊馬著鼓者，馬驚硍（音郎）磕（音搕）。」此「硍磕」是鼓聲。「硍磕」字皆出《子虛賦》，狀雷、鼓之聲，自是大聲，而非清朗小聲。《文選‧嘯賦》：「眾聲繁奏，若笳若簫。磕硍震隱，訇磕唧嘈。」此例「硍」、「磕」分言。「硍」字西漢之前的文獻未見，當是司馬相如據其方音自造的俗字。「硍硍」狀大聲，當是「隆隆」聲轉，羅君惕說「字從良者，謂其聲如良字之音」，未能探本。《文選‧長笛賦》：「酆琅磊落，駢田磅唐。」李善注二句云：「眾聲宏大四布之貌。」《類聚》卷 44 引晉‧孫諺（該）《琵琶賦》：「伶人鼓焉，景響豐硍。」〔註14〕「酆琅」、「豐硍」都是「豐隆」轉語。大聲曰礱，石聲曰礱（礱），雷聲曰霳，鼓聲曰鼟，車聲曰轟，水聲曰瀧，皆「隆」俗變之字。古音良、龍相轉，龍、隆音亦相轉，都是來母，韻則東、陽旁轉。《類聚》卷 79 引王延壽《夢賦》：「隆隆磕磕，精氣充布。」《古文苑》卷 6 作「礱礱磕磕」。《書鈔》卷 152 引晉‧顧愷之《雷賦》：「磕磕隆隆，閃閃夐夐。」《宋書‧五行志》晉成帝末童謠曰：「磕磕何隆隆，駕車入梓宮。」《左傳‧成公二年》「伐我北鄙，圍龍」，《史記‧晉世家》「圍龍」作「取隆」。《索隱》引劉氏曰：「隆即龍也，魯北有隆山。」《史記‧魯世家》作「取我隆」。《淮南子‧氾論篇》：「隆衝以攻，渠幨以守。」銀雀山漢簡《六韜》：「毋（無）衝龍而功（攻），毋（無）渠詹（幨）而守。」銀雀山漢簡《尉繚子》：「無衝籠而攻，無（下殘）。」「衝龍」、「衝籠」即「隆衝」之倒。皆是隆、龍音轉之證。硍（琅）、礱（隆）一聲之

〔註13〕黃丕烈《隸釋刊誤》，收入《中華漢語工具書書庫》第 40 冊，安徽教育出版社 2002 年版，第 93 頁。
〔註14〕《書鈔》卷 110、《初學記》卷 16 引作「孫該《琵琶賦》」，但《初學記》未引此句，《書鈔》只引「操暢駱驛」。《三國志‧魏志‧劉劭傳》「陳郡太守任城孫該」，裴松之注引《文章敘錄》：「該字公達。」《御覽》卷 808 引孫公達《琵琶賦》。則「諺」是「該」形誤無疑。

轉，「硍硍磤磤」即「礲礲磕磕」、「隆隆磤磤」聲轉，亦足證《子虛賦》「硍」字不誤，故「硍硍」與「磤磤」皆可狀大聲。玉聲之「玲瓏」音轉為「玲琅」，是其比也。《方言》卷 13：「冢，秦晉之閒……或謂之埌，或謂之壠。」《廣雅》：「埌、壟，冢也。」王念孫曰：「埌，亦壟也，語之轉耳。」〔註15〕又「郎當」音轉為「籠東」、「龍鍾」、「隴種」等形〔註16〕，「狼戾」音轉為「懧俀」、「儱俀」、「籠戾」、「龍戾」等形〔註17〕，禾病不結實之「蓈（稂）」音轉為「穬（穬）」〔註18〕。皆是良、龍音轉之證。狀清朗小聲的「硍硍」，其語源是「朗朗」，與狀大聲的「硍硍」只是同形詞而已。

4.「硍磤」轉語又作「硫磕」，《文選》張衡《思玄賦》：「凌驚雷之硫磕兮，弄狂電之淫裔。」李善注：「硫磕，雷聲也。」《集韻》：「硫，硫磕，雷聲。」又轉作「磅磕」，《文選》張衡《西京賦》：「礔礰激而增響，磅磕象乎天威。」又轉作「輷磕」、「硑磕（磤）」，《文選》張衡《東京賦》：「撞洪鐘，伐靈鼓，旁震八鄙，輷磕隱訇，若疾霆轉雷而激迅風也。」《初學記》卷 6 梁簡文帝《海賦》：「若夫長風鼓怒，涌浪硑磕。」〔註19〕《文選》潘岳《藉田賦》：「簫管嘲哳以啾嘈兮，鼓鞞硍隱以硑磕。」

本文作為《小學類著作校疏（五則）》之一則，發表於《中國文字》2021 年夏季號（總第 5 期），第 54～59 頁。

〔註15〕參見王念孫《廣雅疏證》，收入徐復主編《廣雅詁林》，江蘇古籍出版社 1992 年版，第 778 頁。

〔註16〕參見黃生、黃承吉《字詁義府合按》，中華書局 1954 年版，第 71 頁。郝懿行《證俗文》卷 6，收入《續修四庫全書》第 192 冊，上海古籍出版社 2002 年版，第 494 頁。郭在貽《〈荀子〉札記》、《魏晉南北朝史書語詞瑣記》、《唐詩與俗語詞》，並收入《郭在貽文集》卷 3，第 8～9、26、70 頁。蕭旭《「郎當」考》有詳證，《中國語學研究・開篇》第 29 卷，2010 年 9 月日本好文出版，第 59～64 頁。

〔註17〕參見蕭旭《漢譯佛經語詞語源例考》「懧愄」條，提交「佛教文獻研究暨第六屆佛經語言學國際學術研討會」論文，韓國・忠州 2012 年 10 月 13～15 日；《東亞文獻研究》總第 11 輯，2013 年 6 月出版，第 70～76 頁；又收入《群書校補（續）》，花木蘭文化出版社 2014 年版，第 2235～2241 頁。

〔註18〕參見蕭旭《〈越絕書〉古吳越語例釋》，收入《群書校補（續）》，花木蘭文化出版社 2014 年版，第 2013 頁。

〔註19〕《類聚》卷 8 引作庾闡《海賦》，「硑磕」作「碎磕」，「碎」是「硑」形誤。

《釋名》「梠」字條疏證

1.《釋名・釋宮室》:「梠,旅也,連旅旅也。或謂之欀。欀,縣也,縣連櫋頭使齊平也。上入曰爵頭,形似爵頭也。」說者云:

（1）畢沅曰:檼,今本作「欀」,誤也。據《太平御覽》引改。《說文》云:「梠,楣也。楣,秦名屋櫋聯也,齊謂之檐,楚謂之梠。」《說文》云:「檼,屋櫋聯也。」縣連猶櫋聯也。

（2）盧文弨亦校「欀」作「檼」。

（3）顧廣圻曰:《御覽》卷188引作「連旅之,縣連勿作,連縣櫋頭使平也。上入曰雀頭,形似爵也。」

（4）蘇輿曰:《御覽・居處十六》引作「連旅之」。

（5）張步瀛刪去「旅也」二字,又乙「縣連」作「連縣」,校下「爵頭」作「爵形」。

（6）丁山曰:《御覽》引「縣連」作「連縣」〔註1〕。

（7）孫詒讓曰:《淮南子・本經訓》云:「縣連房植。」高注云:「縣聯,聯受雀頭著梠者（今本『縣』誤『縣』,此從王念孫校正）。《方言》云:「屋梠謂之欀。」郭注云:「雀梠,即屋簷也,亦呼為連縣。」「連縣」即「縣連」之到文。雀梠亦即雀頭也（爵、雀字通）〔註2〕。

（8）徐復曰:旅有連義,亦有拒義。《淮南子・時則訓》:「律中大呂。」高誘注:「呂,旅也。萬物萌動於黃泉,未能達見,所以旅旅去陰即陽,助

〔註1〕 諸說並轉引自任繼昉《釋名匯校》,齊魯書社 2006 年版,第 293 頁。
〔註2〕 孫詒讓《釋名札迻》,收入《札迻》卷 2,齊魯書社 1989 年版,第 61～62 頁。

其成功，故曰大呂。」《白虎通·五行》：「呂者，拒也。言陽氣欲出，陰不許也。」樏，畢沅改為「橎」，其實二字通用〔註3〕。

2.《御覽》卷188引作「栖，旅也，連旅之，或謂之樏。樏，縣也。連縣榱頭使平也。上入曰雀頭，形似爵也」。「檽」是「樏」俗字。「樏」、「樏」形聲俱近，徐復謂二字通用，是也，不煩改字。《韻補》卷2「樏」字條、《營造法式》卷2引作「樏」。顧廣圻引作「縣連勿作」，蓋誤記。張步瀛說全誤。「縣連」即「連縣」，語之倒順耳，孫詒讓說是也。《淮南子·本經篇》：「夏屋宮駕，縣聯房植。」王念孫曰：「『縣』皆當為『縣』，字之誤也。《說文》：『檽，屋檽聯也。』又曰：『楣，秦名屋檽聯也，齊謂之檐，楚謂之栖。』《方言》：『屋栖謂之檽。』郭璞曰：『即屋檐也，亦呼為連縣。』（連縣，猶縣聯，語之轉耳。）《釋名》：『栖，旅也，連旅旅也，或謂之檽。檽，縣也，縣連榱頭，使齊平也。上入曰爵頭，形似爵頭也。』皆足與高注相證。『檽』與『縣』，『聯』與『連』，並字異而義同。《太平御覽·人事部一百三十四》引此正作『縣聯』。」〔註4〕王氏徑改「樏」作「檽」〔註5〕。「縣連」、「檽聯」、「連縣」一也，亦作「聯棉」，《廣韻》：「棉，屋聯棉也。」

3. 張景栻、雪克、任繼昉點作「栖，旅也，連旅，旅也」〔註6〕，非是。張涌泉曰：「『連旅旅』費解，疑應作『連旅之』。『連旅』、『縣連』同義，而『之』即指『榱頭』。《御覽》卷188引《釋名》正作『連旅之』，是其切證。今本作『連旅旅』者，蓋傳刻者誤『之』為重文號，後人復加以回改也。」張氏又注曰：「『連旅』猶言『連嶁』、『連邊』、『離嶁』、『離樓』、『離摟』，皆以雙聲為

〔註3〕 徐復《釋名補疏中篇》，收入《徐復語言文字學晚稿》，江蘇教育出版社 2007
年版，第 46 頁。
〔註4〕 王念孫《淮南子雜志》，收入《讀書雜志》卷 13，中國書店 1985 年版，本卷
第 46 頁。
〔註5〕 王念孫《廣雅疏證》、錢大昭《廣雅疏義》引亦徑改「樏」作「檽」，收入徐復
主編《廣雅詁林》，江蘇古籍出版社 1992 年版，第 524 頁。郝懿行、焦循亦改
同。郝懿行《爾雅義疏》，上海古籍出版社 1983 年版，第 638 頁。焦循《孟子
正義》卷 29，中華書局 1987 年版，第 1015 頁。
〔註6〕 張景栻點校本桂馥《說文解字義證》，齊魯書社 1987 年影印咸豐二年連筠簃楊
氏刊本，第 491 頁（據書後所附《校點後記》，由張景栻點校，第 24 頁）。同
治九年湖北崇文書局本《說文解字義證》誤作「連旅之」。雪克點校本孫詒讓
《札迻》卷 2，齊魯書社 1989 年版，第 61 頁。任繼昉《釋名匯校》，齊魯書
社 2006 年版，第 292 頁。梁運華點校本《札迻》作「連旅旅」不誤，中華書
局 1989 年版，第 61 頁。

義。」〔註7〕張氏說亦誤,「連嶁」等作狀詞,不可帶賓語,「連旅」雖音轉,但《釋名》不可讀作「連嶁」也。《御覽》引作「連旅之」,「之」是重文號之誤,《營造法式》卷2引作「連旅旅」。上引王念孫、徐復說,以「連旅旅」連讀〔註8〕,是也。徐復謂「旅有連義」,亦是也,但又謂「亦有拒義」,引《淮南》注「旅旅去陰即陽」之「旅旅」說此,則未確。《淮南》高誘注之「旅旅」,本於《淮南子·天文篇》:「律受大呂。大呂者,旅旅而去也。」亦作「儢儢」,不勉彊之貌。《釋名》之「旅旅」,眾相連屬貌。故以「旅旅」狀「連」字。《廣雅》:「楣,柖也。」王念孫曰:「凡言呂者,皆相連之意。眾謂之旅。袟衣謂之絽,脊骨謂之呂,桷端聯謂之柖,其義一也。」〔註9〕王說是也,伴侶謂之侶,二十五家相群侶謂之閭,禾自生謂之稆(穭),枡櫚木名謂之櫚,久病謂之痼,亦皆取相連為義。《續道藏》封字號一《儒門崇理折衷堪輿完孝錄》卷1第十章《論砂》:「螴螴繩繩以屬其的,低結盤窩;蜂蜂旅旅以羅其傍,高藏壺盞。」「旅旅」、「繩繩」對言,皆連續不絕貌〔註10〕。

〔註7〕 張涌泉《重文號和「之」字訛混廣例》,《語文研究》2015年第4期,第26~
　　　28頁。經檢,此說早見於張涌泉、傅傑《校勘學概論》第4章《古書訛誤的
　　　類型》,江蘇教育出版社2007年版,第40~41頁。不知作者何故又重新發表?
〔註8〕 王念孫《廣雅疏證》則誤作「連旅之」,收入徐復主編《廣雅詁林》,第524頁。
　　　段玉裁《說文解字注》誤同,上海古籍出版社1981年版,第255頁。
〔註9〕 王念孫《廣雅疏證》,收入徐復主編《廣雅詁林》,江蘇古籍出版社1992年版,
　　　第524頁。
〔註10〕《老子》第14章:「繩繩兮不可名,復歸於無物。」河上公注:「繩繩者,動
　　　行無窮極也。」

《釋名》「櫓」字條疏證

1.《釋名·釋宮室》:「櫓,露也,露上無屋覆也。」今本《釋名》有脫誤,許克勤校曰:「史炤《通鑑釋文》七『樓櫓』云:『櫓即櫓字,城上守禦望樓。《說文》、《釋名》曰:「櫓,露也,上無覆屋。」』按:此引蓋脫『露』字,而『屋覆』本作『覆屋』。宋本與元(玄)應所見同。又十四卷引同,又十七卷引同。今本不脫『露』字,而仍作『覆屋(屋覆)』。今作『屋覆』蓋誤倒。又按《後漢·公孫瓚傳》:『樓櫓千里。』注云:『櫓即櫓字,見《說文》。《釋名》曰:「櫓,露也,上無覆屋。」』據此則『屋覆』誤倒明矣。」〔註1〕許氏「屋覆」乙作「覆屋」,是矣。《後漢書·袁紹傳》:「紹為高櫓起土山射營中。」李賢注引《釋名》:「樓櫓者,露上無覆屋也。」亦作「覆屋」。《玄應音義》卷2、14引作「櫓者,露也,謂城上守禦,露上無覆屋也」〔註2〕,今本《釋名》當據補「謂城上守禦」五字,許說猶未盡。《玉篇》、《廣韻》並云:「櫓,城上守禦望樓。」《古今韻會舉要》卷12引正作「露也,謂城上守禦,露上無覆屋」。《廣韻》引作「櫓,露也,露上無覆屋也」,《慧琳音義》卷20引作「櫓,露也,上無覆屋,施以拒戰也」,又卷25引作「櫓,露也,上無覆也」,又卷69引作「櫓者,上露無覆屋也」,亦有脫誤。

2. 關於「櫓」的名義,朱駿聲曰:「櫓,叚借為櫓,實為橧。《漢書·劉屈氂傳》:『以牛車為櫓。』注:『望敵之樓也。』《左成十六傳》:『巢車。』注:『車上為櫓。』疏:『櫓,澤中守草樓也。』《釋名》云云。《切韻》:『城上守

〔註1〕許克勤說轉引自王先謙《釋名疏證補坿一卷》,上海古籍出版社1984年版,第465頁。
〔註2〕《玄應音義》卷14據磧砂大藏經本,麗藏本未引。

櫓曰櫓。』按：此皆櫓字之沿譌，形近致淆耳。」朱氏又曰：「矰，北地高樓無屋者。字亦作蹭。蘇俗有月臺，是其遺意。按：字亦作櫓。字或誤作櫓。」〔註3〕龔元華採信朱氏「櫓」為「櫓」形誤的說法，並列舉了文獻中「魯」、「曾」字形互譌的大量用例，因而總結說：「『櫓』是個訛俗字，本當作『矰』，後世習非成是，『櫓』行而『矰』廢。『矰』之訛作『櫓』，是因為積聚柴薪立地為高臺，因與柴木相涉，故可改換義符作『櫓』；又『櫓』部件『曾』與『魯』俗寫混同，繼而『櫓』可訛變作『櫓』，音隨形變，讀音亦變為讀如『魯』。至此，《釋名》、《玉篇》所釋『櫓』字皆當作『櫓』。」〔註4〕

　　朱、龔的說法是錯誤的，文獻中「櫓」指城上守禦望樓的用例甚多，不能都誤。「魯」、「曾」字形確實存在大量互譌的情況，但不能據此就說「櫓」必是「櫓（矰）」字譌誤。考察「櫓」的名義，當從「櫓」的作用入手，字形分析只是輔助。這種大量修改文獻用字的做法是危險的。《漢書·賈誼傳》：「斥候望烽燧不得臥。」顏師古注引文穎曰：「邊方備胡寇，作高土櫓，櫓上作桔皐，桔皐頭兜零，以薪草置其中，常低之，有寇即火燃，舉之以相告曰烽。又多積薪，寇至即燃之，以望其煙曰燧。」是「櫓」亦可以土為之。《史記·周本紀》：「幽王為烽燧。」《正義》：「燧，土魯也。」「魯」是「櫓」省字。《左傳·宣公十五年》：「登諸樓車使呼宋人而告之。」杜預注：「樓車，車上望櫓。」《史記·鄭世家》《集解》引杜說同。《左傳·成公十六年》：「楚子登巢車以望晉軍。」杜預注：「巢車，車上為櫓。」孔疏：「櫓，澤中守草樓也。」《說文》「樓」訓澤中守草樓，孔疏是誤引〔註5〕。《史記·司馬相如傳》《上林賦》：「江河為阹，泰山為櫓。」《集解》引郭璞曰：「櫓，望樓也。」

　　3. 上引《玄應音義》及《玉篇》、《廣韻》，都說「櫓」是城上用作守禦遠望的高樓，《慧苑音義》引《切韻》：「城上守禦曰櫓也。」《慧琳音義》卷21轉引同。《慧琳音義》卷33引《文字集略》：「櫓，城上守禦者，露無覆屋也。」「守禦」是其核心義。《漢書·劉屈氂傳》：「以牛車為櫓。」顏師古曰：

〔註3〕 朱駿聲《說文通訓定聲》，武漢市古籍書店1983年版，第418、69頁。

〔註4〕 龔元華《「樓櫓」之「櫓」考源》，《漢語史學報》第14輯，上海教育出版社2014年版，第219～223頁。又龔元華《釋「樓櫓」之「櫓」》，《天中學刊》2014年第3期，第104～105頁。

〔註5〕 王念孫、沈濤已訂「櫓」作「樓」。王念孫說轉引自王引之《經義述聞》卷15，江蘇古籍出版社1985年版，第350頁。沈濤《說文古本考》，收入丁福保《說文解字詁林》，中華書局1988年版，第6150頁。

「櫓，楯也。遠與敵戰，故以車為櫓，用自蔽也。一說：櫓，望敵之樓也。」
二義實相因，謂以牛車為守禦之物，其作用相當於楯。「樓」的名義亦同，故
同義連文。《慧琳音義》卷 33、69 並引《文字集略》：「樓，城上守禦屋也。」
又卷 53 引《考聲》曰：「樓、櫓，皆城上拒戰也。」一「皆」字就是指出「樓」、
「櫓」都是用於守禦、拒戰的樓屋。《釋名》以「露」為語源雖錯誤，但「露」
是音訓字，可以證明其字必從魯作「櫓」，而不會是「櫓（櫓）」字形譌。《文
字集略》又承其誤。《篆隸萬象名義》：「櫓：大盾，露，旅，進舩。」釋文「露」
亦承《釋名》之誤。《說文》：「櫓，大盾也。樐，或從鹵。」「盾」之作用是
守禦、拒敵，因此用於守禦、拒戰的樓屋亦稱作「櫓」。《龍龕手鏡》：「樐：
古。櫓：正。音魯，望樓別名也。」《後漢書‧公孫瓚傳》：「今吾諸營樓樐千
里。」李賢注云云。《通典》卷 178、《太平寰宇記》卷 70 引作「樓櫓」，《三
國志‧公孫瓚傳》、《冊府元龜》卷 452 同。《後漢書》作異體字「樐」，可以
說明此字必不從曾作「櫓」。俗字亦作櫓，見《集韻》。「樓櫓」的形制見附圖，
其上部中間小的是樓，四周是櫓。「櫓」由呈盾牌形的牆構成，這就是「櫓」
字的名義所在。

4.「櫓」是守望敵情的樓屋，亦為進攻敵軍的兵車之名，取義仍是「守
禦」，蓋以兵車護衛進攻者。《孫子‧謀攻》：「攻城之法為不得已，修櫓轒轀，
具器械，三月而後成。」銀雀山漢簡本殘存「脩櫓」二字，則今本「櫓」字
不誤。「轒轀」是四輪兵車，諸家無異說。曹操注曰：「修，治。櫓，大楯也。」
李筌曰：「櫓，楯也。」杜牧曰：「櫓，即今之所謂彭排。」杜佑曰：「修櫓，
長櫓也。」張預曰：「修櫓，大楯也。」曹操「修」訓治，是也；杜佑、張預
「修」訓長、大，未得。《三國志‧公孫度傳》：「起土山，脩櫓，為發石連弩
射城中。」「脩櫓」亦此義。諸家皆謂「櫓」是楯，獨梅堯臣曰：「曹公謂櫓
為大楯，非也。今城上守禦樓曰櫓，櫓是轒牀上革屋，以蔽矢石者歟？」梅
說近是。《古文苑》卷 12 班固《車騎將軍竇北征頌》：「勒邊禦之永設，奮轒
（轒）櫓之遠徑。」章樵注：「轒當作轒。轒櫓，城上守禦望樓。」「轒櫓」
即出《孫子》。《戰國策‧齊策五》：「百姓理襜蔽，舉衝櫓，家雜總，身窟穴，
中罷於刀金，而士困於土功。」鮑彪注：「衝，陷陣車，正作轞。」吳師道補
注：「城上露屋為櫓，戰陣高巢車亦為櫓。此與衝並言，亦車也。」《御覽》
卷 336 引袁宏《祖逖碑》：「群寇圍城，衝櫓既附，城將降矣。」《宋書‧武帝
本紀》：「衝櫓四臨，萬雉俱潰。」

戰船上亦有樓櫓，因而戰艦也稱作「櫓」，《古文苑》卷7王粲《浮淮賦》：「泛洪櫓於中潮兮，飛輕舟乎濱濟。」章樵注：「櫓，戰船上敵樓。」又稱作「樓船」，《西京雜記》卷6：「昆明池中有戈船樓船各數百艘，樓船上建樓櫓，戈船上建戈矛。」

《玉篇殘卷》「限」字條引《說文》：「限，阻也。一旦門櫓。」今本作「一曰門榍」，野王所引是形譌。

5. 附帶說一下「櫓（矰）」的語源。《說文》：「矰，北地高樓無屋者。」《廣雅》：「櫓，巢也。」矰、櫓是專字，或借曾、層為之，其語源是增，指構架薪柴製作而成。《禮記·禮運》：「冬則居營窟，夏則居櫓巢。」鄭玄注：「寒則累土，暑則聚薪柴居其上。」《釋文》：「櫓，本又作增，又作曾，同。」孔疏：「謂櫓聚其薪以為巢。」《家語·問禮》同《禮記》，王肅注：「有柴謂櫓，在樹曰巢。」因稱所建之巢室為櫓巢，名詞。《荀子·法行篇》：「鷹鳶猶以山為卑，而增巢其上。」相似的文句，《大戴禮記·曾子疾病》、《說苑·說叢》、《老子》第50章魏·王弼注「增巢」同，《說苑·敬慎》作「層巢」，《潛夫論·忠貴》作「櫓巢」〔註6〕，《類聚》卷36引梁·劉孝標《山栖誌》作「曾巢」〔註7〕。字亦借榛為之，《淮南子·原道篇》：「木處榛巢，水居窟穴。」高誘注：「聚木曰榛。」又《說林篇》：「榛巢者處林茂，安也；窟穴者託埵防，便也。」王引之曰：「榛當讀為櫓。」〔註8〕顯然「櫓」非櫓巢之形。

（附圖：樓櫓。圖片取自網絡）

〔註6〕《後漢書·王符傳》「卑」作「埤」，「櫓」作「增」。
〔註7〕《廣弘明集》卷24引作「層巢」。
〔註8〕王引之說轉引自王念孫《淮南子子雜志》，收入《讀書雜志》卷12，中國書店1985年版，本卷第64頁。

《釋名》「汋」字再議

1.《釋名》中「汋」字凡 8 見，茲錄其文及各家說於下：

（1）《釋形體》：「汋，澤也，有潤澤也。」

畢沅曰：人身無所謂汋者，「汋」字蓋誤也，疑當為「液」。

王啟原曰：本篇後文「自臍以下曰水腹，水汋所聚也」，又云「胕，鮑也，主以虛承水汋也」，凡二見，是成國專以汋為胕中之水。《釋宮室篇》「井一有水一無水曰瀱汋」，胕水時有時無，引申取義，實非誤字〔註1〕。

盧文弨曰：字書未有言「汋」同「液」者，劉熙《釋名》則往往以「汋」為「液」。《釋形體》云：「汋，澤也，有潤澤也。」上是津，下是汗，其為液也明矣。《釋飲食》又云：「吮，循也。不絕口，稍引滋汋，循咽而下也。」「滋汋」亦即「滋液」〔註2〕。

朱駿聲曰：汋，叚借為液。《釋名·釋形體》：「汋，澤也，有潤澤也。」〔註3〕

徐復曰：汋，俗「液」字。《說文》：「汋，激水聲也。」段玉裁注：「《釋名》：『汋，澤也。』蓋皆借為液字。」《素問·經絡論》：「熱多則淖澤，淖澤則黃赤。」王冰注：「淖，濕也。澤，潤液也。」〔註4〕

〔註1〕畢沅、王啟原說皆見畢沅、王先謙《釋名疏證補》，中華書局 2008 年版，第 62 頁。

〔註2〕盧文弨《鍾山札記》卷 4「汋同液」條，收入《盧文弨全集》第 7 冊，浙江大學出版社 2017 年版，第 263 頁。

〔註3〕朱駿聲《說文通訓定聲》「汋」字條，武漢市古籍書店 1983 年版，第 331 頁。

〔註4〕徐復《釋名補疏上篇》，收入《徐復語言文字學晚稿》，江蘇教育出版社 2007 年版，第 14 頁。

（2）《釋形體》：「胅，䏶也；䏶，空虛之言也，主以虛承水汋也。」《御覽》卷376引「水汋」同。

蘇輿曰：《史記・扁鵲倉公傳》《正義》云：「胞，虛空也，主以虛承水液。」本此為義〔註5〕。

（3）《釋形體》：「自臍以下曰水腹，水汋所聚也。」《御覽》卷371引「水汋」同。

（4）《釋飲食》：「吮，循也。不絕口，稍引滋汋，循咽而下也。」

蘇輿曰：本書《釋形體》：「汋，澤也。」〔註6〕

（5）《釋宮室》：「井一有水一無水曰㵎汋。㵎，竭也。汋，有水聲汋汋也。」

畢沅曰：《說文》：「汋，激水聲也。」

蘇輿曰：《爾雅》郭注以為《山海經》天井之類。《中山經》云「視山，其上多韭，有井焉，名曰天井。夏有水，冬竭。」此訓㵎為竭，是其義也〔註7〕。

2.《說文》：「汋，激水聲也。井一有水，一無水，謂之㵎汋。」段玉裁曰：「《釋名》：『汋，澤也。有潤澤也。』『自臍以下曰水腹。水汋所聚也。』『胞主以虛承汋也。』蓋皆借為液字。又《楚詞》『汋約』，即《莊子》『淖約』。『井一有水，一無水，謂之㵎汋』見《釋水》。劉氏《釋名》說其義曰：『㵎，竭也。汋，有水聲汋汋也。』然則㵎謂一無水，汋謂一有水。」〔註8〕朱珔全用段說〔註9〕。

段氏引《爾雅》及《釋名》釋《說文》「㵎汋」是也，而引《釋名》三例釋《說文》「汋，激水聲也」則誤。《說文》「汋」、「激」是聲訓，故黃侃曰：「『汋』同『激』。」又曰：「『激』同『汋』。」〔註10〕畢沅、蘇輿引《說文》及《中山經》釋《釋名》，亦是也。㵎（㵎）之言竭，謂無水。汋之言水汋起，謂有水。故井一有水一無水謂之㵎汋，激水聲謂之汋也。P.2011王仁昫《刊謬補缺切韻》：「趵，足擊。」《玉篇》：「趵，足擊聲。」足擊聲曰趵，水擊聲曰汋，其義一也。水擊亦作「趵」，濟南有趵突泉，即取此義。字亦作泡，《山海

〔註5〕 蘇輿說轉引自畢沅、王先謙《釋名疏證補》，中華書局2008年版，第72頁。
〔註6〕 蘇輿說轉引自畢沅、王先謙《釋名疏證補》，中華書局2008年版，第134頁。
〔註7〕 畢沅、蘇輿說皆見畢沅、王先謙《釋名疏證補》，中華書局2008年版，第192頁。
〔註8〕 段玉裁《說文解字注》，上海古籍出版社1981年版，第550頁。
〔註9〕 朱珔《說文假借義證》，黃山書社1997年版，第619頁。
〔註10〕 黃侃《說文同文》，收入《說文箋識》，中華書局2006年版，第76頁。

經・西山經》:「東望泑澤,河水所潛也,其源渾渾泡泡。」郭璞注:「渾渾泡泡,水濆湧之聲也。」熱水沸騰曰「勺濼」、「灼濼」、「灼爍」〔註11〕,勺(灼)言水汋起也。爍(濼)之言趮(躒)也,字亦作濼,音轉亦作躍,指水躍動。

3. 上舉《釋名》前四例「汋」用同「液」,斷無可疑。《釋宮室》及《說文》「汋,激水聲也」的「汋」是同形異字,與此四例無涉。《老子》第15章「渙兮若冰之將釋」,帛書甲、乙本「釋」作「澤」,P.2255、P.2329、P.2370、P.2584、S.798、S.6453、S.6825V《想爾注》本、BD14633、Дx.11964、遂州碑本、唐無名氏《次解》本作「汋」(S.6825V作「汋」,字形分明),《文子・上仁》作「液」。馬敘倫曰:「『釋』亦可借為『液』,聲並魚類。本或作『汋』者,魚、宵之類古亦通也。」〔註12〕《抱朴子內篇・金丹》「以承日月,得〔神〕液如方諸之得水也,飲之不死」〔註13〕,《雲笈七籤》卷67引作「神汋」。《真誥》卷5「十二試之,有三不過。後服金汋而升太極」,《御覽》卷659引作「金液」。又「遂見仙人授以金汋之方」,《無上祕要》卷65、《仙苑編珠》卷中引亦作「金液」。《太清金液神丹經》卷中:「作金液還丹之道……已內霜雪中,以上篇蓋之。甎代赭、瓦屑如之以塗其會,牢塗之,無令泄,泄則華汋飛去。」「華汋」即是「金液」。《雲笈七籤》卷32引《老君尹氏內解》:「唾者,漱為醴泉,聚為玉漿,流為華池,散為精汋,降為甘露。」又卷56引《老子節解》「精汋」作「津液」,陶弘景《養性延命籙》卷上引《內解》誤作「精浮」。

上引諸家說「汋」是「液」叚字或誤字或俗字,誤字、俗字說無據,叚字說則與古音有隔。王寧指出「古音中『汋』是禪紐沃部字,『液』是余紐鐸部字,二字的讀音差距甚大,不能言通假」,因從畢沅誤字說,謂「汋」是「沔」形誤,「沔」是「液」雙聲、陰入對轉的異體字〔註14〕。蔡偉說「汋」是「汐」形誤,「汐」是「液」異體字〔註15〕。

二君改字說之,余所不取也。王啟原說「汋」字不誤是也,但以「瀾汋」

〔註11〕《文選・思玄賦》:「撫軨軹而還睨兮,心勺濼其若湯。」舊注:「勺濼,熱貌。」李善注:「《楚辭》曰:『心涫沸其若湯。』」五臣本作「灼濼」,《後漢書・張衡傳》作「灼爍」。李賢注:「爍,音鑠,熱貌也。言顧瞻鄉國而心熱也。」

〔註12〕馬敘倫《老子校詁》,中華書局1974年版,第186頁。

〔註13〕「神」字據《御覽》卷4、985引補。

〔註14〕王寧《〈釋名〉中用為「液」的「汋」字旁議》,《漢字漢語研究》2020年第4期,第47~48頁。

〔註15〕蔡偉《古文獻中所見從「勺」從「夕」之字訛誤之例》,復旦古文字網站2021年1月21日。

說之則誤。《穆天子傳》卷 1「黃金之膏」，郭璞注：「金膏，亦猶玉膏，皆其精沉也。」《文選·廣絕交論》、《江賦》李善注二引「精沉」同，又指出「沉音綽」；《御覽》卷 85 引「精沉」亦同，又卷 811 引作「精液」。《御覽》卷 70 引《淮南子》「黃龍入藏生黃泉」，又引注：「黃泉，黃龍之精沉也。」〔註16〕李善明確指出「沉音綽」，則其字必是「沉」字，不是「汐」字。考《禮記·內則》鄭玄注：「釋者曰膏。」《廣雅》：「膏，澤也。」《廣韻》：「膏，脂也。《元命包》曰：『膏者，神之液也。』又澤也，肥也。」《御覽》卷 375 引《春秋元命苞》同。凝者為脂，釋者為膏，對文則別，散文則通。膏指精沉，又訓澤，是沉即澤也。「沉」字亦音轉作「淖」〔註17〕，《管子·內業》「淖乎如在於海」，尹注：「淖，沉潤也。」「沉潤」即「澤潤」，亦即「潤澤」。《廣雅》：「淖，溼也。」言溼潤、潤澤也。徐復所引《素問》「淖澤」是變音複合詞，淖亦澤也〔註18〕。《正統道藏》有《抱朴子神仙金沉經》，書名用「沉」字，其訛誤的可能性很小。

4.《釋名》「沉，澤也，有潤澤也」者，「沉，澤也」是聲訓，故申言曰「有潤澤也」。「沉」不是直接借作「液」，「沉」當是「澤」音轉，沉從勺得聲，禪母藥部；澤定母鐸部（中古音澄母）。黃季剛指出「禪，此亦定之變聲」〔註19〕。藥、鐸旁轉疊韻〔註20〕。「澤」與「液」音轉，液余母鐸部，余母與定母相近。《釋名·釋形體》：「腋，繹也，言可張翕尋繹也。」是其音轉之證。《西京雜記》卷 6「以手捫椑，滑液如新」，「滑液」即是「滑澤」音轉。《釋名·釋地》：「下而有水曰澤，言潤澤也。」《素問·疏五過論》「令澤不息」，王冰注：「澤者，液也。」

本文承孟蓬生教授審讀並提出修改意見，謹致謝忱！

2021 年 1 月 26～27 日初稿，1 月 27 日二稿。

〔註16〕《淮南子》出《墬形篇》，今本無此注語。

〔註17〕相通之例參見張儒、劉毓慶《漢字通用聲素研究》，山西古籍出版社 2002 年版，第 249 頁。

〔註18〕《說苑·臣術》「尹綽」，《國語·晉語九》作「尹鐸」，阜陽二號木牘作「澤」。

〔註19〕黃侃《音略》三《古聲》，收入《黃侃論學雜著》，中華書局 1964 年版，第 73 頁。

〔註20〕「鑿」（藥部）音轉為「作、笮」（鐸部），參見蕭旭《韓詩外傳解詁》，《文史》2017 年第 4 輯，第 18 頁。《史記·晉世家》「出公鑿」，《六國年表》「鑿」（藥部）作「錯」（鐸部）。「樂」聲字（藥部）與「各」聲字（鐸部）相通，參見張儒、劉毓慶《漢字通用聲素研究》，山西古籍出版社 2002 年版，第 258 頁。孟蓬生教授檢示：清華簡（一）《耆夜》引《蟋蟀》「樂」（藥部）與「莟」（鐸部）字相押。《集韻》「潃」（藥部）或作「洉」（鐸部）。都是藥、鐸旁轉疊韻的例子。

《唐韻》「稫稄」校正

1. 蔣斧印本《唐韻殘卷·入聲》:「稫,稫稄,禾密滿皃。」裴務齊《正字本刊謬補缺切韻·職韻》:「稫,稫稄,禾密滿。」又「稄,阻力反。」S.2071《切韻箋注·職韻》:「稫,稫稄,禾密皃。」又「稄,阻力反。」S.6013《切韻》殘卷:「稫,稫稄,禾密皃。」P.2014《大唐刊謬補闕切韻·職韻》:「稫,〔稫〕稄,禾密滿。」又「■,阻力反。」又「■,禾稠稫■。」《玉篇》:「稫,稫稄,滿貌。」《鉅宋廣韻》:「稫,稫稄,禾密滿。」又「稄,稫稄,阻力切。稄,一本作此。」《集韻》:「稫,稫稄,禾密皃。」又「稄,稫稄,禾密皃。」《類篇》同《集韻》。《鉅宋廣韻》「稫,稫稄」之「稄」有異文,黎氏《古逸叢書》覆元泰定本亦作「稄」,《古逸叢書》覆宋本(南宋寧宗年間杭州翻刻本)、明內府本、張氏澤存堂本、符山堂本、四庫本作「稄」,龍谷大學藏元代至正二十六年南山書院刊本作「稄」〔註1〕。又《廣韻》「稄,稫稄」,各本同,《附釋文互註禮部韻略》卷5亦同,獨符山堂本、四庫本作「稄,稫稄」,「稄」與字頭不符,明顯是形誤。

2. 治《篇》、《韻》者,方成珪、鄧顯鶴、黎庶昌、黃侃、胡吉宣、葛信益、范祥雍、趙振鐸、徐朝東諸家於「稄」字並無說〔註2〕。《廣韻》「稫,稫

〔註1〕 宋巾箱本此處殘缺,四部叢刊景巾箱本據澤存堂本配補,江蘇教育出版社景巾箱本據鉅宋本配補。

〔註2〕 方成珪《集韻考正》卷10,收入《續修四庫全書》第253冊,上海古籍出版社2002年版,第363頁。鄧顯鶴《玉篇校刊札記》,道光三十年東山精舍本,第21～22頁。黎庶昌《宋本〈廣韻〉校札》,《古逸叢書》之十二《覆宋本重修廣韻》附錄,第13頁。黃侃《黃侃手批廣韻》卷5,中華書局2006年版,第614頁。胡吉宣《玉篇校釋》,上海古籍出版社1989年版,第2959頁。葛

稷」條，趙少咸以黎氏《古逸叢書》覆宋本作底本，校記云：「『稷』原誤『稜』，曹本誤『稷』，餘本誤『稜』，依泰定本及本韻阻力切『稷』注正。《龍龕手鑑·禾部》：『稷，音側，稫稷，禾密滿也。稫，音逼，稫稷。』」又左側校記云：「《玉篇·禾部》：『稫，丕力切，稫稷，滿皃。』」〔註3〕周祖謨以張氏澤存堂本作底本，校記云：「稷，段改作『稷』，是也。下文『稷』注云『稫稷』，是其證。《唐韻》五代刻本韻書並作『稷』。」〔註4〕余迺永亦以澤存堂本作底本，眉批云：「《唐韻》、鉅宋本、元泰定本作『稫稷』，合《玉篇》。『稜』字誤。」〔註5〕蔡夢麒亦以澤存堂本作底本，校記云：「稫稷，原作『稫稜』，據鉅宋本、元泰定本及《玉篇》改。本韻阻力切作『稫稷』，不誤。」〔註6〕裴務齊《切韻》「稫稷」，楊寶忠校「稷」作「稷」〔註7〕。P.2014《切韻》「稷」，龍宇純據 S.6013《切韻》及《裴韻》、《蔣韻》校作「稷」，關長龍從其說，指出「稫稷」為連綿詞〔註8〕。

3. 從夌之字不能讀阻力切，諸家校作「稫稷」不確。「稷」當是「稷」形誤，P.2014《切韻》及南山書院刊本、曹本《廣韻》不誤，獨可寶貴；而趙少咸、龍宇純說以不誤為誤，俱矣，非版本多者即勝也。明·章黼《重訂直音篇》卷4：「稫，稫稷，禾宓（密）皃。」明人所據本作「稷」亦不誤。王念孫、鄭知同、錢繹引《玉篇》都徑正作「稫稷，滿皃」〔註9〕，得之矣。《裴韻》之

信益《〈廣韻〉譌奪舉正（增訂稿）》，收入《廣韻叢考》，北京師範大學出版社1993年版，第73～74頁。范祥雍《〈廣韻〉三家校勘記補釋》，上海古籍出版社2011年版，第321頁。趙振鐸《集韻校本》卷10，上海辭書出版社2012年版，第1560、1571頁。徐朝東《蔣藏本〈唐韻〉研究》，北京大學出版社2012年版，第102頁。

〔註3〕趙少咸《廣韻疏證》卷5，巴蜀書社2010年版，第3547頁。

〔註4〕周祖謨《廣韻校本》（下冊）卷5，中華書局2004年版，第572頁。

〔註5〕余迺永《新校互注宋本廣韻（定稿本）》卷5，上海人民出版社2008年版，第528頁。

〔註6〕蔡夢麒《廣韻校釋》，嶽麓書社2007年版，第1248頁。

〔註7〕楊寶忠《疑難字續考》，中華書局2011年版，第27頁。

〔註8〕龍宇純《唐寫全本王仁昫刊謬補缺切韻校箋》卷5，香港中文大學1968年初版，第722頁。關長龍說見張涌泉主編《敦煌經部文獻合集》第7冊，中華書局2008年版，第3530～3531頁。

〔註9〕王念孫《廣雅疏證》，收入徐復主編《廣雅詁林》，江蘇古籍出版社1992年版，第21頁。鄭珍《說文新附考》卷1附鄭知同按語，收入《續修四庫全書》第223冊，上海古籍出版社2002年版，第276頁。錢繹《方言箋疏》卷6，上海古籍出版社1984年版，第399頁。

「稷」，亦「稷」形誤1〔註10〕，楊寶忠說未得。

　　昃聲字與矢聲、仄聲、則聲相通〔註11〕，「稷」是「側」、「仄（厢、昃、吳）」音轉。《易·豐》彖曰「日中則昃」，《釋文》本作「吳」，云：「吳，孟作稷。」P.2014《切韻》「■」、「■」必是一字復出，其左旁是「禾」，右旁是「吳」，即「稧」字，據此，可以決斷「稷」是「稷」形誤，無庸疑也。此「稷」與「社稷」之「稷」是同形異字，《廣韻》所見一本從吳作「稧」，正與《切韻》相合。馬王堆帛書《陰陽十一脈灸經》甲本：「〔不〕可以反稷。」帛書乙本「稷」作「則」。《史記·秦本紀》「（秦）昭襄王」，《索隱》：「名則，一名稷。」《御覽》卷81引《尚書中候考河命》：「舜至于下稷，榮光休至。」注：「稷，讀曰側下之側。」《初學記》卷6引《尚書中候》：「至于下稷，赤光起。」宋均注：「稷，讀曰側。」《文選·赭白馬賦》李善注引宋均注：「稷，側也。」《史記·田敬仲完世家》：「齊稷下學士復盛。」《索隱》：「蓋因側系水出，故曰稷門。古側、稷音相近耳。」《吳越春秋·夫差內傳》：「不知螳蜋超枝緣條，曳腰聳距，而稷其形。」宋本「稷」作「稷」。孫詒讓曰：「稷當讀為側，『側』、『稷』聲近叚借字。」〔註12〕《慧琳音義》卷24：「昃塞：上楚力反，毛詩《傳》曰：『昃昃，猶側側也。』按：昃塞，人稠也。」又卷78：「昃塞：上音惻。」《集韻》：「厢，《說文》：『日在西方時側也。』引《易》『日厢之離』。或作吳、昃、稷。」此皆「側」、「昃」同音之證。專字亦作「稝」〔註13〕，《玉篇》：「稝，稠稝也。」《集韻》、《類篇》：「稝，禾稠皃。」「稬稷」是「偪側」、「逼側」轉語，狀禾逼迫滿密之皃。「偪（逼）側」也作「偪仄」，音轉亦作「偪（逼）窄」，古音乍聲、則聲亦相通〔註14〕。東漢《華山亭碑》「齋室逼窄」，又「處所逼窄」。「偪（逼）側」又音轉作「偪（逼）塞」，《易·

〔註10〕「昃」、「髮」形近易譌。睡虎地77號漢墓殘簡「社髮」，馬王堆帛書《周易》「日髮之羅（離）」，漢《靈台碑》「日髮不夏」，「髮」是「稷」形誤，即「稷」，今本《易·離》作「昃」。帛書《五星占》「黍稷之匿」，「稷」是「稷」形誤。張家山漢簡《脈書》「不可以反瘦」，「瘦」是「瘦」形誤。《莊子·則陽》《釋文》：「稷稷：一本作稷。」都是其例。

〔註11〕相通之證參見張儒、劉毓慶《漢字通用聲素研究》，山西古籍出版社2002年版，第68頁。

〔註12〕孫詒讓《札迻》卷3，中華書局1989年版，第85頁。

〔註13〕參見胡吉宣《玉篇校釋》，上海古籍出版社1989年版，第2955頁。

〔註14〕相通之證參見張儒、劉毓慶《漢字通用聲素研究》，山西古籍出版社2002年版，第372頁。

井》「為我心惻」，馬王堆帛書本「惻」作「塞」，上博楚簡（三）本作「寋」。是其音轉之證。「塞」即「寋」通用俗字。《說文》：「寋，窒也。」又「寋，實也。」也寫作「鞠塞」、「福塞」，P.2976《駕行溫湯賦》：「天門闒開，路（露）神仙之鞠塞。」《太平廣記》卷 250 引《開天傳信記》作「福塞」。

4.《史記・司馬相如傳》《上林賦》「湢測泌瀄」，《索隱》引司馬彪曰：「湢測，相迫也。泌瀄，相楔也。」《漢書》、《文選》「湢測」作「偪側」，李善注引司馬彪曰：「偪側，相迫也。泌瀄，相揳也。」《玉篇》：「湢，音逼，湢沴，水驚涌貌。」《廣韻》：「湢，湢沴，水驚起勢也。」又「沴，阻力切，湢沴，水勢。」《集韻》：「湢，湢沴，水驚涌兒。」禾之逼迫滿密曰「稫稄」，水之逼迫激涌曰「湢測」、「湢沴」，都是「偪（逼）側」改易義符或聲符的分別字。此可以同源詞判定「稫稄」為正，無所疑也。

5.《上林賦》「偪側泌瀄」，「泌瀄」實亦「偪側」轉語，狀水勢逼迫激涌。胡紹煐曰：「《玉篇》：『湢沴，水驚涌貌。』『偪側』與『湢沴』同。本書《洞簫賦》善注：『咇嘰，聲出貌。』泌瀄猶咇嘰，聲急出謂之咇嘰，故水急出謂之泌瀄。《七發》注：『泌瀄，波相揳也。』本此。」〔註15〕文廷式曰：「『偪側』即『泌瀄』也。」〔註16〕胡、文二氏說均是，高步瀛從胡說〔註17〕。《廣韻》：「咇，咇嘰，多言。」聲音繁雜急迫謂之「咇嘰」，水流急迫快疾謂之「泌瀄」。「泌瀄」又音轉作「密櫛」、「密擳」，《文選・長笛賦》：「繁手累發，密櫛疊重。」《類聚》卷 44 引作「密擳」，《初學記》卷 16 引誤作「密慨」。胡紹煐曰：「櫛亦密也。櫛或作栉。『密櫛』疊韻，與『咇嘰』、『泌瀄』音義皆同。」〔註18〕

6.「偪側」又音轉作「稝稄」、「稝稫」，蔣斧印本《唐韻殘卷》、裴務齊《正字本刊謬補缺切韻》、P.2011 王仁昫《刊謬補缺切韻》、S.2071《切韻箋注》並云：「稝，稝稄，禾重生。」P.3694V《箋注本切韻》亦同，惟「稄」字殘存左邊「禾」耳。蔣斧《唐韻殘卷》：「稄，稝稄。」裴務齊《切韻》：「穊，稝穊。」「穊」是「稄」俗字。S.2071《切韻》、P.3694V《切韻》並云：「稄，稝〔稄〕。」《集韻》：「穊、稄：稝稄，禾重生兒。或省。」《類篇》：「稄，稝稄，禾重生。稄或作稄。」明李登《重刊詳校篇海》：「稄，稝稄，禾重生貌。

〔註15〕 胡紹煐《文選箋證》卷 10，黃山書社 2007 年版，第 257～258 頁。
〔註16〕 文廷式《純常子枝語》卷 9，收入《續修四庫全書》第 1165 冊，上海古籍出版社 2002 年版，第 123 頁。
〔註17〕 高步瀛《文選李注義疏》卷 8，中華書局 1985 年版，第 1732 頁。
〔註18〕 胡紹煐《文選箋證》卷 19，黃山書社 2007 年版，第 485 頁。

或作秜，亦作秮，與稷同。」明吳敬甫《六書正義》卷12：「稌稷，禾密皃，或曰禾重生，借用『偪側』，俗作『秮秜』。」〔註19〕《類篇》說「稷或作秮」，李氏說同，甚確。吳氏雖不知「稷」是「稷」形誤，但說「稌稷（稷）」是「偪側」借字，又作『秮秜』，則甚確。我舊說云：「《廣韻》：『秮，秮秜，禾重生。』又『吡，吡嘧，多言。』《集韻》：『吡、嗶，吡嘧，聲出貌，或從畢。』『秮秜』、『吡嘧』與『泌㴉』同源，皆取快疾之義。」〔註20〕「秮秜（稷）」訓禾重生者，蓋指不種而再生、自生之稻，較種植生長者成熟期短，且稻穗比種植者繁密。《字彙補》：「𥞶，澄流切，音稠。《篇海》：『概也。』」張涌泉曰：「《篇海》卷15引《俗字背篇》：『𥞶，音紬，概也。與「稠」字義同。』此字應即『稠』字異體。《廣韻》：『稠，概也，多也。』『𥞶』、『稠』音義皆同。」〔註21〕說「𥞶」是「稠」異體，音澄流切、音紬或音稠，理據不明。余謂「𥞶」是「秮」移位繁化俗譌字，《俗字背篇》釋文「概也」，是「𥞶秜也」脫誤。

本文作為《小學類著作校疏（五則）》之一則，發表於《中國文字》2021年夏季號（總第5期），第59～62頁。此有增補。

〔註19〕《類篇》、《六書正義》、《重刊詳校篇海》三書均承張文冠博士檢示，謹致謝忱！
〔註20〕蕭旭《淮南子校補》，花木蘭文化出版社2014年版，第128頁。
〔註21〕張涌泉《漢語俗字叢考》，中華書局2000年版，第776頁。張說亦承張文冠博士檢示，謹致謝忱！

《慧琳音義》「諴講」正詁

1. 敦煌寫卷 S.0610《雜集時用要字》有「諴講」一詞〔註1〕。《慧琳音義》卷76：「諴講：呀監反，亦作喊。下呀介反，或作喊。大呼大怒也。」此為《無明羅剎集》卷上音義，檢經文作：「如兩師子共相見時，即〔時騰〕奮威猛，諴講而言。」〔註2〕其中「諴講」一詞，據《大正藏》校記，宋、元、明本作「喊喊」，宮本作「喊喈」；《中華大藏經》亦以麗藏本作底本，校記云：「諴講，諸本作『喊喊』。」〔註3〕慧琳讀「諴講」如字，是錯誤的。可洪認為「諴講」當作「鹹齡」，《可洪音義》卷22：「鹹齡：上呼豎反，下呼介反。恚怒聲也，正作諴，講也。又經音義作『喊喊』，上呼減反，下呼戒反。上又夾、恰二音。郭氏作加咸反，下又胡戒反。並非用。」又尋《可洪音義》卷9：「嗽喈：上許蔭反，大聲也。下呼戒反，嗽也。正作『縶喊』也。又經音義作『咸喊（喊）』，上呼減反。上又郭氏作噤、噞、欽、陷四音，下音並皆，非也。」此為《大方便佛報恩經》卷2音義，檢經文作：「時旃陀羅即在王前，喊喊嗡張，高聲唱言。」據《大正藏》校記，宋本「喊喊」作「嗽喈」，元、明本作「諴喊」；《中華大藏經》以金藏大寶集寺本作底本，校記云：「喊喊，資、磧作『嗽喈』，南、徑、清作『諴喊』。」〔註4〕敦煌寫卷 P.2172《大

〔註1〕 敦煌寫卷 S.610《雜集時用要字》，收入《英藏敦煌文獻》第2冊，四川人民出版社 1990 年版，第 70 頁。
〔註2〕 「時騰」據宋、元、明、宮本補。
〔註3〕 《大正新修大藏經》，新文豐出版有限公司 1983 年印行，第 16 卷，第 852 頁。《中華大藏經》（漢文部分），中華書局 1996 年版，第 52 冊，第 378 頁。
〔註4〕 《大正新修大藏經》第 3 卷，第 134 頁。《中華大藏經》第 22 冊，第 592 頁。

般若涅槃經音》出「噈啗」二字〔註5〕，是唐寫本已作此形。張涌泉曰：「噈，《龍龕》卷2口部載此字，云：『俗，奇飲反。』疑為『唫』的繁化俗字。」〔註6〕《說無垢稱經疏》卷2：「引義之語，遠離嘲嘁，含笑先言。」「嘲」同「嘱」、「嘖」，「嘖嘁」是「譏讗」倒言。

《玉篇》：「讗，火界切，譏讗，諍（爭）罵怒皃，又音邁。譺，同上。」蔣斧本《唐韻殘卷》：「譏，譏讗。〔下〕字呼戒反。」又「〔讗〕，譏讗。火介反，譏字化懴反。」敦煌寫卷P.2011王仁昫《刊謬補缺切韻》：「讗，火芥反，譏讗。譏字火懴反。亦作譺。」又「譺，譏讗。譏字大（火）懴反。」P.3696V《箋注本切韻》：「讗，火芥反，譏讗。譏字火懴反。」P.2058、S.6204《碎金》並云：「譏讗：呼洺反，呼介反。」注音「洺」字，P.2717作「陷」，P.3906形誤作「滔」。《廣韻》：「譏，譏讗。」又「讗，許介切，譏讗。」《集韻》：「讗、譺：許介切，譏讗，爭怒，或從薑。」胡吉宣曰：「《說文繫傳》云：『讗，言過也。』《左氏哀二十四年傳》：『是黌言也。』《釋文》：『過謬之言。』《說文》引《傳》作『嘖言』。本書《口部》：『嘖，高氣多言也。』……《切韻》：『讗，譏讗。』本書今本云『怒皃』者，與上『謫』為怒聲同，皆後出義。」〔註7〕

考《說文》：「讗，譏也。」又「誇，譏也。」《廣韻》：「讗，誇誕。」此義的「讗」舊音莫話切（mài）〔註8〕，《繫傳》引朱翱所作音切為「謀敗反」，與上引諸書「讗」音呀介反、呼介反、呼戒反、火介（芥、界）反、許介切者，顯然不是同一字。《玉篇》謂「讗又音邁」是錯誤的。「譏讗」為「爭罵怒皃」，與其本字本義「誇誕」、「過言」無涉，胡吉宣以《說文》、《左傳》皆不當其義，故認為是後出義；趙少咸混二音二義為一，又引《慧琳音義》解為「大呼大怒」〔註9〕，皆未得。其義不當泥於形，當索之於聲，斯乃得之。

可洪認為「讗」當作「齡」是正確的，作「喊」、「啗」、「讗」者，同音借字。「讗」、「譺」是「讗」的增旁俗字。《說文》：「嘖，高氣多言也，從口薑省聲。《春秋傳》曰『嘖言』。」「嘖」舊音訶介切〔註10〕。「嘖」亦同源。

〔註5〕《法藏敦煌西域文獻》第7冊，上海古籍出版社1998年版，第350頁。

〔註6〕張涌泉《敦煌經部文獻合集》第10冊，中華書局2008年版，第5201頁。

〔註7〕胡吉宣《玉篇校釋》，上海古籍出版社1989年版，第1801頁。

〔註8〕舊音蓋出孫愐《唐韻》，紀容舒即以為此音出於《唐韻》。紀容舒著、錢熙祚斠、錢恂重斠《重斠唐韻考》卷4，收入《叢書集成初編》第1246冊，中華書局1985年影印，第273頁。

〔註9〕趙少咸《廣韻疏證》，巴蜀書社2010年版，第2602、3126頁。

〔註10〕舊音蓋出孫愐《唐韻》，《繫傳》所引朱翱反切同，紀容舒即以為此音出於《唐

郭迻「諏」音噤，亦是正確的。古從林從咸從今從金從敢音相通〔註11〕，故「噤」又作「噘」，或作「喊」。這個「喊」是「噤」的異體字，與大呼義的「喊」字同形，而不是同一字。俗誤讀「喊」作呼覽切，故又改作「諏」，遂失其音義。可洪其餘各說皆誤。《可洪音義》卷23「宿噘」條引郭迻說，「噘」有「噤、陷」二音。《龍龕手鑑》：「噘、嗛：二俗。奇飲反。」張涌泉曰：「噘、嗛，這兩個字疑分別為『唫』、『噤』的訛俗字。『噤』、『唫』二字音義皆近，古書中往往混用不分。」〔註12〕鄭賢章曰：「噘俗音奇飲反，乃佛經譯音用字，本無實際意義。」〔註13〕張說得之。胡文英曰：「噘：音琴。孟郊《病客吟》：『況於瘵疾中，何人免噓噘？』案：噘，寒而戰慄也。諺謂寒而戰慄者曰寒噘噘。字從口欽聲。」〔註14〕孟詩「噘」用同「噤」。

2.「諏講」、「噘喈」、「諏喊」、「喊喊」、「喊喈」，本當作「齘齘」。《釋名》：「疥，齘也，癢搔之，齒齘齘也。」敦煌寫卷 P.2011 王仁昫《刊謬補缺切韻》、蔣斧本《唐韻殘卷》、《廣韻》並云：「齘，齘齘，切齒怒。」P.3696V《箋注本切韻》：「齘，齘齘，切嚙（齒）怒。」《廣韻》：「齘，齘齘（齘），切齒怒兒。」〔註15〕唐·盧肇《海潮賦》：「始盱衡而抵掌，俄齘齘而愕眙。」

字又作「噤齘」，《玉篇》：「齘，噤齘，切齒怒也。」《玄應音義》卷12：「噤齘：《說文》：『齘，齒相切也。』《方言》：『齘，怒也。』郭璞曰：『言噤齘也。』」《慧琳音義》卷75轉錄之〔註16〕。慧琳又重造《音義》云：「噤齘：《楚辭》云：『噤，閉口也。』《說文》從口禁聲。」此為西晉竺法護譯《修行道地經》卷2音義，檢經文作：「言語多笑，喜忘重語，嚙舌舐脣，然而噤齘（齘），行步臥起未曾安隱，舉動作事無所畏難。」宮本作「齘齘（齘）」。《靈樞經·熱病篇》：「熱而痓（痙）者死，腰折、瘛瘲、齒噤齘也。」〔註17〕

韻》。紀容舒《重斠唐韻考》卷4，第271頁。

〔註11〕參見張儒、劉毓慶《漢字通用聲素研究》，二氏舉了大量例證，山西古籍出版社2002年版，第1004、1015、1016、1017、1021、1053頁。

〔註12〕張涌泉《漢語俗字叢考》，中華書局2000年版，第320頁。

〔註13〕鄭賢章《〈龍龕手鏡〉研究》，湖南師範大學出版社2004年版，第250頁。

〔註14〕參見胡文英《吳下方言考》卷4，收入《續修四庫全書》第195冊，上海古籍出版社2002年版，第34頁。

〔註15〕各本「齘」誤作「齘」，《五音集韻》不誤。

〔註16〕獅谷白蓮社本引郭璞語「齘」形誤作「斷」，《可洪音義》卷21「噤斷」條即指出「正作齘也」。徐時儀《一切經音義三種校本合刊》但出異文，未定是非，上海古籍出版社2008年版，第1845頁。

〔註17〕《黃帝內經太素》卷25「痓」作「痙」。《金匱要略·痙濕暍》、《鍼灸甲乙經》

《類聚》卷 21 晉・仲長敖《覈性賦》：「法術之士，能不噤齘？仰則扼腕，俯則攘袂。」《六書故》卷 11：「今人言怒而切齒為噤齘。」是宋元人口語猶有此詞。《北史・彭樂傳》：「舉刀將下者三，噤齘良久，乃止。」胡文英曰：「齘，齰齒聲。諺謂齰齒為齘，斷物曰硈齘。」〔註18〕

字又作「麟齘」，《新唐書・南蠻傳》牛叢《責南詔坦綽書》：「雖女子能麟齘薄賊，況彊夫烈士哉？」《釋音》：「麟齘，齒怒。」

字又作「齻害」，敦煌寫卷 S.0619V《碎金》：「人齻害：於禁反。」P.2058、P.2717《碎金》並云：「人齻害：其朕反。」P.3906、S.6204《碎金》「朕」誤作「膜」，P.2058 誤作「眹」。張涌泉引《廣韻》「齻，切齒怒也」、「齻齘，切齒怒皃」以證之〔註19〕，是也；而未指出「害」即「齘」同音借字。引韻書同形字以證，此易得也；而「齻害」即「齻齘」，卻失之目前！朱鳳玉引《玉篇》「齻，顲齻，又怒也」以證之〔註20〕。《玉篇》「齻」有二義，一是「顲齻」，即「懦劣」義〔註21〕；一是「怒」義，故著「又」字以別之。朱氏並引之，是不明《碎金》之誼也。

字又作「噤害」，《文選・馬汧督誄》：「若乃下吏之肆其噤害，則皆妬之徒也。」李善注：「《楚辭》曰：『口噤閉而不言。』然則口不言心害之為噤害也。《廣雅》曰：『妬，害也。』」今本《廣雅》無此語。「噤害」即「噤齘」，切齒怒也，引申為妬忌。李氏引《楚辭・九歎》「口噤閉而不言」，解為「口不言心害之」，桂馥、朱駿聲皆從其說〔註22〕，非是。朱起鳳謂「噤害」是「忌害」的一聲之轉〔註23〕，亦不可信。劉良注：「噤，毒。」此解無據。

字又作「噤㕦」，晉・皇甫謐《鍼灸甲乙經》卷 11：「寒厥、癲疾、噤㕦、瘛瘲、驚狂，陽交主之。」「噤㕦」即上引《靈樞經》的「噤齘」。明・樓英《醫學綱目》卷 11 作「噤呵」〔註24〕，蓋不得其誼而妄改。

卷 7 解為「剛痓」。

〔註18〕 胡文英《吳下方言考》卷 11，收入《續修四庫全書》第 195 冊，上海古籍出版社 2002 年版，第 95 頁。

〔註19〕 敦煌本《字寶》，張涌泉《敦煌經部文獻合集》第 7 冊，中華書局 2008 年版，第 3760 頁。

〔註20〕 朱鳳玉《敦煌寫本〈碎金〉研究》，文津出版有限公司 1997 年版，第 250 頁。

〔註21〕 《玉篇》：「齻，顲齻，懭（懦）劣皃。」《廣韻》：「齻，顲齻，自懭（懦）劣皃。」

〔註22〕 桂馥《說文解字義證》，齊魯書社 1987 年版，第 124 頁。朱駿聲《說文通訓定聲》，武漢市古籍書店 1983 年版，第 96 頁。

〔註23〕 朱起鳳《辭通》，上海古籍出版社 1982 年版，第 1873 頁。

〔註24〕 樓英《醫學綱目》，明嘉靖曹灼刻本。

字又作「禁害」，猶言妒恨。《舊唐書・酷吏傳》：「吉溫性禁害，果於推劾。」《西廂記》四本一折〔上馬嬌〕：「不良會把人禁害，咍，怎不回過臉兒來？」

字又作「禁齘」，宋・劉克莊《與范杜二相》：「相視嚛齘，莫敢發口。」四庫本作「禁齘」。明・馮景《贈盛郎中》序：「自言耋年喬客，禁齘久之，然予每過，見其服饌華侈，非倦遊者。」

3.「頗齘」是同義連文，指牙齒相磨，故引申為怒義，亦為恚怒聲；復引申之，則為妒恨，所謂「咬牙切齒」是也。《正法念處經》卷 60：「其心嚛毒，顏色變異。」宋本《法苑珠林》卷 78 引同，高麗藏本作「齘毒」。「齡」是「齘」形譌字。「嚛毒」當是「嚛齘」的同義替換詞。諸字諸詞，同條共貫，苟得其語源，則其引申脈絡，歷歷如視。下面申述之。

3.1.《說文》：「齘，齒相切也。」《慧琳音義》卷 76 引作「齒相切怒也」。段玉裁注：「謂上下齒緊相摩切也。相切則有聲，故《三倉》云：『齘，鳴齒也。』〔《周禮・考工記》〕：『函人為甲，衣之欲其無齘也。』大鄭云：『齘謂如齒齘。』不齘則隨人身便利。《方言》：『齘，怒也。』郭曰：『言嚛齘也。』嚛亦作頗，《篇》、《韻》皆云：『頗齘，切齒怒。』」〔註 25〕北大漢簡（四）《妄稽》：「真（瞋）目而怒，齘折其齒。」馬王堆帛書《天下至道談》：「齘者，身振寒，置已而久。」隋・巢元方《巢氏諸病源候總論》卷 29：「齘齒者，是睡眠而相磨切也……故上下齒相磨切有聲謂之齘齒。」《方言》卷 2：「馮、蘇（齘）、苛，怒也，小怒曰蘇（齘）。」〔註 26〕郭璞注：「言嚛齘也。」錢繹《箋疏》本作「禁齘」，云：「齒齘謂上下齒緊相摩切。凡人怨恨之甚，則以齒緊相摩切，故齘為怒也。字通作忦，〔《方言》〕卷 12：『忦，恨也。』《說文》：『恨，怒也。』是忦與齘同。」〔註 27〕《廣雅》：「齘，怒也。」謂切齒相怒。

字亦作岈，《玄應音義》卷 15：「齘齒：《說文》『齒相切也。』《三蒼》：『鳴齒也。』律文作岈，非也。」此為《十誦律》卷 11 音義，檢經文作「鼾眠齘齒」，玄應所見本作「岈」。《龍龕手鑑》：「岈，俗，正作齘，切齒怒也。」

〔註 25〕段玉裁《說文解字注》，上海古籍出版社 1981 年版，第 79 頁。
〔註 26〕「蘇」為「齘」誤，參見華學誠《揚雄〈方言〉校釋匯證》所作校語及所引諸家說，中華書局 2006 年版，第 146～147 頁。
〔註 27〕錢繹《方言箋疏》卷 2，上海古籍出版社 1984 年版，第 151 頁。今本《說文》作「恨，怒也」。

《集韻》：「吤，聲也。」指切齒之聲。

　　字亦作嘅，《玄應音義》卷 14：「齘齒：《說文》：『齒相切也。』《三蒼》：『鳴齒也。』律文作嘅，未詳字出。」此為《四分律》卷 32 音義，檢經文作「齘齒𡂖語」，玄應所見本作「嘅」。《集韻》：「嘅，聲也。」亦指切齒之聲。

　　字亦作齘，《集韻》：「齘，渠介切，睡中切齒聲。」此義猶存於晚近方言，唐訓方《里語徵實》卷上：「齒切曰齘，《集韻》『渠介切』，音械，『睡中切齒聲』。」〔註28〕王綸曰：「今歙縣謂夜寐切齒作聲曰齘牙齒。齘音讀如介，正從介聲也。《集韻》『齘』渠介切，音械，『睡中切齒聲』。作齘亦通。」〔註29〕今吳語音同「界」字方音（gài）。

　　字亦作扴，音轉則作齭〔註30〕，《說文》：「齭，齒堅聲。」《慧琳音義》卷 24 引「齒」作「齚」，又引《聲類》：「齭，齚骨聲也。」《玉篇》：「齭，齚堅聲。」P.2011 王仁昫《刊謬補缺切韻》、《集韻》並云：「齭，齚聲。」「齚堅」之「齚」為「齒」之誤〔註31〕。「齒堅聲」蓋謂齒堅磨之聲，故又引申為齚骨聲也。段玉裁、王筠並據《玉篇》改「齒」為「齚」〔註32〕，恐非是。《廣韻》云「齭，齒堅聲」，不誤。《玉篇》、《廣韻》、《集韻》並云：「齭，齒聲。」「齭」為「齭」形譌。《可洪音義》卷 14：「齭齭，齒聲也。又音瞎。又經音義以憂替之，音扴。」又卷 15：「吤齒：上宜作契。刮也，睡中齒相刮作聲也，此亦俗言通語耳。吤字應譯人以為扴字用也。又諸經作齭、轄、瞎三音，齒聲也。經音義以齘字替之，《說文》：『切齒怒也。』非用。」又卷 25：「作嘅：齒聲也，正作齭，《新韻》作嘅。」「齭」與「吤」、「扴」、「嘅」、「齘」、「憂」並同。可洪謂作「齘」非是，蓋未會通其義耳。《方廣大莊嚴經》卷 6：「或復齭齒，或復謫語。」據《大正藏》校記，宋、元本「齭」作「齚」；《中華大藏經》校記：「齭，資、磧、普作『齚』。」〔註33〕「齚」為「齭」形譌，「齚」、「齭」同。「齭齒」即「齘齒」。中村不哲藏敦煌寫卷 44 號《小乘戒律

〔註28〕唐訓方《里語徵實》卷上，收入〔日〕長澤規矩也編《明清俗語辭書集成（2）》，上海古籍出版社 1989 年版，第 1457 頁。

〔註29〕王綸《新方言雜記》，《制言》第 3 期，1935 年版，本文第 14 頁。

〔註30〕《儀禮·士冠禮》：「將冠者采衣紒。」鄭玄注：「古文紒為結。」「髻」同「紒」、「鬠」，亦是其例。

〔註31〕參見張舜徽《說文解字約注》，華中師範大學出版社 2009 年版，第 457 頁。

〔註32〕段玉裁《說文解字注》，上海古籍出版社 1981 年版，第 80 頁。王筠《說文解字句讀》，中華書局 1988 年版，第 68 頁。

〔註33〕《大正新修大藏經》第 3 卷，第 573 頁。《中華大藏經》第 15 冊，第 291 頁。

注疏》:「合肉髮扴齒捉著滑細,亦犯殘。」「扴齒」亦即「齘齒」。

俗字音轉作憂(憂)、嘎(嘎),敦煌寫卷 S.6204《碎金》:「人齘齒:憂。」P.3906《碎金》同。P.2717《碎金》:「人齘齒:音憂。」S.6204《碎金》:「垢扴:下憂。」《慧琳音義》卷 75:「扴音憂。」即以「憂」為「齘」、「扴」、「扴」注音。《玄應音義》卷 19:「憂憂:齒聲也。」此為《佛本行集經》卷 16 音義,檢經文作:「或有婇女黥齒齰齰鳴喚而眠,或有垂頭謳語而眠。」是「憂憂」即「齰齰」也。《廣韻》:「嘎,嘎嘎,鳴聲。」胡文英曰:「《太平廣記·許真君傳》:『其船拽撥林木,憂刺響駭,其聲異常。』案:憂刺,物相摩楷聲,吳中形竹木摩楷聲曰憂刺。」〔註34〕「刺」為助詞。

字亦作忦,《說文》:「忦,憂也。」蔣斧本《唐韻殘卷》:「忦,情。」「情」當作「猜」,猜亦忌恨之誼。《方言》卷 12:「猜、忦,恨也。」P.2011 王仁昫《刊謬補缺切韻》:「忦,怨恨。」

字亦作頠、愒、契、挈、栔、絜〔註35〕,《說文》:「頠,一曰恐也,讀若楔。」《玉篇》:「愒,心事也。」《篆隸萬象名義》:「愒,懼也。」《周禮·考工記》:「行數千里,馬不契需。」鄭玄注引鄭司農曰:「契讀為『爰契我龜』之契,需讀為『畏需』之需,謂不傷蹄,不需道里。」鄭司農說「需」是,即「懦」省文;說「契」則誤。王筠曰:「契者頠之省形存聲字。」〔註36〕《楚辭·九歎》:「孰契契而委棟兮?」王逸注:「契契,憂貌也。契,一作挈。」《廣雅》:「栔栔,憂也。」《集韻》:「頠,怒貌。」又「忦,《博雅》:『憂也,懼也。』一曰恨也,通作愒。」又「愒,心有事也。」又「絜,苦也。」

字亦省作介,《列子·黃帝》:「不用介意。」《漢書·陳湯傳》:「使百姓介然有秦民之恨。」顏師古曰:「介然,猶耿耿。」「介然」形容恨,是為恨義無疑也。

字亦作妎、嫭,《說文》:「妎,妒也。」謂妒恨。《爾雅》:「苛,妎也。」苛之言訶,怒也;妎亦怒恨義。此「苛、妎」即上引《方言》卷 2 之「齘、苛」。《廣韻》:「妎,疾妬也。」「疾」為「嫉(嫉)」省,亦妒也。《說文》:「嫉,妎也,一曰毒也。嫉,嫉或從女。」《玉篇》:「妎,《說文》:『妒也。』

〔註34〕 胡文英《吳下方言考》卷 11,收入《續修四庫全書》第 195 冊,上海古籍出版社 2002 年版,第 95 頁。所引《太平廣記》見卷 14。

〔註35〕 《說文》:「丰,讀若介。」古從介從丰(初)之字多通借,另參見張儒、劉毓慶《漢字通用聲素研究》,山西古籍出版社 2002 年版,第 632 頁。

〔註36〕 王筠《說文解字句讀》,中華書局 1988 年版,第 334 頁。

又音害。嫭，與妎同。」

字亦作械，《古文苑》卷4楊雄《蜀都賦》：「彼不折貨，我罔之械。」言商人不虧本，我也不妒忌。章樵注：「械，猶禁也。」非是。

音轉又作娪、悇，《廣韻》「悇，恨足（也）。」〔註37〕與「妎」同音胡計切。《集韻》：「娪，怯也，一曰妬女。」又「悇，恨也。」

字亦省作害，《史記·田敬仲完世家》：「田常心害監止。」又《韓非傳》：「李斯、姚賈害之，毀之曰。」又《屈原傳》：「上官大夫與之同列，爭寵而心害其能。」又《賈生傳》：「絳、灌、東陽侯、馮敬之屬盡害之，乃短賈生曰。」又《齊世家》：「景公害孔子相魯。」《吳起傳》：「公叔為相，尚魏公主而害吳起。」《史記》六「害」字，王叔岷並曰：「害猶妎也。」〔註38〕《孟嘗君傳》：「呂禮嫉害於孟嘗君。」王叔岷並曰：「害亦嫉也。」〔註39〕王氏得其誼矣，而尚隔一間，不知「害」即「妎」借字。《高祖本紀》「項羽妒賢嫉能，有功者害之，賢者疑之」，「害」正妒嫉之誼，王氏未及。又《司馬穰苴傳》「已而大夫鮑氏、高、國之屬害之，譖於景公」，亦同。馬王堆帛書《二三子問》：「用賢弗害也。」《新序·雜事五》：「君實賢，唯群臣不肖，共害賢。」石光瑛曰：「謂忮害其賢也。」〔註40〕《左傳·成公十五年》：「晉三郤害伯宗，譖而殺之，及欒弗忌。」《呂氏春秋·慎行》：「荊平王有臣曰費無極，害太子建，欲去之。」又《士容》：「執固橫敢而不可辱害。」《漢書·翟方進傳》：「（胡）常為先進，名譽出方進下，心害其能，論議不右方進。」其義亦同，諸家皆未及。《戰國策·魏策四》：「夫齊不以無魏者以害有魏者。」《韓子·說林下》「害」作「怨」。《楚辭·離騷》王逸注：「害賢為嫉，害色為妬。」「害」與「嫉」、「妬」同義，而不是「傷害」義。「妒害」、「忌害」是後漢六朝習語，同義連文。敦煌寫卷 P.3906《碎金》：「妒妎：妬害。」S.6204《碎金》同。S.214《燕子賦》：「鳳凰云：『者賊無賴，眼惱蠹（妒）害。』」「蠹害」即「妒妎」，劉燕文、黃征等已指出「害」本字為「妎」〔註41〕。

〔註37〕余迺永校云：「《王二》云：『恨。』《集韻》云：『恨也。』『足』字當作『也』。」余迺永《新校互注宋本廣韻》，上海辭書出版社 2000 年版，第 373 頁。《重修廣韻》、《類篇》不誤，《五音集韻》、《龍龕手鑑》亦誤。

〔註38〕王叔岷《史記斠證》，中華書局 2007 年版，第 1696、2056、2511、2538 頁。

〔註39〕王叔岷《史記斠證》，中華書局 2007 年版，第 2346 頁。

〔註40〕石光瑛《新序校釋》，中華書局 2001 年版，第 737 頁。

〔註41〕劉燕文《釋「妒害」》，《文史》第 27 輯，1986 年版，第 260 頁。黃征、張涌泉《敦煌變文校注》，中華書局 1997 年版，第 392 頁。

齘之言扴，《說文》：「扴，刮也。」敦煌寫卷 P.2011 王仁昫《刊謬補缺切韻》、《廣韻》並云：「扴，揩扴物也。」《易・豫》：「介於石。」上博簡作「矜」，馬王堆帛書作「疥」。《釋文》：「介，音界，纖介。古文作『砎』。鄭云：『謂磨砎也。』馬作『扴』，云：『觸小石聲。』」《集解》引虞翻曰：「介，纖也。」「介」是「扴」省文，取刮磨、切磨為義，鄭玄得其誼；作「砎」者，小石刮磨的專字。馬融云「觸小石聲」，謂刮磨小石之聲，義亦相因。虞翻、陸德明解為「纖介」，失之。宋翔鳳曰：「《說文》：『扴，刮也。』《說文》無『砎』字，古文與鄭易作『砎』，傳寫之訛。馬氏亦古文，作『扴』是也。鄭謂磨砎，即刮磨之義，與《說文》『扴』訓同。」〔註42〕宋說是也，但謂「砎」字譌則非是，「砎」是石子刮磨義的專字。音轉又作搚，《說文》：「搚，擖也。」又「擖，刮也。」《廣雅》：「擖、搚，搔也。」音轉又作揩，《廣雅》：「揩，磨也。」《玄應音義》卷 20 引《說文》：「揩，摩拭也。」朱駿聲曰：「揩，即扴之或體。」〔註43〕「揩」即「扴」音變〔註44〕，而又組合為疊韻連語「揩扴」，俗語「做作」、「等待」、「能耐」是其比〔註45〕。又考《說文》：「契，齘契，刮也。一曰畫（齒）堅也。」《玉篇》：「契，骱契，刷刮也。」「骱契」同「齘契」。《集韻》引《廣雅》：「契，刮也。」P.2011 王仁昫《刊謬補缺切韻》同，今本《廣雅》脫此文。「契」即「齘」、「扴」音變〔註46〕，而又組合為疊韻連語「齘契」。「契」字雙聲符。徐灝曰：「齘、骱皆扴之假借，《手部》曰：『扴，刮也。』『齘契』亦漢人語。」鈕樹玉曰：「骱即齘之別體。」〔註47〕章太炎曰：「今天津、河閒皆謂搔癢曰契癢癢，音如快。」〔註48〕諸說皆是。《說文》一曰「畫堅」當作「齒堅」，即《說文》「齘」的異體字，《篆隸萬象名義》卷 17 又誤作「畫臥」。《說文繫傳》：「畫堅物，難之意也。」據誤字而申釋之，非是。段玉裁曰：「刮者，掊杷也。

〔註42〕宋翔鳳《過庭錄》卷 2，中華書局 1986 年版，第 24 頁。

〔註43〕朱駿聲《說文通訓定聲》，武漢市古籍書店 1983 年版，第 664 頁。

〔註44〕參見胡吉宣《玉篇校釋》，上海古籍出版社 1989 年版，第 3290 頁。

〔註45〕這一構詞現象，章太炎早發之，蕭旭《「嬰兒」語源考》一文有舉證，收入《群書校補（續）》，花木蘭文化出版社 2014 年版，第 2078～2079 頁。

〔註46〕參見胡吉宣《玉篇校釋》，上海古籍出版社 1989 年版，第 3290 頁。

〔註47〕徐灝《說文解字注箋》，鈕樹玉《說文解字校錄》，並收入丁福保《說文解字詁林》，中華書局 1988 年版，第 4705 頁。

〔註48〕章太炎《新方言》卷 2，收入《章太炎全集（7）》，上海人民出版社 1999 年版，第 68 頁。

畫，當作劃。劃堅曰契。」王筠曰：「畫當作劃。」〔註49〕二氏說皆非是。桂馥曰：「本書『扴，刮也。』《廣雅》：『契，刮也。』《玉篇》：『齘契，刷刮也。』《集韻》：『攦揳，拭滅也。』畫，當為劃。《玉篇》『齘契』，謂以堅劃堅也。」〔註50〕桂氏除未得「畫堅」之誼，餘說皆得之。《廣韻》：「捖，揳刮，摩也。」揳刮亦是刮摩義。「攦揳」亦作「蔑屑」等形，又音轉作「抹搬」〔註51〕，亦摩拭義。《玉篇》：「礚，礚砎，堅也。」《廣韻》：「礚，礚砎，小石。」又「骱，骱齘，小骨。」《玄應音義》卷15引《字指》：「礚砎，雷大聲也。」皆取堅摩之義，或指堅摩之聲，或指堅摩之物，所指各別，故改易義符分別製字。馬敍倫曰：「《刀部》：『刷，刮也。刮，掊杷也。』不當從刃。刮也者，蓋扴字義。說解『齘』字疑乃校者注以釋『契』字之音者也，『契』則隸書複舉字誤乙於『齘』下耳。『契』為『刃』之同舌根破裂音又聲同脂類轉注字。然或此字出《字林》，『齘契』為呂忱述方語。一曰『畫堅也』又校者加之。《莊子·養生主》：『砉然響。』或當作此字。」〔註52〕馬氏謂「刮蓋扴字義，契、齘同音」得之，餘說皆非是。《莊子》之「砉然」與此絕無聯繫〔註53〕。張舜徽曰：「本書《齒部》『齘，齒相切也』，與『契』訓畫

〔註49〕段玉裁《說文解字注》，王筠《說文解字句讀》，並收入丁福保《說文解字詁林》，第4705頁。

〔註50〕桂馥《說文解字義證》，收入丁福保《說文解字詁林》，第4705頁。

〔註51〕參見蕭旭「抹殺」考，收入《群書校補（續）》，花木蘭文化出版社2014年版，第2460頁。

〔註52〕馬敍倫《說文解字六書疏證》卷8，上海書店1985年版，本卷第106頁。

〔註53〕《莊子》之「砉然」是「砉然」之誤，字亦誤作「騞然」。《玄應音義》卷4：「騞然：騞猶忽也。義亦與砉字同。砉然也。」砉，金藏廣勝寺本同，永樂南藏本作「砉」，海山仙館叢書本、磧砂大藏經本及高麗本《慧琳》卷34並作「砉」。《廣韻》：「砉，出《莊子》。」《字彙補》：「砉，疑砉字之譌。」《莊子》《釋文》：「砉然，崔音畫。司馬云：『皮骨相離聲。』騞，崔云：『音近獲，聲大於砉也。』」朱駿聲曰：「砉，宜從石圭聲，為劃之或體……字又作騞。」章太炎曰：「砉、騞二字，《說文》所無，無以下筆。據崔音畫，則字作砉，從石圭聲。」《廣韻》、《慧琳》並作「砉」，所見《莊子》不誤，足為章說之證。《龍龕手鑑》：「騞，騞然，忽也。又與砉同，出《玉篇》。」《古今韻會舉要》：「砉，皮骨相離聲也。或作騞。」胡文英曰：「砉騞，音翕霍。《莊子》：『砉然響然，奏刀騞然。』案：砉騞俱割物聲，吳中謂利刀割物聲曰砉騞。」胡氏分「砉」、「騞」為二，蓋從《六書故》又音讀砉為馨激切，故音翕。未得（吳方言確有象聲詞「吸砉（huà）」、「吸力砉（huà）剌」者，蓋亦沿用《莊子》異讀也。元·孟漢卿《魔合羅》第1折：「你看他吸留忽剌水流乞留曲律路。」「吸留忽剌」疑即「吸力砉剌」）。吳承仕曰：「砉為畫之形譌……（崔譔）砉音畫，即

以舂為畫。矐音近獲，獲、畫同音，亦讀矐為畫也。其云『矐聲大於舂』者，古人於大物輒冠馬字……此莊生變『舂』作『矐』之微意，唯崔譔知之。」所說「舂」、「矐」亦是，但謂「舂為畫形譌」，則失之。黃侃指出：「圭之與畫本平、入也，從圭聲者不妨與畫相通。若謂凡從圭者皆畫之譌，則亦過矣。」黃氏說是也。馬敍倫曰：「舂蓋從石丰聲，而借為契，《說文》曰：『畫堅也。』」又曰：「矐，疑借為挧，《說文》曰：『挧，裂也。』」馬氏上說讀契誤，下說讀挧是。「挧」訓裂，字或作拸、搁、戙、毆、觚、劐、硪、撾、敔、搗、攕、捴，《廣雅》：「拸，裂也。」《玉篇》：「觚，今作搁。」又「硪，音搁，擊石。」又「拸，呼麥切，拸裂也。」又「敔，古伯切，擊也。」又「搗，批搗也。」《可洪音義》卷20：「毆裂：破也，正作硪也。又毆裂，擘揢也，正作拸、劐二形。」《集韻》：「拸、撾：《博雅》：『裂也。』或從畫。」又「搗，打也。或作敔。」又「捴，楚謂擊為捴，一曰去塵也。」《字彙》：「戙，同『搁』。」《龍龕手鑑》：「攕、搁：古麥反，挺攕，打也。或作敔。」《篇海類編》：「搗，亦作搁。」由動詞義「裂」轉用為象聲詞，則指破裂聲。《列子·湯問》：「矐然而過。」殷敬順《釋文》：「矐，破聲。」字或作砰，《六書故》：「舂，石爆列（裂）也。又作砰。」當指爆裂聲。字亦作劃、劐，《集韻》：「劃，破聲。」《六書故》：「劃，理解舂然也，通作舂。」明·陳士元曰：「以刀破物曰劃，一作劐。音或。」指破物，亦用為象聲詞。唐·韓愈《聽穎師彈琴》：「劃然變軒昂，勇士赴敵場。」宋·魏仲舉《五百家注昌黎文集》引孫氏曰：「劃，截之聲激烈也。」唐·高彥休《唐闕史》卷上：「劃然有聲。」唐·袁郊《甘澤謠》：「劃然中裂。」宋·王質《水友辭·野鴨兒》：「飛劃劃，鳴軋軋。」宋·張侃《明月堂聞松風》：「夜長月正當窻白，風入松梢聲劃劃。」元·劉壎《隱居通議》：「薦紳大夫劃然而笑曰。」此形容笑，俗字又作嚯。字亦作幬，《廣韻》：「幬，裂帛聲。」字亦作澅、瀫，《玉篇》：「澅，水聲。」《集韻》：「澅，淈澅，大波相激聲。」又「澅、瀫，水聲。或從號。」字亦作靃，省作霍，《說文》：「靃，飛聲。雨而雙飛者其聲靃然。」《玉篇》：「霍，鳥飛急疾皃也。」指鳥疾飛聲。《木蘭詩》：「小弟聞姊來，磨刀霍霍向豬羊。」「霍霍」為磨刀疾速聲。字亦作膱，《廣韻》：「膱，飛聲。」字亦作繣，《文選·西征賦》：「繣瓦解而冰泮。」李善註：「繣，破聲也。」又音轉為豁，漢·劉勝《文木賦》：「隱若天開，豁如地裂。」《釋名》：「鉞，豁也。所向莫敢當前，豁然破散也。」今吳語狀物破裂聲、解體聲為「舂剌」，物滾動聲亦為「舂剌」，水流動聲、雨聲為「澅澅」、「澅剌」，眼淚滾動貌亦為「澅澅」、「澅剌」，割麥聲為「劃劃」，風聲為「舂舂」，笑聲為「劃劃」，俗作「嘩拉（啦、唎）」、「豁剌（拉）」、「嘩嘩」。宋·邵雍《依韻和陳成伯著作史館園會上作》：「梅稍帶雪微微拆（折），水脈連冰澅澅鳴。」明·沈周《閒居四時吟》：「舂舂風木號，霏霏霜草白。」明·朱右《震澤賦》：「時維茲水，震蕩靡寧。浄浄洶洶，舂舂轟轟。」「矐然」由「破聲」引申，表疾速，猶言忽然、一下子。又音轉為「豁然」，《御覽》卷932引《志怪》：「以諸藥內鼃口中，終不死……乃試取馬溺灌之，豁然消成水。」朱駿聲《說文通訓定聲》，武漢市古籍書店1983年版，第531頁。章太炎《莊子解故》，收入《章太炎全集（6）》，上海人民出版社1980年版，第130頁。胡文英《吳下方言考》卷11，收入《續修四庫全書》第195冊，上海古籍出版社2002年版，第97頁。吳承仕《經籍舊音辨證》，中華書

堅意近。凡以刀劃堅者，亦如齒相切作聲也。齘、契、刮，皆聲相近，一語之轉耳。《手部》：『扴，刮也。』義亦與此同。」〔註54〕張氏除未得「畫堅」之誼，餘說皆精審可信。字亦省作夬，《說文解字敘》：「初造書契，百工以乂，萬品以察，蓋取諸夬。」「夬」謂契刻。

3.2.《說文》：「噤，口閉。」《金匱要略·痓濕暍》：「剛痓為病，胸滿口噤，臥不著席，腳攣急，必齘齒。」此即可作上引《靈樞經》「噤齘」的解釋，謂牙齒用力緊咬而相摩擦。字音轉亦作拑、鉗、箝，《史記·鼂錯傳》：「噤口不敢復言也。」《漢書》作「拑口」。錢大昕曰：「拑、噤聲相近，皆群母。」〔註55〕《史記·袁盎傳》：「閉鉗天下之口。」《漢書》作「箝」。《希麟音義》卷7引《字統》：「噤，寒而口閉也。」《廣韻》同。字亦作齡，《法苑珠林》卷49：「其口復齡，竟不能食。」宋、元、明、宮本「齡」作「噤」，此是口閉義。

「噤」引申有怒義，又有寒義。怒義之「噤」，字或作顉。《方言》卷13：「顉，怒也。」郭璞注：「顉顉，恚貌也。」錢繹曰：「《廣雅》：『顉，怒也。』《廣韻》：『顉，切齒怒也。』《玉篇》：『噤齘，切齒怒貌。』噤與顉同。」〔註56〕P.2011 王仁昫《刊謬補缺切韻》、P.3693V《箋注本切韻》並云：「顉，切齒怒。」

「顉」之言撳（鈙、揿）、攴，急持〔註57〕，握緊，謂牙齒用力緊咬，故

局 2008 年版，第 289～290 頁。黃侃《經籍舊音辨證箋識》，附於吳承仕《經籍舊音辨證》，第 393 頁。馬敍倫《莊子義證》卷 3，收入《民國叢書》第 5 編，商務印書館中華民國 19 年版，本卷第 2 頁。馬氏引《說文》作「盡堅」，蓋手民之誤，逕正。陳士元《俗用雜字》，附於《歸雲別集》卷 25 之《古俗字略》卷 7，明萬曆刻本，收入《四庫存目叢書·經部》第 190 冊，第 163 頁。焦竑《俗書刊誤》卷 11《俗用雜字》轉錄之，收入景印文淵閣《四庫全書》第 228 冊，臺灣商務印書館 1986 年版，第 581 頁。

〔註54〕張舜徽《說文解字約注》，華中師範大學出版社 2009 年版，第 1081 頁。

〔註55〕錢大昕《二十二史考異》卷 5，收入《叢書集成新編》第 105 冊，新文豐出版公司 1985 年印行，第 268 頁。

〔註56〕錢繹《方言箋疏》卷 13，上海古籍出版社 1984 年版，第 755 頁。

〔註57〕《說文》：「鈙，持也。」《廣韻》：「鈙，持也。」謂以手用力按壓之。俗字亦作撳、揿，《集韻》：「揿，按也。」今吳語尚謂手按物曰撳。上博簡（八）《命》：「唯（雖）鈙於釱（斧）鑕（鑕），命毋之敢於違。」范常喜解「鈙」為「擒持」、「執持」，是也，言按之於斧鑕也。曹方向讀「鈙」為「陷」，非是。張崇禮曰：「鈙，當即『剢』字。《說文》訓為裂。鈙於斧鑕即為斧鑕所割裂。」尤誤。范常喜《上博八〈命〉3 號簡釋字一則》，簡帛網 2013 年 6 月 23 日。曹

引申為寒義、怒義。《說文》:「摲,急持衣裣(襟)也。摲,捡或從禁。」後
出本字亦作䫴,《廣韻》:「䫴,齒向裏。」《集韻》:「䫴,鉤齒內曲謂之䫴。」
又「勬,用力也。」「勬」亦同源。

寒義之「噤」,後出本字則作㴲。《玉篇》:「㴲,寒極也。」P.2011 王仁昫
《刊謬補缺切韻》:「㴲,寒。」《廣韻》:「㴲,寒㴲。」又「凛,寒狀。」「㴲
(凛)」當謂寒戰而牙齒相切磨。陳士元《俗用雜字》:「寒氣逼迫曰㴲,音禁。」
〔註58〕范寅《越諺》卷中:「發寒㴲:病寒而身戰齒擊。」〔註59〕桂馥《札樸》
卷9:「顫曰寒㴲。」〔註60〕皆得其誼。今吳語曰「冷㴲」、「打冷㴲」〔註61〕。

字又作懍,《玄應音義》卷5:「㴲然:寒戰極也。經文從心作懍,非也。」
《慧琳音義》卷30轉錄之。此為《大乘同性經》卷上音義,檢經文作:「又見
十方鐵網羅布,欲走無路,懍然定住。」元、明本「懍」作「㴲」。《廣韻》:
「懍,心懍皃。」「懍」當是指心寒戰之貌,故經文作「懍」不誤。「㴲」當作
「㴲」,形之譌也。玄應、慧琳皆未得其字,《可洪音義》卷6解為「謹也,止
也」,亦非是。《龍龕手鑑》:「㴲,身寒㴲也。」「㴲」亦當作「㴲」。《玄應音
義》卷8:「戰㴲:寒戰極也。經文作噤,非字體也。」〔註62〕《慧琳音義》
卷38轉錄之。《慧琳音義》卷80:「忍禁(㴲):《字統》、《孝(考)聲》並云:
『禁(㴲)即寒也。』《文字典說》云:『禁(㴲),謂寒戰也。』從冫禁聲。
錄作噤,非也。」〔註63〕此為《開元釋教錄》卷7音義,檢經文作:「一日氣
屬嚴厲,衣服單疏,忍噤通宵。」《續高僧傳》卷1、《貞元新定釋教目錄》卷

方向《據清華簡釋上博簡的「鈹」字》,簡帛網2014年1月9日。張崇禮《〈上
博八‧命〉文字考釋》,復旦古文字網站2012年6月2日。復旦、吉大古文
字專業研究生聯合讀書會謂「疑此『鈹』與『伏』或『負』皆音近可通」,亦
誤。古書言「伏斧質」是「負斧質」的借音,「負」是「背負」義,而不是「俯
伏」義。「負斧質」言背負著刑具請罪。復旦、吉大古文字專業研究生聯合讀
書會《上博八〈命〉校讀》,復旦古文字網站2011年7月17日。

〔註58〕陳士元《俗用雜字》,附於《古俗字略》卷7,《歸雲別集》卷25,收入《四庫
存目叢書‧經部》第190冊,第161頁。

〔註59〕范寅《越諺》卷中(侯友蘭等點注),人民出版社2006年版,第167頁。

〔註60〕桂馥《札樸》卷9,中華書局1992年版,第391頁。

〔註61〕《申報》1935年11月13日《增刊》西蒙《散品兩章‧叩門聲》:「我預先開
了窗,悵然地站立著,不惜叫寒風吹得打冷噤。」各地官話亦有「冷噤」、「打
冷噤」之語,又音轉作「冷震」、「打冷震」,參見許寶華、宮田一郎《漢語方
言大詞典》,中華書局1999年版,第2881~2882、1054頁。

〔註62〕海山仙館叢書本「噤」誤作「㴲」。《慧琳音義》卷30轉錄作「噤」不誤。

〔註63〕三「禁」字皆當作「㴲」,下文指明「從冫禁聲」。

10 亦作「忍喋」。《法苑珠林》卷95引《冥祥記》：「夜寒麟凍。」宋、元、明、宮本作「喋凍」，《太平廣記》卷379引亦作「喋凍」。「麟」、「喋」皆寒戰義。玄應、慧琳謂「喋」字「非也」，俱矣。《御覽》卷741引《抱朴子》：「指冰室不能起喝死之熱，望炎治（冶）不能止喋凍之寒。」〔註64〕「麟凍」即「喋凍」也。

李實《蜀語》：「齒畏曰麟。麟音禁。」此「麟」明是「齼」形譌，當音「楚」，附辨於此〔註65〕。

4. 秦漢法律術語「文毋（無）害」，指文吏精通法律，無嫉妬之行，這是選擇文史的二條標準。「文」指文法、律令，「害」為「嫉害」義〔註66〕。

本文曾提交「第八屆漢文佛典語言學國際學術研討會」，南京師範大學2014年11月1～3日；發表於《中國語學研究・開篇》第35卷，2017年5月日本好文出版，第289～296頁。此為修訂稿。

〔註64〕《記纂淵海》卷61、《緯略》卷1引「治」作「冶」。

〔註65〕李實《蜀語》，黃仁壽、劉家和《校注》謂「麟」同「喋」，引《集韻》訓為口閉，失之；巴蜀書社1990年版，第119頁。許寶華、宮田一郎《漢語方言大詞典》照抄《蜀語》，而不知辨正，中華書局1999年版，第7499頁。

〔註66〕參見蕭旭《〈史記〉解詁（二則）》「文無害」條，《東亞文獻研究》總第25輯，2020年版，第25～34頁。

《玉篇》「扝」字校正

1. 影澤存堂本《宋本玉篇》:「扝,居偃切,難也,吃也,或作謇。」此字從千作「扝」。胡吉宣曰:「《切韻》:『扝,吃也。』扝、吃聲之轉。」〔註1〕胡氏所引《切韻》,不符合《切韻》字形,所說聲轉亦無據。P.2011 王仁昫《刊謬補缺切韻・阮韻》:「扝,居偃反,吃。」細審圖版,左旁是「干」字,姜亮夫摹本作「扝」〔註2〕,周祖謨校錄本作「扝」〔註3〕,皆符合字形。關長龍改「扝」作「扝」,云:「『扝』字《王二》、《廣韻》、《集韻》皆作『扝』,《玉篇》作『扝』形,後者於形聲構字理據為洽,茲據校改。」〔註4〕關長龍改字不合古音通轉,因此不合形聲構字理據。關氏改字從「千」得聲,「千」字不得收入阮韻,此不思之甚矣。關氏所謂《王二》,指北京故宮博物院舊藏王仁昫《刊謬補缺切韻》,圖版作「扝」〔註5〕。《廣韻・阮韻》:「扝,扝吃語也。」各版本皆同,《五音集韻・阮韻》亦同。《漢語大字典》引《廣韻》誤作「扝」字〔註6〕。《集韻・阮韻》:「扝,紀偃切,難也。」各版本皆同,《類篇》亦同。《集韻・獮韻》:「扝,九件切,力也。」各版本皆同,《類篇》亦同。「九件切」亦是「謇」音,「力」謂說話困難用力,與訓「難也」、「吃

〔註1〕 胡吉宣《玉篇校釋》,上海古籍出版社 1989 年版,第 1597 頁。

〔註2〕 姜亮夫《瀛涯敦煌韻輯》卷5,收入《姜亮夫全集》卷9,雲南人民出版社 2002 年版,第 160 頁。

〔註3〕 周祖謨《唐五代韻書集存》,中華書局 1983 年版,第 391 頁。

〔註4〕 張涌泉《敦煌經部文獻合集》第 6 冊,中華書局 2008 年版,第 3042 頁。

〔註5〕 周祖謨《唐五代韻書集存》,中華書局 1983 年版,第 478 頁。

〔註6〕 《漢語大字典》(第二版)「扝」、「扝」二字條,崇文書局、四川辭書出版社 2010 年版,第 354、399 頁。

也」不殊。其字左旁明顯是「干」。《篆隸萬象名義》：「劝：難，吃，謇。」所據是原本《玉篇》，字當定作「劝」，而呂浩《篆隸萬象名義校釋》錄作「劝」〔註7〕，誤矣。此字是口吃義，乃「謇」、「謇」異體字，當據《王二》、《廣韻》等從干作「劝」。「劝」從干得聲，從力得義，是形聲字。高麗藏本《慧琳音義》卷13：「謇吃：上建偃反。《方言》：『謇亦吃也。』或從干作劝，或作謇，用並同。」〔註8〕慧琳明確指出字從干作「劝」，尤為切證。《改併五音類聚四聲篇海》作「劝」，《重刊詳校篇海》作「劝」，《篇海類編》作「劝」，字亦不誤。高麗本《龍龕手鏡》：「劝，居偃反，劝吃語也。」續古逸叢書本作「劝」，光緒壬午年樂道齋本作「劝」，亦是「劝」字；四庫本作「劝」，早稻田大學藏本作「劝」，朝鮮本作「劝」，則皆誤作「劝」字。《新修絫音引證群籍玉篇》作「劝」，《字彙》作「劝」，《音釋五侯鯖字海》作「劝」，《新校經史海篇直音》作「劝」，《正字通》作「劝」，皆誤從千作「劝」。《正字通》張氏按語云：「《說文》：『吃，言謇難也。』史傳作『吃』，亦作『欫』，亦通。俗作『劝』。『劝』同『謇』。並非。」張氏說「劝」是「吃」俗字，尤為臆說無據。後世字書，如《康熙字典》、《中華大字典》、《中文大辭典》、《漢語大字典》、《中華字海》皆照鈔《玉篇》，字從千作「劝」〔註9〕，皆誤矣。桂馥引《玉篇》、《廣韻》從干作「劝」不誤〔註10〕。

2.《玉篇》指出「劝，或作謇」，古音「干」、「寒」相通轉，故「謇（謇）」字可以易其聲符從干作「劝」也。《釋名》：「寒，捍也，捍格也。」清華簡（七）《子犯子餘》簡7有人名「邗咎」，整理者曰：「邗，從邑，干聲，讀為蹇。」認為「邗咎」即「蹇叔」〔註11〕，其說是也，《韓子・難二》：「蹇叔處干而干亡，處秦而秦霸。」蹇叔曾居處於干（邗）地，因稱作「干（邗）叔」，音轉則作「蹇叔」。《易》之「蹇」卦，馬王堆帛書本作「蹇」，上博簡（三）《周易》簡35作「訐」。上博簡（二）《子羔》簡12：「冬見芺，攺而薦之。」張

〔註7〕呂浩《篆隸萬象名義校釋》，學林出版社2007年版，第115頁。
〔註8〕高麗藏本《慧琳音義》卷13，收入《中華大藏經》（漢文部分）第57冊，中華書局1993年版，第645頁。
〔註9〕《康熙字典》，同文書局本，第146頁。《中華大字典》，中華書局1978年版，第137頁。《中文大辭典》，華岡出版有限公司出版1979年版，第1838頁。《漢語大字典》（第二版），崇文書局、四川辭書出版社2010年版，第399頁。《中華字海》，中國友誼出版公司2000年第2版，第194頁。
〔註10〕桂馥《說文解字義證》，齊魯書社1987年版，第129頁。
〔註11〕《清華大學藏戰國竹簡》（七），中西書局2017年版，第96頁。

富海讀攷為搴，劉信芳、白于藍皆從其說〔註12〕。《淮南子・道應篇》「得干隊」許慎注：「干，音寒。」〔註13〕《莊子・秋水》《釋文》引司馬彪曰：「虷，音寒。」《尚書・周官》《釋文》：「馯，《地理志》音寒。」《左傳・哀公九年》《釋文》：「邗，音寒。」《文選・西都賦》李善注：「幹，音寒。」「軒翥」音轉作「騫翥」、「騫翥」〔註14〕。「鴠（鳱）鴠」俗名「寒號蟲」。此皆其音轉之證。

3. 高麗藏本《玄應音義》卷9：「謇吃：古文譔、謇（謇）二形，今作謇。《聲類》作譴，又作扨，同，居展反。《通俗文》：『言不通利謂之扨吃。』」高麗藏本《慧琳音義》卷46轉錄「扨」作「𠜾」〔註15〕，海山仙館叢書本分別作「𠜾」、「切」〔註16〕，磧砂大藏經本作「𠜾」〔註17〕，永樂北藏本（在卷10）作「切」〔註18〕，金藏廣勝寺本作「𠜾」〔註19〕，金剛寺藏本作「𠜾」〔註20〕，七寺藏本作「切」〔註21〕。海山仙館叢書本《玄應音義》卷21：「謇吃：居展反。《通俗文》：『言不通利謂之謇吃。』古文作謇、騫二形，非是。又作刊，同，居展反。」其中「刊」字，高麗藏本、金藏廣勝寺

〔註12〕 張富海《上博簡〈子羔〉篇「后稷之母」節考釋》，簡帛網2003年1月17日；又刊於《上博館藏戰國楚竹書研究續編》，上海書店出版社2004年版，第49頁。劉信芳《楚簡帛通假彙釋》，高等教育出版社2011年版，第332頁。白于藍《簡帛古書通假大系》，福建人民出版社2017年版，第1212頁。

〔註13〕 《淮南子》據景宋本、道藏本。

〔註14〕 《文選・典引》「三足軒翥於茂樹」，《後漢書・班固傳》同，《類聚》卷10引作「騫翥」。《世說新語・言語》「乃鎩其翮，鶴軒翥，不復能飛」，《類聚》卷90、《御覽》卷916引同，《御覽》卷389引作「騫翥」。

〔註15〕 高麗藏本《慧琳音義》卷46，收入《中華大藏經》（漢文部分）第58冊，中華書局1993年版，第333頁。

〔註16〕 清道光二十五年海山仙館叢書本《玄應音義》卷9，收入《續修四庫全書》第198冊，上海古籍出版社2002年影印，第108頁。

〔註17〕 磧砂大藏經本《玄應音義》卷9，收入《大藏經》第97冊，上海古籍出版社1991年影印，第269頁。

〔註18〕 永樂北藏本《玄應音義》卷9，收入《永樂北藏》第175冊，線裝書局2000年影印，第480頁。

〔註19〕 金藏廣勝寺本《玄應音義》卷9，收入《中華大藏經》（漢文部分）第56冊，中華書局1993年版，第958頁。

〔註20〕 金剛寺藏本《玄應音義》卷9，收入《日本古寫經善本叢刊》第1輯，平成十八年（2006）影印，第176頁。

〔註21〕 七寺藏本《玄應音義》卷9，收入《日本古寫經善本叢刊》第1輯，平成十八年（2006）影印，第843頁。

本作「刋」〔註22〕，磧砂大藏經本、永樂北藏本（在卷22）作「切」〔註23〕，金剛寺藏本作「𠛵」〔註24〕，七寺藏本作「𠛁」〔註25〕。洪亮吉曰：「又作『刊』，未詳。《玉篇》有『刊』字，音七見切，解曰『切也』，從刀從千，與『刊』字異，然亦與『蹇』義不合，不知何字之誤耳。」〔註26〕許瀚曰：「刊，南本作『切』，亦非。」〔註27〕洪說全誤。許氏知其字誤，而未指出何字之誤。「刊」乃「刋」字異體字，諸字皆「刟」形譌字。徐時儀整理本以高麗藏本作底本，各卷皆作「刋」字〔註28〕，而無校語，是亦不知其字誤也。《漢語大字典》謂「刋」是「刟」譌字〔註29〕，亦未得。

　　4.《可洪音義》卷26《大唐西域記》卷8：「揵對：上居偃反，難也，誰也，又吃也，正作犍、揵、𠛵三形也。」「𠛵」亦當隸定作從干的「刟」字。古音干、建相通，《說文》「飦」或體作「鍵」，是其例也。古音建、寒亦相通〔註30〕，故「犍」、「揵」、「刟」三字都可是「謇（讜）」借音字。至於「揵」字，《大唐西域記》卷8作「捷」，鄭賢章據文義是難以對論之義，認為「揵」、「捷」都是「揵」形譌，引《廣韻》「揵，難也」為證〔註31〕。鄭說可備一通，可洪說「揵」讀居偃反，即是「揵」字讀音，但鄭氏「𠛵」隸定作「刟」則誤。《廣韻》「揵」訓難，本於 P.2011 王仁昫《刊謬補缺切韻·阮韻》「犍，

〔註22〕高麗本、金藏廣勝寺本《玄應音義》卷21，並收入《中華大藏經》（漢文部分）第57冊，中華書局1993年版，第67、349頁。

〔註23〕磧砂大藏經本《玄應音義》卷21，收入《大藏經》第97冊，上海古籍出版社1991年影印，第448頁。永樂北藏本《玄應音義》卷21，收入《永樂北藏》第175冊，線裝書局年2000年影印，第821頁。

〔註24〕金剛寺藏本《玄應音義》卷21，收入《日本古寫經善本叢刊》第1輯，平成十八年（2006）影印，第424頁。

〔註25〕七寺藏本《玄應音義》卷21，收入《日本古寫經善本叢刊》第1輯，平成十八年（2006）影印，第1074頁。

〔註26〕清道光二十五年海山仙館叢書本《玄應音義》卷21，收入《續修四庫全書》第198冊，上海古籍出版社2002年影印，第239頁。

〔註27〕許瀚《一切經音義校勘記》，《河南圖書館館刊》第1期，1933年版，第99頁。

〔註28〕徐時儀《一切經音義三種校本合刊》，上海古籍出版社2008年版，第196、434、1311頁。

〔註29〕《漢語大字典》（第二版），崇文書局、四川辭書出版社2010年版，第354頁。

〔註30〕參見蕭旭《〈史記〉校札》「『高屋建瓴』解詁」條，收入《群書校補（續）》，花木蘭文化出版社2014年版，第1986～1991頁。

〔註31〕鄭賢章《〈新集藏經音義隨函錄〉研究》，湖南師範大學出版社2007年版，第234～235頁。

難也」,「揵」即「捷」,也是「謇(謇)」或「蹇」借字,指言難或行難,鄭氏尚未探本。《可洪音義》卷 28:「擔捷:下力蹇反,正作捷。」《續高僧傳》卷 26 正作「擔捷」,亦是「捷」、「捷」相譌之例。還有一種可能,「捷」訓難,是「連」增旁字。《易‧蹇》:「往蹇來連。」王弼注:「往來皆難,故曰往蹇來連。」《釋文》:「連,力善反,馬云:『亦難也。』」《莊子‧大宗師》:「連乎其似好閉(閑)也。」〔註 32〕《釋文》引崔譔曰:「蹇連也,音輦。」此二例形容行走之難。《易林‧乾之乾》:「道陟石阪,胡言連謇。」《論衡‧物勢》:「亦或辯口利舌,辭喻橫出〔者〕為勝;或訥弱緩跲,踑蹇不比者為負。」「踑」是「連」加旁俗字,此二例「連」、「踑」都形容言語不利。「連」訓難,當讀為遴,《說文》:「遴,行難也。《易》曰:『以往遴。』」今本《易‧蒙》作「以往吝」,「吝」亦借字。《廣雅》:「遴,難也。」

本文作為《小學類著作校疏(五則)》之一則,發表於《中國文字》2021 年夏季號(總第 5 期),第 62～65 頁。

〔註 32〕 武延緒曰:「閉疑當為閑,姚姬傳本正作閑。王紉秋曰:『閉當作閑。』」王叔岷曰:「錢《纂箋》引姚鼐曰:『閉當作閑。』案『閑』與下文『言』為韻。『閑』亦有閒義。蹇連與閑閑,義正相應。」武延緒《莊子札記》,永年武氏壬申歲刊所好齋札記民國 21 年刊本,第 19 頁。王叔岷《莊子校詮》,中華書局 2007 年版,第 218 頁。

《廣韻》「颶，風聲」校正

1.《廣韻·物韻》云「颶，風聲，王勿切。」各本均同，故宮博物院舊藏王仁昫《刊謬補缺切韻》亦同。蔣斧印本《唐韻殘卷》字頭作「颭」，釋義殘缺。沈兼士曰：「案：颶，《切韻》、內府本《王韻》均作『颸』。」〔註1〕內府本《王韻》作「颶」，沈氏失校。趙少咸曰：「《手鑑》：『颶，王勿切，風聲也。』《說文》：『颶，大風也。』鉉音王勿切。《八未》于貴切：『颶，大風。』本曹憲讀，又俱不載又音。」〔註2〕黎庶昌、黃侃、周祖謨、余廼永、范祥雍、蔡夢麒無校說〔註3〕。

2. 此「颶」字誤，當據裴務齊《正字本刊謬補缺切韻·物韻》、S.2071《切韻箋注·物韻》、P.3694V《切韻·物韻》從骨作「颭」，《裴韻》音王勿反，P.3694V《切韻》音王物反（S.2071《切韻》「王」誤作「玉」）。關長龍《S.2071〈切韻〉校記》云：「『颭』字《箋五》（P.3694）、《裴韻》同，《王二》、《廣韻》作『颶』，從聲旁角度看，疑當以『颭』字為是，『颶』蓋其俗謑。」〔註4〕關說是也，其字收入物韻，正當從骨作「颭」，「骨」亦物韻字。

〔註1〕沈兼士主編《廣韻聲系》，文字改革出版社1960年版，第952頁。
〔註2〕趙少咸《廣韻疏證》，巴蜀書社2010年版，第3280頁。
〔註3〕黎庶昌《宋本廣韻校札》，《叢書集成初編》第1228冊影《古逸叢書》本，第21頁。黃侃《黃侃手批廣韻》，中華書局2006年版，第550頁。周祖謨《廣韻校本》，中華書局2004年版，上冊第478頁圖版，下冊第515頁校記。余廼永《新校互注宋本廣韻（定稿本）》，上海人民出版社2008年版，第476頁圖版，第927頁校記。范祥雍《廣韻三家校勘記補釋》，上海古籍出版社2011年版，第292～293頁。蔡夢麒《廣韻校釋》，嶽麓書社2007年版，第1107頁。
〔註4〕張涌泉主編《敦煌經部文獻合集》第5冊，中華書局2008年版，第2402頁。

「飑」當是「颮」改易聲符的俗字，亦省作「颭」，又作「颴」（字從「曰」，不從「日」），古音骨、忽、曰相轉。《說文》：「颮，疾風也。」疾風聲曰颮颮、颴颴、飑飑，疾流聲曰忽忽、汩汩、㶸㶸、滑滑，其義一也。《集韻·質韻》：「颴，越筆切，《說文》：『大風也。』或作颭。」黃侃曰：「『颮』同『颭』、『颴』。略同『飑』。」〔註5〕二者「颴」亦當作「飑」，黃氏未作校訂。「颴」音越筆切，正與「汩」同音，蔣斧印本《唐韻殘卷》二字同音于筆反，是「颴」字當從「曰」得聲也。《龍龕手鏡》：「颴，俗。颭，正。王勿反，風聲也。」各本均同，二字都誤。

3.《說文》：「飅，大風也。」舊音王勿切，《集韻·迄韻》同，誤也。P.2011王仁昫《刊謬補缺切韻·未韻》音云貴反，《玉篇》、《廣韻·未韻》音于貴切，是也，字從胃得聲。「勿」收-t 入聲，從胃得聲不可能音王勿切，只能音云貴反。《廣雅》：「飅，風也。」王念孫曰：「《說文》：『飅，大風也。』《韓詩外傳》云：『天喟然而風。』『喟』與『飅』通。」〔註6〕黃侃曰：「『飅』與『喟』聲義同。」〔註7〕飅之言喟，指喟然興起之大風也。《韓詩外傳》卷8「天喟然而風」，《說苑·善說》作「大風至」。徐灝曰：「『飅』與『颮』聲相轉，故『颮』亦作『颭』。又古通作『喟』，《韓詩外傳》曰『天喟然而風』。」〔註8〕徐說「飅」與「颮」聲轉非是。桂馥、王筠引《廣韻》「飅，風聲」以證《說文》「飅，大風也」，把二者混同〔註9〕，亦非是，趙少咸誤同。

3. 附帶校正《廣韻·物韻》同韻的幾個誤字。①《廣韻·物韻》：「搰，擲也，王勿切。」故宮博物院舊藏王仁昫《刊謬補缺切韻》同。沈兼士曰：「案：搰，《切韻》、內府本《王韻》均作『搰』。」〔註10〕內府本《王韻》作「搰」，沈氏失校。《玉篇》：「搰，于勿切，擲搰也。」《集韻·迄韻》：「搰、抲、㩙；擲也。或從穴從運。」「搰」亦當據 S.2071《切韻箋注·物韻》、P.3694V

關氏所謂「《王二》」指故宮博物院舊藏王仁昫《刊謬補缺切韻》。

〔註5〕黃侃《說文同文》，收入《說文箋識》，中華書局 2006 年版，第 96 頁。

〔註6〕王念孫《廣雅疏證》，收入徐復主編《廣雅詁林》，江蘇古籍出版社 1992 年版，第 323 頁。

〔註7〕黃侃《說文同文》，收入《說文箋識》，中華書局 2006 年版，第 96 頁。

〔註8〕徐灝《說文解字注箋》，收入丁福保《說文解字詁林》，中華書局 1988 年版，第 13088 頁。

〔註9〕桂馥《說文解字義證》，王筠《說文解字句讀》，並收入丁福保《說文解字詁林》，中華書局 1988 年版，第 13088 頁。

〔註10〕沈兼士主編《廣韻聲系》，文字改革出版社 1960 年版，第 952 頁。

《切韻‧物韻》、《裴韻‧物韻》從骨作「搰」。關長龍《S.2071〈切韻〉校記》
云：「『搰』字《箋五》（P.3694）、《裴韻》同，《王二》、《廣韻》作『搰』，此
聲旁之異當與上『颰』字同。」〔註11〕「扻」從穴得聲，質部字，與物部之
「搰」旁轉疊韻；「㨖」從運得聲，文部字，與物部之「搰」對轉疊韻，故
《集韻》為異體字。此「搰」是「扻」改易聲符的異體字，與訓挖掘義的「搰」
同形異字。《集韻》「扻」字條引《廣雅》：「扻，投也。」《玉篇》：「扻，于筆
切，扻搑，擊也。」②《廣韻‧物韻》：「眒，眒眒見，王勿切。」《集韻‧迄
韻》：「眒，王勿切，暫見也。」「眒」亦當從骨作「瞎」。③《廣韻‧物韻》：
「徳，王勿切，行也。」《集韻‧迄韻》：「徳、趉，王勿切，行遽皃，或從
走。」亦當從骨作「趉」。《裴韻‧鎋韻》：「趉，古滑反，走貌。」《玉篇》：
「趉，戶八切，走也。」

2022 年 6 月 9〜10 日。

〔註11〕 張涌泉主編《敦煌經部文獻合集》第 5 冊，中華書局 2008 年版，第 2402 頁。

朝鮮本《龍龕手鑑》「艢」字疏證

1. 朝鮮本《龍龕手鑑》新增「艢」字，云：「艢，具月切，艢頭船也。」此釋義為後世俗字書所承襲。《字彙》：「艢，艢頭船也。」《重訂直音篇》卷5：「艢，音掘，艢頭船。」《精刻海若湯先生校訂音釋五侯鯖字海》卷11：「艢，音厥，艢頭〔船〕也。」〔註1〕《新校經史海篇直音》卷7：「艢，音厥，艢頭船也。」〔註2〕《篇海類編》卷16：「艢，其月切，音掘，艢船頭。舊本音厥。」〔註3〕《改併五音類聚四聲篇海》卷11：「艢，具月切，艢頭船也。」〔註4〕「具月切」與「其月切」音近，記錄的是一個音，但介音不同，作「具月切」更準確。

2.《龍龕手鑑》釋義「艢頭船」，陳飛龍《〈龍龕手鑑〉研究》、鄭賢章《〈龍龕手鑑〉研究》皆無說〔註5〕，余所知有二說：

（1）明人張自烈曰：「艢，舊註音掘，艢頭船。按《幽明錄》云：『陽羨小吏吳龕乘掘頭船過溪，獲五色浮石，取之，石變為女。』見虞世南《北堂書鈔》。今繫舟木曰橜，古謂之牂（牃）柯，俗因加舟作艢，與橜同，非船名

〔註1〕 《精刻海若湯先生校訂音釋五侯鯖字海》卷11，明刻本。其釋義當脫「船」字。

〔註2〕 明嘉靖刻本《四聲篇海·新校經史海篇直音》卷7，明嘉靖刻本。

〔註3〕 宋濂撰、張嘉和輯《篇海類編》卷16，明刻本。《字學呼名能書·涓韻》「艢」亦音其月切。

〔註4〕 《四聲篇海·改併五音類聚四聲篇海》卷11，明萬曆己丑本。成化丁亥重刊本同。

〔註5〕 陳飛龍《〈龍龕手鑑〉研究》，文史哲出版社1974年初版。鄭賢章《〈龍龕手鑑〉研究》，湖南師範大學出版社2004年版。

也。」〔註6〕

（2）梁春勝曰：「訓『艩頭船』的『艩』，亦當同『橶』，《全唐詩》卷890張志和《漁父》：『釣車子，橶頭船，樂在風波不用仙。』宋范成大《題米元暉吳興山水橫卷》：『只欠荷花三十里，橶頭船上把漁竿。』『艩頭船』應當就是『橶頭船』，『艩』是『橶』的涉義換旁字。『橶頭船』是一種尖頭小船，以其頭似橶，故名。」〔註7〕

張自烈不知「艩頭船」之義，因而改作「橶」，認為是繫舟的木樁，否定舊說「船名」。《康熙字典》、《中華大字典》、新舊二版《漢語大字典》、《中華字海》「艩頭船」、「繫舟木」二說並取，照鈔字書〔註8〕。《大漢和辭典》、《中文大辭典》除此二說外，又據《篇海》「艩，船頭」增加「船頭」一義〔註9〕。余所見《篇海》萬曆己丑本、成化丁亥重刊本並作「艩，艩頭船」，不作「船頭」，疑《大漢和辭典》誤鈔其文，因而誤立義項，《中文大辭典》不覆核原書，又沿襲其誤。

3. 張自烈所引劉義慶《幽明錄》，今已失傳，《書鈔》卷137、《御覽》卷52引並作「掘頭舡」〔註10〕，《初學記》卷5引作「掘頭舟」〔註11〕，《述異記》卷下亦作「掘頭船」。張志和《漁父歌》，《全唐詩》卷308、890、《唐詩紀事》卷46作「橶頭船」，《全唐詩》卷29、《樂府詩集》卷83作「掘頭船」，《正統道藏·正乙部》宋·陳葆光《三洞群仙錄》卷8、《類說》卷60、《敬鄉錄》卷1引作「撅頭舡」。唐·均正《大乘四論玄義》卷9：「大師云：『此猶是掘頭無首尾。』」明·王世貞《宛委餘編四》：「王僧虔用掘筆以避

〔註6〕 張自烈《正字通》卷8未集下《舟部》，收入《續修四庫全書》第235冊，上海古籍出版社2002年版，第330頁。洪亮吉以為「今繫舟木曰橶，俗加舟作艩」出自《北堂書鈔》，陋甚。洪亮吉《卷施閣文甲集》卷3《釋舟》，光緒三年洪氏授經堂刻《洪北江全集》增修本。

〔註7〕 梁春勝《大型字典疑難字續考》，《漢語史學報》第13輯，上海教育出版社2013年出版，第290頁。

〔註8〕 《康熙字典》，國際文化出版公司1996年版，第1057頁。《中華大字典》，中華書局1978年版，第1984頁。《漢語大字典》（縮印本），湖北辭書出版社、四川辭書出版社1992年版，第1278頁。《漢語大字典》（第二版），崇文書局、四川辭書出版社2010年版，第3270頁。《中華字海》，中國友誼出版公司2000年第2版，第1276頁。

〔註9〕 諸橋轍次《大漢和辭典》（修訂本），大修館書店昭和61年版，第9851頁。《中文大辭典》，華岡出版有限公司出版1979年版，第12014頁。

〔註10〕 《御覽》據景宋本，四庫本作「棹小船」，蓋臆改。

〔註11〕 《初學記》據古香齋本，四庫本作「操小舟」，蓋臆改。

名似，若以為拙字之誤，非也。字素短而無鋒者曰掘。《幽明錄》王明兒鬼云：『鄧艾今在，尚方磨，十指垂掘，豈有神？』又《搜神記》載荀序十歲於青草湖船落水，已行數十里，洪波淼漫，少頃，一掘頭船漁父送還之。張志和《漁父詞》作『撅頭船』，蓋掘與撅通也。今俗語短盆物亦曰撅頭。」〔註12〕方以智《通雅》卷49引《厄言》說略同〔註13〕。王世貞另撰有《藝苑厄言》，未檢得，疑方氏誤記出處。是方氏贊同王說也。王氏所引《幽明錄》，今見《太平廣記》卷320引，「磨」作「摩」，其下有「鎧」字〔註14〕。王僧虔事，《南齊書・王僧虔傳》：「僧虔不敢顯跡，大明世常用拙筆書。」〔註15〕《永樂大典》卷6832引作「掘筆」，《南史》、《通志》卷137、《詩林廣記》卷10、《墨池編》卷3亦作「掘筆」，唐・李綽《尚書故實》作「撅筆」，唐・韋絢《劉賓客嘉話錄》作「撅筆」，《冊府元龜》卷836作「屈筆」。王氏所引《搜神記》，出《搜神後記》卷3〔註16〕，非干寶書也。《初學記》卷19引劉思真《醜婦賦》：「頭如研米槌，髮如掘掃帚。」宋・桑世昌《蘭亭考》卷10引薛紹彭語：「鋒鋩久自滅，如出撅筆端。」

4.「艓」與「掘」、「撅」、「撅」並是同音記字。「艓」之言短也，「艓頭」猶言禿頭、短頭。以其是舟名，故改易其義符，從舟旁作「艓」，是禿頭小船的專字。唐・杜甫《破船》：「故者或可掘，新者亦易求。」仇兆鰲注：「船去頭尾者，江南謂之掘頭船。」〔註17〕王世貞解「掘筆」云「字素短而無鋒者曰掘」，又引當時俗語「短盆物亦曰撅頭」，皆得其誼。「掘（撅）筆」又猶言禿筆，亦取短為義。《新唐書・李繁傳》：「從吏求廢紙掘筆，著家傳十篇傳于世。」清・厲鶚輯《南宋院畫錄》卷1引鄒德中《繪事指蒙》：「撅頭

〔註12〕 王世貞《弇州四部稿》卷159《宛委餘編四》，收入景印文淵閣《四庫全書》第1281冊，臺灣商務印書館1986年初版，第549～550頁。

〔註13〕 方以智《通雅》卷49，收入《方以智全書》第1冊，上海古籍出版社1988年版，第1453頁。

〔註14〕 「鎧」當是「剴」借字，亦磨也。《說文》：「剴，一曰摩也。」字亦作磑，《方言》卷5：「磑，或謂之硙。」郭璞注：「硙，即磨也。」字亦作挋（扢）、剴（刉）、𪐟、劃、礚。

〔註15〕 《書斷》卷中、《法書要錄》卷8、《文房四譜》卷1同。《文房四譜》據十萬卷樓叢書本、叢書集成初編本，四庫本作「掘筆」。《御覽》卷748引《書斷》作「掘」。

〔註16〕 《御覽》卷769引《續搜神記》同。「《續搜神記》」是「《搜神後記》」異名，舊題東晉陶潛撰，其書多有陶潛身後之事，固是偽托，然亦宋代以前舊籍也。

〔註17〕 仇兆鰲《杜詩詳注》卷13，中華書局1979年版，第1122頁。

描，禿筆也。」「掘（撅）頭」亦作「獗頭」，敦煌寫卷 P.3906《碎金》：「獗頭：居靴反。」〔註18〕P.2717《碎金》：「人獗頭：居靴反。」〔註19〕其本字當作「屈（屈）」，《說文》：「屈，無尾也，從尾出聲。」又「趉，走也。讀若無尾之屈。」段玉裁曰：「凡短尾曰屈。今俗語尚如是。引伸為凡短之偁。山短高曰崛，其類也。鈍筆曰掘筆，短頭船曰撅頭，皆字之假借也。」〔註20〕《玉篇》：「屈，短尾也。」《集韻》：「屈、屈，《博雅》：『短也。』一曰無尾，或省。」無尾則短，故屈有短義。《韓子・說林下》：「鳥有翩翩者，重首而屈尾。」《淮南子・說山篇》：「走不以手，縛手走不能疾；飛不以尾，屈尾飛不能遠。物之用者，必待不用者。」〔註21〕《易林・睽之升》：「老狐屈尾，東西為鬼。」皆正用本義。《初學記》卷29引何承天《纂文》：「獟、猘、矧，屈尾犬也。」〔註22〕《廣雅》：「矧，短也。」《玉篇》：「矧，犬短尾。」尤「屈尾」為「短尾」之確證〔註23〕。《梁書・侯景傳》：「天監中，有釋寶誌曰：『掘尾狗子自發狂，當死未死嚙人傷。』」〔註24〕「掘尾」亦即「屈尾」。《漢語大詞典》解「掘尾」為「翹尾巴」〔註25〕，非是。《抱朴子內篇・仙藥》「又千歲鷰，其窠戶北向，其色多白而尾掘」，宋浙本作「尾屈」，《御覽》卷922引同，又卷986引作「尾毛掘」。《太平廣記》卷458引《嶺南異物志》：「俗傳有媼（溫）嫗者，嬴秦時嘗得異魚，放於康州悅城江中，後稍大

〔註18〕 S.6204《碎金》、P.2058《碎金》同。
〔註19〕 S.619V《碎金》注音「居」誤作「君」。
〔註20〕 段玉裁《說文解字注》，上海古籍出版社1981年版，第402頁。
〔註21〕 《御覽》卷394引作「挫尾」。挫讀為矬，《廣雅》：「矬，短也。」參見蕭旭《淮南子校補》，花木蘭文化出版社2014年版，第531頁。
〔註22〕 《御覽》卷904引同。
〔註23〕 「矧」與上引《韓子》之「翩」一聲之轉，《文選・詠懷詩》李善注引《韓子》作「周」。《御覽》卷928引《莊子》「周周銜羽以濟河」，亦作「周」字。《集韻》：「狃，犬之短尾者。」無緣之衣（即短衣）謂之裯、褕，短尾之犬謂之矧、狃，短尾之鳥謂之翩、周，無緣之斗謂之刁，其義一也。小船謂之舠、魛、船，小魚謂之鯛，小兒留髮謂之髫、髾，亦皆取短義。王念孫曰：「《玉篇》：『矧，犬短尾。』字亦作刀，俗作刁。《晉書・天錫傳》韓博嘲刁彝云『短尾者為刁』是也。《說文》：『褕，短衣也。』《方言》云：『無緣之斗謂之刁斗。』義並與矧同。」錢大昭曰：「《釋名》：『舠，魛也。魛，短也。』」桂馥說與略同王、錢，亦可參看。王念孫《廣雅疏證》，錢大昭《廣雅疏義》，並收入徐復主編《廣雅詁林》，江蘇古籍出版社1992年版，第178～179頁。桂馥《札樸》卷3，中華書局1992年版，第111～112頁。
〔註24〕 《南史》同。
〔註25〕 《漢語大詞典》（縮印本），漢語大詞典出版社1997年版，第3690頁。

如龍，嫗汲瀚於江，龍輒來嫗邊，率為常。他日，嫗治魚，龍又來，以刀戲之，誤斷其尾。嫗死，龍擁沙石墳其墓上（土），人呼為掘尾。」〔註26〕刀斷龍尾，故稱為「掘尾」，言短尾，其義甚顯豁。「掘尾」音轉亦作「兀尾」，《隋書・五行志》：「兀尾狗子始著狂，欲死不死齧人傷。」「兀尾」即《梁書》之「掘尾」。唐・張讀《宣室志》卷7：「『東方有兔，小首兀尾』者，敘君之名氏。東方，甲乙木也。兔者，卯也。卯以附木，是柳字也。小首兀尾，是光也。」此拆字法，把「光」拆作「小」、「兀」二字。《太平廣記》卷392引作「元尾」，《全唐詩》卷875同，形之譌也。

　　《說文》：「柮，斷木也。」又「崛，山短高也。」《方言》卷13：「𥏫，短也。」郭璞注：「蹶𥏫，短小貌。」《玉篇》：「𥏫，吳人呼短物也。」又「絀，短也。」《廣韻》：「裋，衣短。」《集韻》：「㧇，斷木也。」又「崛，《說文》：『山短高也。』或書作崐。」又「𡱂，《埤倉》：『短尾犬也。』」《字彙補》：「𤞬，𤞬𤞬，短貌。」字或作「㓕」、「掇」、「窡」、「顪」、「惙」、「棳」、「蝃」，諸字並同源，中心詞義皆是「短」。字或作「厥」，《玉篇》、《廣韻》並云：「厥，短也。」方以智《通雅》卷49：「末厥，猶言短後也。劉貢父《詩話》：『今人呼禿狗為厥尾，衣短後亦曰厥，故歐公記陶尚書《詩語》「末厥兵」。』」〔註27〕字或作「孑」，《廣雅》：「孑孓，短也。」「孑孓」音轉作「蛞蟹」、「蛞蟍」，小蟲名。王念孫曰：「今俗謂『短見』為『拙見』，義亦同也。」〔註28〕今語「拙文」、「拙稿」，亦取「短」義，言其見識短淺。章太炎曰：「今江淮浙西於物之短者稱為『短𥏫𥏫』，或曰『禿𥏫𥏫』。」〔註29〕今吳方言猶謂「短小」為「一𥏫𥏫」、「鬼𥏫𥏫」、「鬼𥏫頭」，吳音讀如捉〔註30〕。

〔註26〕《太平寰宇記》卷164、《方輿勝覽》卷35引《南越志》「媼嫗」作「溫氏媼」，是知此文「媼」為「溫」形誤。「溫嫗」即「溫氏媼」。「溫」其姓也。「上」為「土」形譌，《太平寰宇記》卷164引《南越志》作「龍子常為大波至墓側，縈浪轉沙以成墳土，人謂之掘尾龍」。「治魚」之「治」讀平聲。
〔註27〕方以智《通雅》卷49，收入《方以智全書》第1冊，上海古籍出版社1988年版，第1454頁。所引劉貢父《詩話》見宋・劉攽《中山詩話》。
〔註28〕王念孫《廣雅疏證》，收入徐復主編《廣雅詁林》，江蘇古籍出版社1992年版，第178頁。
〔註29〕章太炎《新方言》卷2，收入《章太炎全集（七）》，上海人民出版社1980年版，第26頁。
〔註30〕以上參見蕭旭《敦煌寫卷〈碎金〉補箋》，《東亞文獻研究》總第4輯，2009年6月出版，第38～39頁；收入《群書校補》，廣陵書社2011年版，第1325～1326頁。這裏有所增訂。

5. 繫舟之木曰橛，指短木樁〔註31〕，取義雖亦是「短」，而與「氒」所指不同，不是一字。宋・胡仔《漁隱叢話》後集卷39：「其詞第二句元是『撅頭雨細春江渺』，余謂仲宗曰：『撅頭雖是船名，今以雨襯之，語晦而病。』」「氒頭船」是船名，庸何疑乎？「氒頭船」也稱作「斷頭船」，宋・釋惠洪《林間錄》卷上：「斷頭船子下揚州。」《續古尊宿語要》卷3：「斷頭船子任風飄，昨夜籬頭吹篳篥。」又稱作「平頭船」，《全唐詩》卷798孟蜀花蕊夫人《宮詞》：「平頭船子小龍床，多少神仙立御傍。」《正字通》之說非也。梁春勝說「『氒頭船』應當就是『橛頭船』」不誤，但他不知其命名之由，認為是「一種尖頭小船，以其頭似橛，故名」，抑望文生訓乎？

附記：方一新教授來函指出，蔡鏡浩《魏晉南北朝詞語例釋》解「掘」為「禿、鈍」。經查蔡書，蔡氏已經舉了拙文中的《御覽》卷52引《幽明錄》、《太平廣記》卷320引《幽明錄》、釋寶誌詩三例，吾實失檢，謹此說明。（蔡鏡浩《魏晉南北朝詞語例釋》，江蘇古籍出版社1990年版，第196頁。）裘錫圭指出：「作者（引者按：指蔡鏡浩）所釋的『掘』，其本字應作『屈』。」（裘錫圭《讀〈魏晉南北朝詞語例釋〉》，收入《裘錫圭學術文集》卷4，復旦大學出版社2012年版，第241頁。）

又記：范崇高亦云：「掘尾即短尾……屈、掘、氒、撅諸字記錄的是同一詞。」（范崇高《中古小說校釋集稿》，巴蜀書社2006年版，第363～364頁）余作文時亦失檢。

此文收入《佛經音義研究——第三屆佛經音義研究國際學術研討會論文集》，上海辭書出版社2015年版，第94～97頁。

〔註31〕《通典》卷160：「軍行渡水……又用挾絚，以善游者繫小繩先浮渡水，次引大絚於兩岸，立大橛，急定絚，使人挾絚浮渡。」是其例。